超越主谓结构

—— 对言语法和对言格式

沈家煊 著

图书在版编目(CIP)数据

超越主谓结构:对言语法和对言格式/沈家煊著.—北京:商务印书馆,2019(2021.12 重印)
ISBN 978-7-100-17627-9

Ⅰ.①超… Ⅱ.①沈… Ⅲ.①汉语—主谓—研究
Ⅳ.①H146.3

中国版本图书馆 CIP 数据核字(2019)第 142730 号

权利保留,侵权必究。

超越主谓结构
——对言语法和对言格式
沈家煊 著

商 务 印 书 馆 出 版
(北京王府井大街 36 号 邮政编码 100710)
商 务 印 书 馆 发 行
北京市十月印刷有限公司印刷
ISBN 978-7-100-17627-9

2019 年 12 月第 1 版　　开本 880×1230　1/32
2021 年 12 月北京第 2 次印刷　印张 11¼
定价:56.00 元

对语言的主语、谓语的性质,语言学理论根本没讲清楚。
——〔美〕布龙菲尔德

语言只能存在于使用者之间的对话交际之中。
——〔俄〕巴赫金

对,譍无方也。
——〔中〕许慎

前　言

　　这本书算是三年前出版的《名词和动词》的姊妹篇。印欧语的语法和基于印欧语的语法理论，名词动词和主语谓语是两对最基本最重要的范畴，而且是紧密联系在一起的。要摆脱印欧语语法观念的束缚，不仅要在名词动词上做文章，还要在主语谓语上做文章。

　　三年前给《名词和动词》取书名的时候，曾经犹豫要不要在前头加上"超越"二字，最终没有加的一个原因是，心里觉得还有一件要紧的事情没有做，就是要讲清如何超越主谓结构，现在算是了却了一桩心事。

　　本书分上篇和下篇。上篇"汉语有没有主谓结构"梳理和归纳对这个问题的认识。如果没有赵元任、吕叔湘、朱德熙等前辈学者的反思和洞见，是不可能取得这些有价值的认识的，一百余年前布龙菲尔德的《主语和谓语》一文给了我很大的启发。下篇"超越主谓结构"是本书主题，论证汉语大语法是"对言语法"，以"对言格式"为主干。下篇在撰写过程中，要特别提到的是，参考了郭绍虞先生的《汉语语法修辞新探》，启功先生的《汉语现象论丛》，叶斯柏森早年关于语言的性质、发展与起源的论述，雅各布森关于诗性语言特点的精辟论述，以及过去几十年内一批社会学家在"会话结构分析"领域的研究成果。此外，音乐界对汉族民歌旋律中语言因素的研究，解构主义的符号学关于互文和对话的论著和观点，从语言和大脑的关系研究语言演化的成果（如镜像神经元的发现），也都给了我重要的启发。

我也在琢磨认知语言学和生成语言学的最新进展，思索为什么会出现这些进展。特别是认知语言学，近年来跟"互动语言学"逐渐交汇，共同关注在对话和互动的情景中如何形成共鸣和相互理解，甚至已有人在尝试构建一种超越线性结构的"对话句法"，聚焦于更高层面的、动态和多模态的对称结构。生成语言学"最简方案"已经用合并取代移位的句法操作，并开始有一种对称和平行处理的设想。另外，某些形式语义学家正在尝试构建一种动态的、递系式的语义组合模型。我想，只要我们一方面虚心向人家学习，吸收其精华，一方面不忘中国自身的传统并有所扬弃，那么后来居上，正当其时。

书里的主要内容在中国社会科学院语言研究所的一次报告会上讲过，在所外的一些研讨会、讲习班上也讲过，得到不少有益的批评性意见和建议，王冬梅、王伟、宋文辉、完权、柯航、许立群曾帮我通读初稿，对内容和行文提出修改意见，而且补充了一些很有意思的材料和实例，在此一并表示感谢。我期望能听到更多严肃的批评性声音。

目 录

上篇　汉语有没有主谓结构

一　认识主谓结构 ……………………………………………… 2
　　一种思想和文化的基石 ……………………………………… 2
　　一种语言和语法的主干 ……………………………………… 6
二　汉语有没有主谓结构 ……………………………………… 11
　　无主语句 ……………………………………………………… 11
　　主语就是话题 ………………………………………………… 13
　　主语和谓语的类型 …………………………………………… 18
　　名动包含 ……………………………………………………… 21
　　主语-谓语是一问一答 ……………………………………… 25
　　起说-续说 …………………………………………………… 27
三　汉语流水句 ………………………………………………… 31
　　用　句 ………………………………………………………… 31
　　断连性 ………………………………………………………… 34
　　指称性 ………………………………………………………… 37
　　并置性 ………………………………………………………… 39
　　链接性 ………………………………………………………… 44
　　韵致性 ………………………………………………………… 46

四 比附引起的问题 51
施格型 51
中动式 55
事件结构 58
关系从句 61

五 从接续到对应 65
名词和动词的形式对应 65
主语和谓语的界性对应 67
摹状词和重叠形态 70

六 小结——布龙菲尔德说 73
反思后的认识 73
布龙菲尔德说主谓结构 74

下篇　超越主谓结构

七 对言的地位和性质 80
对言明义 82
　　互文见义（82）　广义互文（85）　不拘结构类型（86）
　　重言（87）　复合词和双音化（89）
对言完形 91
　　单说站不住（91）　不避重复（92）　单双音节组配（94）
格式化对言 95
　　四字格（95）　格律诗八股文等（97）　反复问句（98）
逻辑要素的对言表达 100
　　IF...THEN（100）　NOT（101）　AND 和 OR（102）

　　　　ALL（103）　SOME（104）

　比喻对言 ·· 105
　　　比喻就是对言（106）　构成性比喻（108）
　对言是语法现象 ·· 109
　　　诗性语言（110）　对言生活（112）　与英语 antithesis
　　　比较（117）　外国人眼中（120）　结构性特征（121）

八　"对"的内涵和所指 ·· 123
　多义项综合 ·· 123
　对话是根本 ·· 128
　什么是意义？ ·· 134
　　　意图和对话（134）　传情达意一体（135）
　会话分析 ·· 136
　　　邻接对（137）　话轮（138）　三联组（143）　套嵌对（144）
　　　对话句法（145）

九　指语对 ··· 150
　主谓短语是指语对 ·· 150
　　　"柴爿－番饼"对（151）　都是判断句（154）　没有倒
　　　装（155）
　定中短语是指语对 ·· 158
　　　并置实现理解（159）　连名式（163）
　动补短语是指语对 ·· 164
　　　宾语也是补语（164）　关于及物性（166）　施受同辞
　　　性（169）
　指语对是本源 ·· 174
　　　可回文性（174）　词序灵活而重要（177）　指示衬字

"那（个）"（178） 结构关系的不确定性（180） 英语的谓语（181） 并置是根本（183）

十　有序对 ... 187

对而有续 ... 187
上下句（188） 流水对（189）

对而有序 ... 190
三个序律（190） 以简驭繁（191）

统一的自然序 ... 192
信息传递原理（192） "先易后难"律（194） 用序（197） 仍然以对为本（197）

十一　缩放对 ... 201

缩放型的对称格式 ... 201
四句式（203） 八股四比（205） 从匀称到参差（207）

比对构词造句 ... 209
比对构词（209） 比对造句（210）

缩放对的成因 ... 213
四字格二二式（213） 字本位和字等价（216） 虚实统一（217） IP 和 IA（223） 神奇数字四（226） 对言同构性（227）

十二　链接对 ... 230

顶真格 ... 231
主谓同辞（233） 动态处理（234）

递系式 ... 236
递系相连（236） 广义递系式（237）

平接型的链对格式 ··· 240
　　上罩下下承上（241）　起承转合（242）　平行处理（243）
链接对的成因 ··· 247
　　对话链接性（247）　"先行一步"策略（248）

十三　多重对 ·· 252
汉语大语法 ··· 252
　　用法和语法（253）　语法和韵律（255）
声韵对 ··· 257
　　凑双四（258）　半逗律（261）　双声叠韵（265）　平平仄仄（266）　对称的节律栅（267）
音义象对 ·· 270
　　语音象征（270）　对言象征单位（272）　虚实象征（274）　偏侧对应（277）

十四　对言语法 ·· 279
超越主谓结构 ·· 279
　　关键词总结（279）
从对言语法看主谓结构 ·· 285
　　"所指－所以指"对（286）　"所谓－所以谓"对（286）　"实－名"对（287）
从指号学看对言语法 ··· 288
　　指为本（288）　所以指也是所指（289）　指号学的解构史（291）　解什么"构"（293）
从对言语法看语言演化 ·· 294
　　非线性递归（294）　原始语法（296）

十五　对言和对思 ································· 299
对举思维 ······································· 299
对待范畴观 ····································· 303
对立和对待（303）　对待和会话原则（306）
中西方对话 ····································· 308
语言观（308）　关于"李约瑟之问"（309）　对言和文明传承（311）　深度对话（313）
对称与不对称 ··································· 316

参考文献 ··· 319
主题词索引 ······································· 337

Abstract ·· 345

上篇
汉语有没有主谓结构

一　认识主谓结构

中国过去没有"主谓结构"这个概念，西学东渐，使中国人认识了主谓结构。明末清初，李之藻翻译亚里士多德《名理探》，第一次把 subject 译为"主"，predicate 译为"谓"。这件事情的意义十分重大，它为我们打开了另一扇观看世界的窗口，甚至提供了另一种思维和言说的方式。

一种思想和文化的基石

主谓结构是西方思想和文化的基石，我们对这一点已经认识得相当透彻。

最能体现一种思想文化之特质的是语言，在西方语言（指印欧系语言）里，最重要的两对语法范畴是"主语-谓语"和"名词-动词"，前者是句子成分范畴，后者是词类范畴。这两对范畴之间基本上互相对应，主语由名词性词语（NP）充当，谓语由动词性词语（VP）充当，句子由主语+谓语组成，大致就是 NP+VP。西方的语法传统，名词和动词本来指句子的组成部分，所以词类叫 part of speech。后来句子成分跟词类分开讲，词类才改叫 word class，字面上已经没有句子成分的意思，但是两者仍然保持紧密的对应关系。对主语和谓语的看法必然关涉名词和动词，反过来也一样。这个传统在西方可谓根深源长，被尊为各门科学之父的亚里士多德，在《解释篇》开篇就说明，他将首先定义名词（onoma）和动词（rhema），名词的意义与时间无关，动词的意义关涉时间[①]；名词和动词结合，形成语句（logos）。

在古希腊时代，逻辑和语法同根同源，主语、谓语既是语法术语也是逻辑术语。逻辑探讨的是思维规律，好像超越语言，实际离不开语言。亚里士多德的形式逻辑研究命题，而表达命题的对应语言单位只能是句子（德语的"命题"和"句子"用的是同一个词 Satz）。作为逻辑术语，主语和谓语分别表示判断关系的两项，其中主语指出对象，谓语对之加以说明。判断关系主要有四种：

个体和类别的关系：我是人。

个体和属性的关系：我是自由的。

小类和大类的关系：人是动物。

类别和属性的关系：人是理性的。

这四种判断关系都有一个系词 BE "是"，可以概括为类属关系（class subsumption），或者给对象归类，或者指出对象的属性，对象从而得以理解。就此而言，主语和谓语在结构上对立互补，不能化约为一，侧重于哪一项（认为哪一项更实在、更重要）是形成西方不同哲学派别的逻辑端绪。西方哲学家总是从主谓关系出发去理解其他各种关系，如实体与偶性的关系、个别与一般的关系、感性与理性的关系。西方哲学的每一次重大变革也无不从这个逻辑基础

---

① 西方语言动词有时态，德语表示动词的词 Zeitwort 直译为"时间词"。

开始，如培根的归纳逻辑之于经验主义哲学，康德的先验逻辑之于批判哲学，黑格尔的思辨逻辑之于辩证法体系，胡塞尔的逻辑研究之于现象学，弗雷格和罗素的数理逻辑之于分析哲学，都是如此。（徐长福 2017）可以说，一部西方哲学史就是一部关于主谓关系的思辨史。

再说源自西方的近代科学。逻辑上主语和谓语的联系在西方语言里通过系词来实现，有无系词是这种逻辑能否产生的关键。西方人把握事物的性质和事物之间的联系通过系词来完成，对系词的认识和理解就成为亚里士多德命题理论的基础，对主语所代表的主体的探讨，所谓本体论（ontology），就是对系词性质（being）的探讨。亚里士多德正是通过对命题"S 是 P"的明确划分，确立了同一律、排中律、矛盾律三条思维法则，从而建立起三段论演绎推理的格式。爱因斯坦曾说，近代科学的兴起，演绎推理是一个必要条件。这个认识出自一个植根于西方文化的大科学家，应该说是一种切身的体悟，值得重视。主谓结构对于近代科学诞生的重要性，可参看朱晓农（2015）的论述。

主谓结构在西方思想文化中的重要地位，张东荪（1936）曾有一段深入浅出的概括性说明，引述如下：

> 亚里士多德在他的《形而上学》上讲得很透彻。就是说哲学上的本体是由名学上的主体而来。名学上不能无主体，则哲学上便自然会有本体的概念。欲在哲学上证明宇宙不能无本体只须在名学上说明言语不能没有[主体]。无主体便不能成为言语。譬如说"花红"，即是说"花是红的"，同时亦就含有"此是花"。所以这个"此"字是不能缺少的。因为"花"在"此是花"一句中是云谓而不是主体，虽则在"花是红的"

一句中是主体而不是云谓。可见无论如何推到最后总不能不有一个赤裸裸的"此"。这便是说,一切云谓都是加于主体上的。虽可累积起来,但却离不开主体。所以亚里士多德以为主体是云谓所加于其上的,而其自身却不能变为云谓加于他物之上。否则思想上的三个法则(即同一律、矛盾律与排中律)皆不能成立。……总之,他是把主体与云谓分作截然不同的两种。云谓之依靠主体正好像衣裳之被穿于人的身体上,如没有人的身体则衣裳决不会直立起来。人的身体只能穿衣裳,却不能自身再变为衣裳又被他物所穿。这样则主体与云谓乃是截然不同的了。于是凡成为一句言语必定有个主体又有个云谓。只有主体而无云谓,则不成为"言"。只有云谓而无主体则不明"所言"。所以一个成为言语的句子必须有主体与云谓。亚里士多德的这个主张实在是根据西方人(狭义言之,即希腊)的文法。然而这样的文法却代表西方人的"心思"(mentality)。亚里士多德把这样的西方人思想习惯加以整理做成系统的说明,遂成"亚里士多德的名学"(Aristotelian logic 亚里士多德逻辑学)。这样的名学支配了西方人(广义的)数千年。现在,如怀特海(Whitehead)一流人们虽在那里反对这种名学,然而西方大部分学术以及日常生活依然是在这样的名学所支配之下。

这段话已经包含我们上面讲的意思:主语和谓语截然不同,不能化约为一。主语加谓语才成为"言",才表达一个完整的意思。哲学探讨的本体来自名学(逻辑学)的主体,名学的主体来自句子的主语。没有主谓结构就没有命题,没有命题就没有演绎推理。基于主谓结构的名学支配西方大部分学术和日常生活数千年。张东荪只是没有提到主谓结构对近代科学兴起的作用，然而主谓结构在西方思想和文化中的基石地位已经讲得很清楚了。

一种语言和语法的主干

主谓结构是西方语言和语法的主干。从希腊语、拉丁语到现代各种印欧系语言，讲语法没有不把主谓结构放在首要地位、不以主谓结构来统摄整个语法的。按照亚里士多德的定义，主语和谓语是构成一个简单句的两个成分，主语的功能是指称，类别比较单一，为名词或代名词，谓语的功能是述谓，类别多样。主语谓语二分，既互相对立又互相依存。对立，性质截然不同，不可化约为一；依存，谁也离不开谁，没有谓语就没有主语，没有主语就没有谓语，主语加谓语才构成一个完整的句子，表达一个完整的意思，才成为一个可以判别真假的命题。

在谁依附谁，是主语依附谓语还是谓语依附主语的问题上，不同时期不同的语法理论和逻辑理论有不同的看法。传统逻辑的侧重点在主语，谓语依附于主语；后起的谓词逻辑意在解决命题二分难以解决的问题，也为了细分命题，在一定程度上消解主谓结构，将谓语视为一个函式（function）[①]，主语为这个函式的自变项（argument）之一，谓词函式作用于自变项等于一个命题，有可以判别真假的特性，即具有真值。但这种对主谓结构的消解其实只是侧重点的转变，由主语转移到谓语，命题要判别真假仍然离不开主谓结构，离不开主语，这一点不变。

---

① 译名"函式"和"自变项"据陈嘉映（2003：96）。

[Mona Lisa]$_{主语}$ is smiling away at any visitor.

[Any visitor]$_{主语}$ is being smiled away by Mona Lisa.

虽然谓语可以给 Mona Lisa 和 any visitor 分别指派施事和受事的角色,但是在判断命题真假的关键时刻,主语不可或缺,仍然占据首要地位。

当前在国际语言学界占主导地位的"生成语法",其中的述谓论(predication theory)中心原则就是谓语必须有一个主语,这样才能解释为什么 It's raining 和 It's possible that John is ill 这样的句子中必须出现一个虚位或假位主语 it。逻辑对主谓结构有真值的要求,这在生成语法里重新表述为语法的合式性(well-formedness)条件。具体说,谓语要有一个本地成分来允准它的谓语地位,它是谓语的中心(上面两句中的系词 is),抽象为表示动词时态的屈折成分[①],这个允准成分本身要求有一个主语,不然就不是一个可以接受的合格句子。(Kampen 2006)语法不仅以主谓结构为主干,而且以谓语动词为中心,生成语法的这个思路跟谓词逻辑的思路如出一辙。

"功能语法"在理论上与生成语法对立,但是主谓结构同样具有重要的地位,只是不把主语谓语的分别看得那么绝对,并注重主语和谓语的功用。理论上与功能语法结缘的语言类型学,虽然注重语言的类型差异,主谓结构的地位仍然彰显,这从它对不同词序类型的命名 SVO、SOV、VSO 等上(S 指主语,V 指谓语动词,O 指动词的宾语)就可以看出来。

西方的语言和语法以主谓结构为主干,这已经是普遍认识,但是从语法学上讲为什么是这样,还不见得人人都明白。然而,不了

[①] 这个屈折成分标为 I^0(I=Inflection)。

解别人立论的前提就全盘接受其结论,没有什么比这个更有害于严谨的思维。就英语语法而言,讲主谓结构是必需的,权威的《当代英语语法》(Quirk *et al.* 1972:34)这样来举例说明:

    [1] John   carefully searched the room.
    [2] The girl   is now a student at a large university.
    [3] His brother grew happier gradually.
    [4] It   rained steadily all day.
    [5] He   had given the girl an apple.
    [6] They   made him the chairman every year.

这六个句子看上去很不一样,但是有相同的基本结构,分为主语和谓语两部分,尽管这个二分的结果是两部分"长短差别很大、内容很不一样"。主语跟句子正在讨论的话题——它在前面的句子里已经引入——有密切的关系,谓语为这个话题提供新的信息,但是这只是主谓结构的一般特点,并不是对主谓结构的定义,例[4]显然不具备这个特点。之所以做这样的结构二分,主要是出于以下几点考虑。第一,主语部分决定句子在形式上与谓语动词的协调(concord),如[2]和[5]动词取单数还是复数形式取决于主语是单数还是复数。在印欧系语言里,英语的形态已经销蚀很多,其他语言里主谓之间的形态一致要复杂得多,在性(阴性阳性等)、数(单数复数等)、格(主格宾格等)上都有细致和严格的要求。第二,谓语部分的结构一般比主语部分复杂,其中最重要的成分是表示时态的动词,叫操作词(operator),它跟谓语的其他部分区分开来。句子从陈述变为疑问的时候,主语改变它的位置,操作词要移到句首,如下面的 did、is 和 had:

    [1q] *Did* John carefully search the room?

[2q] *Is* the girl now a student at a large university?

[5q] *Had* he given the girl an apple?

谓语部分的这一结构特征对说明英语否定句的构造同样十分重要，否定成分要加在操作词的后头：

[1n] John *didn't* carefully search the room.

[3n] His brother *didn't* grow happier gradually.

[4n] It *didn't* rain steadily all day.

[5n] He *hadn't* given the girl an apple.

离开了谓语的这一结构特征，无法简明扼要说明英语里被动句的构造及其与主动句的异同：

[1p] The room was carefully searched by John.

[5p] The girl had been given an apple by him.

An apple had been given to the girl by him.

[6p] He was made by them the chairman every year.

被动句的谓语要增加操作词 be，动词变为过去分词形式（此外宾语移位，用介词 by 引出施事主语）。要说明英语存在句的生成，谓语的结构特征同样重要：

There is nothing more healthy than a cold shower.

生成的条件，一是用"无定主语"there，二是谓语部分用操作词 be。

还有一些常用的强调句的生成，上述谓语结构特征也很重要，强调部分的重读必须落在操作词上，例如：

A: Why haven't you had a bath?　　B: I HAVE had a bath.

A: Look for your shoes!　　B: I AM looking for them.

So you HAVEn't lost it | after all. ('I thought you had.')

最后，要说明某些状语在句子中出现的位置，必须以主谓结构为参照，或者说明主谓结构的特殊形式，例如：

Only afterwards did he explain why he did it.

（状语出现在句首，谓语操作词和主语必须颠倒）

It was *when we were in Paris* that I first saw John.

（为强调状语而采用的一种特殊的分裂型主谓句）

总之，西方语法以主谓结构为主干，自有它的道理，不仅是因为主语加谓语才表达一个完整的意思，还因为主谓结构存在重要的形式特点，这些形式特点规定一个形式完好的合式（well-formed）结构，不仅把它跟其他类型的结构明确区分开来，而且是一系列重要句式（疑问句、否定句、被动句、存在句、强调句）的构造方式的基础。西方语言中确实也有主语不那么明确的情形，如英语 there be 起头的存在句，引起语法学家的讨论，但是这只是少数情形，根本无法动摇主谓结构的主干地位。讲语法首先讲主谓结构，纲举目张，以简驭繁，如果不这样，就变成舍本逐末、避重就轻，效果可想而知。

正因为主谓结构在西方语言和语法中有如此重要的地位，西方的语法学家大多认为主谓结构是人类语言普遍具有的基本结构，只是在标示主语和谓语的语法形式上有所不同而已。主谓结构究竟是否具有普遍性，主语是不是必不可少的语法范畴，谓语动词是不是具有中心地位，对这些问题都是有争议的，近年来语言类型学在这方面的争论，可参看宋文辉（2018：1.4 节）的介绍。

总之，主谓结构是西方思想文化大厦的基石，是西方语言语法组织的主干。在透彻认识主谓结构之后，我们才会认真思考汉语有没有主谓结构的问题。

二　汉语有没有主谓结构

没有继承就没有超越。在展开"超越主谓结构"这个题目之前，有必要将《马氏文通》以来语法学界对汉语有无主谓结构这个问题的认识，分若干专题做一个系统的梳理。

无主语句

《马氏文通》（1898年出版）仿照西方语法，也用主谓结构来描写分析古代汉语。马氏给主语和谓语起的名称分别是"起词"和"语词"，在"界说"十二、十三里给二者下的定义是："凡以言所为语之事物者，曰起词。起者，犹云句读之缘起也。凡以言起词所有之动静者，曰语词。语者，所以言夫起辞也。"又说，"凡句读必有起、语两词，两词之长短不同，而大旨不外乎是"，"盖意非两端不明，而句非两语不成"。从马氏所举的例子看这个界说，他是搬用了西方语言的主谓结构来分析汉语的句读。

后人发现，《马氏文通》一方面说"凡句读之成，必有起词、语词"，另一方面仍用相当篇幅来论述省略起词之句和本无起词之句，吕叔湘、王海棻（2000：16）指出这是前后矛盾之处。第一部白话文法、黎锦熙1924年出版的《新著国语文法》延续《马氏文通》的看法，认为"主语、述语，二者缺一，就不成句了"（黎锦熙 1954：3），并用省略来解释不带主语的句子。《马氏文通》和《新著国语文法》之后，学界首先认识到，无主语的句子在汉语里是正常的句子，现在通常就叫无主句。吕叔湘《汉语语法分析问题》是对《马氏文通》以来汉语语法研究的一个批判性总结，里面说，"不用主谓关系的有无来区别句子和短语。句子可以在形式上不具备主语和谓语两部分；短语可以包括主谓短语"（吕叔湘 1979：31）。朱德熙（1987）明确说，汉语"没有主语的句子跟有主语的句子同样是独立而且完备的"，他举的古今例子有：

打闪了。｜哪天回来的？｜轮到你请客了。｜热得我满头大汗。｜有个国王有三个儿子。｜学而时习之，不亦说乎？｜舞阳侯樊哙者，沛人也。[ ]以屠狗为事，与高祖俱隐。｜（两人看完电影出来对话）怎么样？还不错。

有人说这些句子是省略了主语，然而启功（1997：2）说得好："猿有尾巴，人没尾巴，是进化原因呢，还是人类'省略'了尾巴呢？孔雀尾长，鹌鹑尾秃，恐怕也难以'省略'称之。"现在已经很少有人再持主语省略说了。西方人翻译唐诗，本无主语的都要添加主语，例如 Bynner 英译司徒曙的《贼平后送人北归》<u>世乱同南去</u>，<u>时清独北还</u>，<u>他乡生白发</u>，<u>旧国见青山</u>（钱歌川 1981：287）：

In dangerous times *we two* came south,

Now *you* go north in safety, without me.

But remember *my head* growing white among strangers,

When *you* look on the blue of the mountains of home.

既然没有主语的句子跟有主语的句子同样是独立而且完备的，那么主谓结构在汉语里至少可以说不像印欧语那样占据中心地位、根本地位，朱德熙（1985：8）甚至说，汉语主谓结构跟其他类型的结构地位上"完全平等"。说完全平等也许过重，说"大致平等"是没有问题的。一个突出的表现是，主谓结构本身可以跟其他结构一样做谓语，例如<u>她肚子大了</u>和<u>他耳朵软</u>，形成所谓"多主句"。有人想否定这个事实，说是省略了一个表示领属的<u>的</u>字，但是否定不了，试比较：

她肚子大了。　　他耳朵软。

她的肚子大了。　　他的耳朵软。

赵元任（1968a：57）指出①，<u>她肚子大了</u>的意思是指她怀孕了，<u>她的肚子大了</u>只是说她肚子变大了（各种原因）；<u>他耳朵软</u>是指他轻信，<u>他的耳朵软</u>只是说他的耳朵（物质的）软。有<u>的</u>字的句子多半会照字面讲，而不加<u>的</u>则多半有专门意义或比喻意义。

主谓结构可以做谓语，放到印欧语里，这个谓语的主语就不再是语法的主语，而是所谓的话题（topic）了。反过来，如果说汉语也有语法主语，那它实际是指话题。

西方语言，只有谓语而无主语就不明所言，"盖意非两端不明，而句非两语不成"。无主句是汉语正常的句子，那么要问：汉语是如何"明所言"的呢？

主语就是话题

在印欧语里，主语是语法范畴，话题是语用或篇章范畴，尽管有交叉的情形，但两者不是一个性质的东西。赵元任（1968a：45－

---

① 如无特别注明，所引赵元任（1968a）均指吕叔湘 1979 年的节译本《汉语口语语法》。

48）说，汉语的主语"其实就是话题"，主语的"语法意义"就是话题。这是从另一个方面来削弱主谓结构在汉语里的地位。汉语主语为动作者或施事的概率只有 50%，"有时候主语和谓语关系松散到了如果放在别的语言里将成为不合语法的程度"，例如：

这件事早发表了。

这瓜吃着很甜。

他是个日本女人。（意思是：他的用人是个日本女人）

"……讲究语言规则的人，尤其是懂些西方语言的，要是听到自己的小孩或学生说这种话的时候，很可能会改正他们，但他自己不留神时也会照样说——事实上，谁会留神听自己的话？"（丁译本 81 页）把下面左列的句首成分定性为主语，右列的句首成分定性为话题，这样做缺乏依据，因为"没有语法形式的差别"：

他的用人是个日本女人。	他是个日本女人。
今儿冷。	今儿不去了。
这儿是哪儿？	这儿不能说话。
他死了的话简直不堪设想了。	他死了的话，就不容易解决了。

主语就是话题，这在汉语的诗词、对联、俗语中尤为常见（张伯江 2013）：

酒逢知己千杯少。

迅雷不及掩耳。

云想衣裳花想容。

琴临秋水弹明月，酒近东山酌白云。

香稻啄余鹦鹉粒，碧梧栖老凤凰枝。

在一些方言里，比较句是拿比较对象而不是比较主体做主语，例如绍兴柯桥话说小王是小李长，意思是"小李比小王高"，主语小王实为话题，就像普通话说（说起）小王嘛，还是小李高，可见拿比较对象做话题是汉语的普遍现象。

王力《古代汉语》（第一册）从汉语判断句的角度表达同样的观点，说主语和谓语的关系不能按形式逻辑的要求来分析，自古如此。例如《战国策·齐策四》："冯谖先驱，诫孟尝君曰：千金，重币也；百乘，显使也。齐其闻之矣。"其中千金和重币可以形成判断，百乘和显使，照形式逻辑讲就很难形成判断，这显然是因为主语是话题。

说汉语的主语就是话题，那就等于汉语没有话题化（topicalization）一说，假设话题化对汉语来说是多此一举。英语 The ˈplay I saw yesterday 一句，the play（对比重读）是宾语话题化的产物，而汉语戏我昨天看的，戏本来是话题（主语），谈不上话题化。

西方人翻译唐诗，不知道主语是话题，经常错译，杜甫《春望》一联感时花溅泪，恨别鸟惊心，牛津大学教授 David Hawkes 的英译，就误将花和鸟译作主语（钱歌川 1981：286）：

The flowers shed tears of grief for the troubled times,

And the birds seem startled as if with the anguish of separation.

汉语没有语法主语，所谓的主语其实是话题，继赵元任之后 LaPolla（1993，1995）、LaPolla 和 Poa（2006）做了全面充分的论证，然而还是有人不甘心承认这个事实，总想把主语和话题区分开来，这里不能不多费点笔墨。首先，对于话题和评说关系松散的句子，有人想方设法在话题后面补出一个"空主语"来：

那场大火，（原因）是电线跑了电。

我（点的餐）是炸酱面。

这样补是吃力不讨好，因为只要有一定的语境，空主语完全可以是其他种种，例如：

那场大火，（结果）是电线跑了电。

我（用的材料）是炸酱面。

后一句设想我是一个前卫艺术家，在跟别人谈论用什么特别的材料做装饰。理论上讲语境无穷多，空主语的解读也无穷多。所以补出空主语的做法是行不通、不合理的。在分析方法上赵元任（1968a：56）提出"尽量少说省了字的原则"，一是因为可以补出的形式不止一种，二是因为有时候根本补不出来，如人家是丰年就说不出省略了的是哪几个确定的字。吕叔湘（1979：67-68）也坚持这条分析原则，说"关于省略，从前有些语法学家喜欢从逻辑命题出发讲句子结构，不免滥用'省略'说"。他认为说省略是有条件的，一个条件是"填补的词语只有一种可能"。令人遗憾的是，还是有人将这条分析原则抛之脑后。

还有人说，主语在对比重读的时候就只是主语不是话题，例如不是小张，是 ' 小王去了上海一句，对比重读的小王是主语不是话题（刘丹青 2016）。这么主张的人忘了英语里区别于主语的话题恰恰通常是对比性的，如 The 'play I saw yesterday 里重读的 the play。还有在日语中，当名词充当对比话题时，只能后加话题标记 wa，不能后加主格标记 ga，如下面 b 例中的 wa 就不能改用 ga（沈力 2017）：

a. ? kono rintenki-wa   shinbun-o   insatsu-suru.
   This rotary press-TOP newspaper-ACC print-do
   这台印刷机印报纸。

b.   kono rintenki-wa   shinbun-o   insatsu-suru-ga,
     This rotary press-TOP   newspaper-ACC   print-do-CON

```
ano rintenki-wa         osatsu-o         insatsu-suru.
that rotary press-TOP   bill-ACC         print-do
```
　　这台印刷机印报纸，那台印刷机印钞票。

跟打问号的 a 例比较，恰恰是对比性话题才是道地的话题。汉语的例子（吕叔湘 1984：36）：

　　我不喜欢吃米饭。　米饭我不喜欢吃。
　　我不喜欢踢足球。　*足球我不喜欢踢。

吃的主食类，米饭有对比项，踢的球类，足球没有对比项。静心一想语言实际就是这样，在对话中最明显，一个说"老张不在"，一个接着问"老李呢"，与老张对比的老李是典型的引发评说的话题。

还是有人不甘心，说主语后不能加啊字的就只是主语不是话题，啊是话题标记。但是汉语哪有必加必不加的话题标记呢？说下面头一句的小陈是主语不是话题（因为不能加啊），但只要换一个词语或者加一个语气词，就变得可以加啊，如后头两句：

　　小陈（*啊），刚刚买的水果很新鲜。
　　小陈啊，刚刚买的水果全烂了。
　　小陈啊，刚刚买的水果，很新鲜呢。

有人说，不是定指的主语不是话题，如下面头一句的一位中年妇女，但是下一句表明，只要把评说部分加长、信息量增加，句子就顺畅了：

　　一位中年妇女（*啊），匆匆走来。
　　一位中年妇女啊，昨天从十八层跳楼自杀了。

总之，那样的论证回避汉语有没有语法主语这个实质问题（begging the question），预设汉语有语法主语为真，而自行认定的话题又不符合语言实际。之所以不甘心承认汉语的主语就是话题，是因为被一种类型学的成见所误导，以为话题和主语必定二分，只是有的语言凸显话题有的语言凸显主语。然而，赵元任当然知道日语里主语和话题分别用不同的标记，也知道印欧语里主语和话题可以在形式上有所区别，他的高明之处在于摆脱日语和印欧语的眼光，道出了汉语的实情。自从 Li 和 Thompson（1976）提出英语是"主语凸显"语言，汉语是"话题凸显"语言，许多人不假思索接受了这一观点。这种观点的前提还是主语是主语、话题是话题这种二分观，不符合汉语主语就是话题的情形，因此在揭示汉语特点的道路上，与其说是前进不如说是倒退了一步，因为在赵元任的眼中，要区分语言类型的话，首先要区分的是"主语不是话题"的类型和"主语就是话题"的类型，只有在主语不是话题的类型里才谈得上凸显主语还是凸显话题。

追根溯源，"主语"这个词最早在希腊语中是 hypokeimenon，是指"谈论的对象"，因此主语最初是指话题。只有当有的话题在语法形式上固定下来变为主语后，主语才与话题分化。事实是，这一分化在印欧语里实现了，在汉语里没有实现。

主语和谓语的类型

在汉语里主谓结构的地位不重要，这还跟主语和谓语的类型有关，类型是指词性类型。印欧语的主谓结构，主语是名词性词语，谓语是动词性词语，泾渭分明。汉语的情形是，动词性词语可以做主语和宾语，而谓语的类型不受限制，虽然通常是动词性词语，但也容纳名词性词语。

先说动词性词语可以做主宾语。朱德熙（1982：101）说动词的"绝大部分"可以做主宾语，这完全符合汉语的实际，连<u>是</u>、<u>有</u>这样的动词也是，例如：

<u>打</u>是疼，<u>骂</u>是爱。｜你找老婆<u>是</u>找妈还是找抽，<u>抽</u>你没商量。｜房子<u>卖</u>还是<u>租</u>要先想好。｜她离婚了？我想<u>是</u>，<u>是</u>也好。｜<u>有</u>总比<u>没有</u>好，大家还是想<u>有</u>。

<u>加以</u>、<u>给予</u>这种虚义动词虽然单个难以做主宾语，但是扩展的动词短语如加以表扬、给予批评还是能做主宾语。动词和动词短语做了主宾语，并不因此而变为名词和名词短语，说它们已经名词化（nominalization）或者"零形式名词化"，那完全是多此一举，是"人为的虚构"（朱德熙 1983）。

有人质疑说（李文山 2019），英语也有大量的动词如 work、play、strike 等能做主宾语，因此动词可以做主宾语算不上汉语的特点。这种质疑首先是主次不分，以偏概全。英语里这样的动词虽然数量很大，但是在整个词汇中仍然是少数，不占主流，die-death，explode-explosion，criticize-criticism，broken-brokenness，lighten-lightning 这样的名动对立格局才是主流，跟汉语"名动同辞"大不一样。其次，英语 work、play、strike 这类动词一般不能直接做主语，要前加冠词或数量成分才行，如 *the* work is well-done，give him *a* strike，而汉语光杆动词就可以做主宾语。再次，跟其他印欧语相比，英语形态消失的程度高，在向分析型的汉语靠拢，如果不拿汉语这种语言类型作为一个参照点，就无法说明英语的这种变化。

总之，汉语自身的语法规律当中，重要的一条就是动词做主宾语的时候没有发生名词化，这种名词化"为印欧语所有而为汉语所无"（朱德熙 1985：iii）。沈家煊（2016a）在这个认识的基础上进一步提出"名动包含说",对名动分立这一根深蒂固的传统观念提出质疑,论证它为印欧语所有而为汉语所无,其中的道理十分简单:汉语之所以没有印欧语那种动词的名词化,是因为汉语的动词本来就属于名词,是一种动态名词(见下一节)。

接着说谓语的类型不受限制。这是赵元任(1968a:53-57)的论断,指汉语里充当谓语的不仅是动词性词语,也可以是形容词和名词性词语。名词性词语充当谓语,不仅有<u>老王上海人</u>、<u>今天星期天</u>、<u>那个人简直骗子嚜</u>、<u>这个人真君子</u>、<u>那个人怪样子</u>、<u>这个孩子坏脾气</u>、<u>这个人大舌头</u>这种口头常说的名词谓语句,甚至还有主语是动词、谓语是名词的句子,赵在书里举了一个例子<u>逃,俘头</u>。需要指出的是,这种类型的句子其实很普遍,例子举不胜举,如《醉翁亭记》开头的<u>环滁皆山也</u>,又如:

沿着厅廊下一直走进去,一个秋叶式的洞门。(曾朴《孽海花》)
雨水像倾倒似的泼洒下来,一片泥腥气味。(陈忠实《白鹿原》)
咱爷俩谁跟谁?放了一冬半春的牛,老交情了。(莫言《牛》)
你不会写,我给你填上,一片好心!(老舍《骆驼祥子》)
给她裁件花布大衫,块儿多钱的事。(老舍《骆驼祥子》)
大甩卖,最后三天。(商店橱窗标语)
看上去一个样。(口头语)
腰痛老毛病了。(口头语)

下面是长篇小说《繁花》中出现的部分例子:

(慢慢移出一张牌来)一推,白板。|拉开抽屉,一张借据。|讲了五六遍,一个意思。|我死我活,我自家事体。|捻开一听,《二泉映月》。|讲起来工人阶级。|蹲到门口,石狮子一样。|嗲到这种地步,骚货。|几趟吓醒,急汗两身。|为一点铜钿,一副

急相。│调换袖章，经常性的动作。│碰到这种一声不响，只落眼泪的女人，第一趟。│端起咖啡杯，照样斯文相，当年派头。│政府对资本家，已经菩萨心肠。│一卖电车票，马上一副武腔。赵元任说，名词做谓语，显得灵动而不呆板，上面的例子都能证明。

有一点需要澄清，说谓语的类型不受限制，也可以由名词充当，这不等于说名词做谓语不受限制，逻辑上这是两个不同的判断。在否定句里名词做谓语还大受限制，如不说<u>老王不上海人</u>、<u>今天不星期天</u>，要是名词做谓语跟动词做主宾语一样不受限制，那就变成汉语是真正名动不分了。所以赵元任的这个论断"谓语的类型不受限制"说得很有分寸，符合汉语的实际。

前面说过，印欧语的主语－谓语跟名词－动词基本对应，即 S（句子）→ NP（主语）+VP（谓语）。汉语动词可以充当主语，谓语可以由名词充当，这意味着汉语即使有主谓结构，那也是跟印欧语的主谓结构性质很不一样的东西。

名动包含

沈家煊（2016a）论证汉语为"名动包含"格局，这是在汉语里进一步消解主谓结构。"名动包含说"的要义是，汉语名词动词的性质和两者之间的关系都不同于印欧语的名词动词。性质不同是指，印欧语的名词和动词是语法范畴，跟语用范畴指称语和述谓语不是一样东西，而汉语的名词和动词说它是语法范畴，其实是语用范畴，或者说，名词和动词的语法意义就是指称语和述谓语，这跟赵元任说汉语主语的语法意义就是话题是一致的。关系不同是指，印欧语的名词和动词是分立关系，名词是名词，动词是动词；而汉语里名词和动词是包含关系，名词是"大名词"，它包含动词，动词是一种动态名词。因为汉语名词动词的性质是指称语述谓语，所以名动包含实质是"指述包含"，指称语包含述谓语。

这意味着汉语的谓语具有指陈二象性，既是陈述动作或事件的陈述语，也是指称动作或状态的指称语，而且根本是后者。<u>事败人亡</u>、<u>兔死狐悲</u>，<u>亡</u>、<u>死</u>是 die 也是 death，<u>败</u>是 fail 也是 failure，<u>悲</u>是 sad 也是 sadness，而且根本是名词性的 death、failure、sadness。

"名动包含说"不单是概念的变换，它建立在结构主义语言学"分布分析法"的基础上。汉语里名词和动词的分布属于"偏侧分布"的情形，要而言之：

名词做主宾语，动词既做谓语又做主宾语。

名词受形容词修饰，动词既受副词又受形容词修饰。

名词用"没"否定，动词既用"不"也用"没"否定。

名词的连接用"和"，动词的连接既用"并"也用"和"。

名词的指代用"什么"，动词的指代既用"怎么样"也用"什么"。

这在沈家煊（2016a）和王冬梅（2018）里已经有全面的论述和例证，不再重复，这里再补充两个事实。第一个事实涉及赵元任（1970b）谈的英语里的"反成式"（back formation）构词，指名词去掉词缀后变成动词或形容词，例如：

diagnosis → to diagnose ｜ typewriter → to typewrite ｜ stage-manager → to stage-manage ｜ free association → to free associate ｜ guest conductor → to guest conduct ｜ forced landing → to be forced landed ｜ textual criticism → to be text-critical ｜ thunder and lightning → to thunder and lighten

这种反成式构词在英语里很多，在汉语里却很少见，而且主要不是名词变动词，而是否定式反向构成肯定式，如：不成器→成器，不识抬举→识抬举，了不得→了得。赵文分析其中的原因，说主要是汉语用不着英语那种反成式，因为"名词本来就可以活用为动词"，例如诊断（diagnosis/to diagnose）。注意，以诊断为例说明名词本来就可以活用为动词，可见他预设或默认诊断本来是名词，它的动词用法是后起的。赵文又说，英语动词 manage 转指相关的人，要加名词化标记 -er，而汉语动词管理本来就可以指相关的人。这就是说，如果加个者字说成管理者，也不能说管理发生了名词化，因为管理本来是名词，既可以指管理的行为，也可以指管理者，谈不上名词化。① 按照"名动包含说"，诊断和管理都是动态名词。

补充的第二个事实是，吕叔湘（1979：51）讲主谓短语的时候说，主谓短语"在句子里主要是用来做主语或宾语，是名词短语的性质"，然后他指出一个"常常被忽略，值得引起注意的"事实，主谓短语"用在"句子里边可以省略主语，"形式上就跟动词短语没有什么两样"，例如：

会不长，话不多，大家觉得 [ ] 解决问题。

其中动词短语解决问题就是省略了主语会或话的主谓短语。可见吕先生认为，就用法而言，动词短语解决问题也是"名词短语的性质"。上面已说明，"名动包含"的实质就是用法上的"指述包含"。

---

① "者"不是名词化标记，参看吴怀成、沈家煊（2017）的论证。还有研究发现，-子、-儿尾，最初所加的对象都是名动同形的成分，因此并不存在-子、-儿起名词化作用一说（项梦冰 1994；郑萦、魏郁 2004）。

"名动包含说"使我们对汉语"谓语的类型不受限制"这个事实有了进一步的认识:谓语根本是指称性的,虽然它通常由指称动作的指称语(通常说的动词)充当,但是并不排斥指称事物的指称语(通常说的名词)。下篇将说明,要弄清汉语里地位跟印欧语主谓结构相当的东西究竟是什么,"谓语根本是指称语"这个认识十分重要。

下面用最简单的一名一动组合狗叫和叫狗来展示汉语"名动包含"和结构类型的关系。

	主语-谓语结构	动词-宾语结构	定语-中心结构	状语-中心结构
狗叫	+	−	+	+
叫狗	+	+	+	−

做点解释。狗叫除了是主-谓,可以是定-中(狗的叫),也可以是状-中,指像狗那样叫,同<u>豕人立而啼</u>的<u>人立</u>,如<u>他不会狗叫</u>,同类例子还有蜂拥、龟缩等。叫狗除了是动-宾,可以是定-中(老叫的狗),如<u>叫狗不咬人</u>,同类的有<u>鸣虫</u>、<u>飞人</u>等;也可以是主-谓,同<u>逃</u>,<u>僵头</u>(中间停顿不是必需的),如<u>他在院子里听得很分明:叫狗鸣鸡哼哼猪</u>。这里唯一的限制是名词狗一般不能带宾语、不能做动词短语的中心。这个格局正是"名动包含"格局:名词是大名词包含动词,动词叫也是名词(动态名词),而名词不都是动词(狗不是动词)。这个格局表明,汉语并没有从形式上规定的主谓结构,无法将主谓结构与其他三种结构明白无误地区分开来,主谓结构在汉语里因此没有重要的地位。

"名动包含说"提出后,有人建议,为避免误解将"(大)名词"改叫"指称语"为好。笔者坚持"名"不改名,理由主要有两点。

一是改名对中国不公,也不利于语言之间的比较。"名"这个名称是中国固有的,本来指大名,东汉刘熙的《释名》,所释的名既有<u>天地山水</u>、<u>父母兄弟</u>、<u>眉眼舌齿</u>、<u>笔墨纸砚</u>、<u>鼓瑟笙箫</u>这些指物的名,也有<u>趋行奔走</u>、<u>视听观望</u>、<u>咀嚼吐喘</u>、<u>啜嗟噫呜</u>、<u>好恶顺逆</u>这些指事的名。中国哲学讲究"正名",制名以指实,名家思辨的焦点是"名"。消除误解的办法应该是消除成见,改变来自西方的观念。想起李叔同当年出家为僧前,有一个朋友写信责备他,上来就说"听说你不要做人,要做僧去"。李叔同开玩笑说,"这简直是不把僧当作人了"。不管是那位友人还是李叔同本人,都不会真的认为僧不是人,要是真有人认为僧不是人,那不是那位友人说的话出了问题,而是这么认为的人脑筋出了问题。语法专家如果以为汉语的动词不是名词,那是受印欧语眼光的束缚,他的语法观念出了问题。解决问题的办法不是我改名,是他改变观念。第二个理由是,"名动包含说"把动词理解为"名词虚化"这个动态过程的产物,"大名词"因此不是一个关于汉语的特殊概念,而是一个关于语言和语言演化的普遍概念。

主语-谓语是一问一答

赵元任(1968a:50)指出,汉语里主语和谓语齐全的整句是由一问一答两个零句(minor sentence)组成的,所谓零句就是主谓不齐全的句子,汉语里零句是根本,零句加上语调就可以独立成句。例如:

一问一答	饭啊?	还没得呐。	饭呐?	都吃完了。
自问自答	饭啊,	还没得呐。	饭呐,	都吃完了。
合成整句	饭	还没得呐。	饭	都吃完了。

重要的形式证据是，语气助词啊吧吗（嚜）呢（呐）都有表示疑问和停顿两种作用，既可以加在疑问句后边也可以加在主语（话题）后边，例如：

这个人啊，一定是个好人。　他是哪儿的人啊？
他自己的小孩呐，也不大听他的话。　小孩儿都上哪儿去了呐？
他辞职的意思嚜[mə]，已经打消了。　你知道他要辞职了吗[ma]？
丈夫吧，找不着事儿；孩子们吧，　我们问问她的丈夫吧？
　又不肯念书。

这么明显、整齐、确凿的形式特征，其重要性不言而喻。遗憾的是，有人却放着这么重要的特征不顾，反而想方设法去找一些隐形的形态或所谓的"零形式"来证明某种既定的理论。

一问一答不能做狭隘的理解，应该宽泛理解为对话的"引发-应答"。赵元任实际已经突破一问一答，把表示原因、假设的条件小句分析为整句的主语，例如你不来，我不去，条件小句你不来是主语，它是对话的引发语，甲说<u>我不来</u>引发乙说<u>我不去</u>。条件小句也属于主语，这仍然可以从后边可以有兼表疑问的停顿或停顿助词这一点得到证明。还有，条件小句后边总是可以加上<u>的话</u>二字，如<u>你不来的话</u>，我不去。<u>的话</u>二字还表明，做主语的条件小句<u>你不来</u>实际是引语，是引对方刚说过的话，引语是对话的一个特征。对话不仅不限于问和答，引发-应答也是多种多样的。赵元任之后，从事会话分析的研究者十分重视这种多样性，下篇第八章"会话分析"将具体说明。

主语-谓语来自一问一答，来自引发-应答，赵元任的这一见解，大家已经熟悉，没有异议，成了老生常谈，但是学界对它的重大意义却还认识不足。静心考量，这一洞见的意义怎么估量也不过分,它使我们认识到:一、横向的主谓接续关系来自竖向的应对关系。二、静态的主谓关系来自动态的互动关系。三、回顾性的叙述来自现场性的交谈。[①] 语言植根于互动和对话,婴儿学语言离不开互动和对话,库尔(2015)通过实验证明,婴儿大脑的学习并不是一个被动的过程,而必须以人际互动为前提,称为"社会门控"(social gating)。一组被试只是通过电视或录音接触一种语言,结果完全没有学会识别那种语言的音位,只有听真人说话的那组被试才学会了。婴儿与父母之间的眼神交流、跟随成人的目光指引,这有助于婴儿理解实词的意义。[②] 赵元任是结构主义语言学大师,但他的这一见地——主谓结构是对话"对"出来的,仍然具有对话性——已经和后结构主义思潮不谋而合,预示着新思潮将席卷而来。试想巴赫金的"对话说"、克里斯蒂娃的"互文说",还有其他后结构主义的学说,无不都是视对话互动为根本。要超越主谓结构,就要从对话上开始超越。

起说-续说

第一章说明主谓结构在印欧语里的重要地位,引用了《当代英语语法》列举的六个英语主谓句,它们表明主语谓语的切分有形式上的依据和要求。汉语没有那种形式,那六个英语句子用汉语来表达,虽然可以比况英语的主谓结构,像下面左列那样分为前小后大

[①] 有叙事学家指出,实际的生活是向前看,但讲述生活却要向后看,事件无论是虚构的还是亲历的,正常情况下讲述事情都是采取回顾的方式。转引自刘大为(2017)。

[②] 目光指引和眼神交流是一种身势"指语",见第九章"指语对是本源"。

的两部分（中间停顿用逗号表示），但是在实际言语中经常把停顿放在靠近中间的位置，使前后两部分大致等长，如右列所示，这种停顿方式更符合人说话的自然呼吸状态：

[1c] 约翰，仔仔细细搜查了房间。　约翰仔仔细细，搜查了房间。
[2c] 女孩儿，现在是大学的学生。　女孩儿现在是，大学的学生。
[3c] 他兄弟，变得越来越高兴。　　他兄弟变得，越来越高兴。
[4c] 整天，下雨下个不停。　　　　整天下雨，下个不停。
[5c] 他，已经给了女孩儿一个苹果。他已经给了，女孩儿一个苹果。
[6c] 他们，每年都选他当主席。　　他们每年都，选他当主席。

赵元任证明汉语主谓齐全的句子实为一问一答两个零句的加合，用的是啊、吧、吗、呢的分布这个形式证据。后来人们发现，这些助词在右列中间的地方也能出现，使人感到困惑，望而却步，不敢再往深里想。这表明零句的范围要比原先认为的大。赵元任说主语就是话题，话题的范围已经很广，包括涉事、受事、时间、地点、与事、工具，以及表示原因的小句等，如<u>这件事早发表了</u>，<u>鸡不杀了</u>，<u>今天礼拜六</u>，<u>结婚的我总送这个</u>，<u>这把刀切肉</u>，<u>下雨不去了</u>，<u>你不来（的话）我不去</u>。但是这个范围还未能覆盖右列逗号前的部分。因此讲汉语语法要超越主谓结构，还不能止于对话题-评说的传统认识。如果说逗号前的部分是话题，那么汉语的话题正如宋柔（2013）所论，是广义的，它只是个说话的起点，远远超出一般所说话题（topic）的范围，接近于韩礼德（Halliday 1985：第3章）所定义的主位（theme）。主位是说话人传递信息的出发点（point of departure of the message），信息的其余部分是述位（rheme）。主位的范围很广，不仅是有待说明的话题，还包括与人际交流有关的语气成分，词性类型不限，包括副词、介词短语、助动词、疑问词甚至动词等在内。下面英语句子的起头部分都是韩礼德界定的主位：

Very carefully she put him back on his feet again.

How dreadful she sounds!

On Friday night I go backwards to bed.

Can you keep a secret?

Where has my little dog gone?

Let's go home.

Just place a blank CD in the drive.

Don't do that.

Sing a song of sixpence！（[*I want you to*] sing a song of sixpence.）

还有多重主位的情形，如三个主位依次排列：

On the other hand｜*maybe*｜*on a weekday*｜it would be less crowded.

Oh｜*soldier, soldier won't*｜*you*｜marry me.

而通常所说的话题可以视为主位的一个特殊类别。韩礼德懂汉语，他对英语的这种主位-述位的分析法是否受到汉语的启发不得而知，也许只是继承发展布拉格功能学派的做法。按照这种分析法，把汉语停顿前的部分叫作主位，即信息传递的出发点，更加符合汉语实际。

要注意的是，汉语主位-述位的切分更顺应说话时候的自然换气，前后部分字数相差无几、大致等长，这是一种声韵的对称，下篇第十三章讲"半逗律"的时候还会详说。还有，前一部分加上语气语调可以独立，例如上面 [3c] 他兄弟变得呀！[6c] 他们每年都！对汉语来说，这两点都很重要，而主位-述位这对概念还没有照顾到，使用这对名称容易使人只照英语的主位-述位去理解，名称主位或 theme 还都容易让人望文生义，朝主体或主题的方向去想。怎么办好呢？上面说《马氏文通》用起词和语词分别指称主语和谓语，是在比附西方语言的主谓结构，不过马氏给主语起的名称"起词"，按字面义理解倒是比较适合汉语停顿前的部分，即说话的起点。把主语叫起词而不用"主"这个字，是因为马氏下意识里想照顾汉语的特点，还是他缺乏对西方"主体"概念的认识，那就不得而知了。所以笔者建议，干脆把逗号前后两部分分别改叫"起说"和"续说"。下篇将从对话出发说明，起说和续说两个部分构成"一对"，叫"起说-续说对"。

三 汉语流水句

这是上一章讨论的继续,因为重要,所以单列一章。先从"用句"说起。

用 句

"零句"的概念是强调汉语的句子不必主谓齐全,"用句"的概念是强调汉语的句子属于语用范畴。角度或侧重点不同,其实是讲一样东西。在使用的时候零句可以独立也可以不独立,就看有没有一个终结语调,而带上一定的语调进入使用就成为用句。

朱德熙(1985:74-75)指出,"汉语的句子的构造原则跟词组的构造原则基本一致","句子不过是独立的词组而已",把词组的结构和功能描写清楚了,那么句子的结构实际上也就描写清楚了。这个"以词组为本位"的思想继承了赵元任"零句是根本"的论断。在词组和句子之间的关系上,汉语和印欧语"大不相同",印欧语是"组成关系",而汉语是"实现关系"。朱先生图示如下:

```
组  │ 词 (word)           组  │ 词
成  │ 词组 (phrase)        成  ↓
关  │ 小句 (clause)        关     词组  句子
系  ↓ 句子 (sentence)      系     实现关系
      印欧语                         汉语
```

组成关系是部分和整体的关系：句子是由词组组成的；实现关系是抽象和具体的关系：抽象的词组进入具体使用就实现为句子。①

词组能不能独立成句的问题在汉语里不是真正的语法问题，而是跟表述或语用有关的问题。英语句子 He fly a plane 绝对不合语法，而汉语词组"他开飞机"只要有一定的使用语境（回答问题、对举、加语调）就能成立。吕叔湘（1979:28）说词组（短语）是静态单位、备用单位，句子是动态单位、使用单位，跟朱先生说的基本是一个意思。姜望琪（2006）进一步指出，汉语的"句子"跟英语的 sentence 是不对等的，实际相当于英语的 utterance。英语里 sentence 已经与 utterance 分离，演变成一个抽象的语法单位，而汉语的"句子"至今仍是一个具体单位、使用单位。笔者建议用"用句"这个名称来翻译 utterance，哪怕是一个字，只要进入使用带上语调就是一个用句，一段话一气呵成也是一个用句。

既然汉语的句子是用句，那么"完句"这个概念一定是语用概念而不是句法概念，"完"的是用句而不是印欧语那种 sentence。过去在这一点上没有厘清，造成困惑和麻烦，例如说句子<u>吃了饭</u>不完整，要再加个<u>了</u>，说成<u>吃了饭了</u>才完整，<u>了</u>是"完句成分"。如何判定一个说法是不完整的呢？说是根据一般语境或中性语境，在一般语境或中性语境里<u>吃了饭</u>一句不能独立。然而这是行不通的，例如有下面两个语境：

---

① 如果从汉语出发来观察英语，那么英语"组成关系"是"间接的实现关系"，汉语"实现关系"是"直接的实现关系"。沈家煊（2009a）把"直接的实现关系"改叫"构成关系"，"间接的实现关系"仍叫"实现关系"，名称改了实质不变。

语境A：饭前。乙认为　　　语境B：饭后。乙认为
　　　　散步宜在饭后。　　　　　　饭后不宜马上散步。
甲：散步去！　　　　　　甲：散步去！
乙：吃了饭。　　　　　　乙：吃了饭了。

语境A应该是一般语境，大多数人习惯饭后散步，语境B是特殊的，然而恰恰是在一般语境里乙的回答是<u>吃了饭</u>。看金宇澄的长篇小说《繁花》里<u>吃了饭</u>这类句子的用法：

　　灶披间里，金妹炒了两碗素菜。小毛<u>倒了酒</u>。
　　雪芝娘讲到此地，<u>落了眼泪</u>。
　　古太讲北方话说，两位老总，百忙中赶来，我要先敬。于是三人<u>吃了酒</u>。

这几个了字句，都是<u>吃了饭</u>类型，都已经完整，再在后头加个了反倒不成立。因此汉语的句子是不是"完整"，完全是个用法问题，要看说话的场合和上下文，我们只能认定<u>吃了饭</u>和<u>吃了饭了</u>在各自的使用场景里都完句了，完的是用句。

　　现在开始说流水句，流水句的属性是用句。吕叔湘（1979：27）在谈小句和句子的时候使用了"流水句"这个名称。"用小句而不用句子做基本单位，较能适应汉语的情况，因为汉语口语里特多流水句，一个小句接一个小句，很多地方可断可连。试比较一种旧小说的几个不同的标点本，常常有这个本子用句号那个本子用逗号或者这个本子用逗号那个本子用句号的情形。"20世纪60年代初吕叔湘提出用"句段结构"来分析汉语语法的设想，句段是用停顿和语调划定的零句或小句。范继淹（1985）按照这个设想搭起一个分析框架，给句段分类，可惜研究没有继续下去。流水句的研究停滞不前，一个重要的原因正如胡明扬、劲松（1989）所说，是"要

牵涉到一系列句法的基本问题",而"我们的语法理论和分析方法、分析格局基本上都是从西方来的,汉语化将是一个漫长的过程……恐怕要经过几代人的艰苦努力才能做到"。

近年来流水句的研究重新得到重视(王洪君 2011;沈家煊 2012a;沈家煊、许立群 2016;王文斌、赵朝永 2016;许立群 2018),根据这些研究,这里将流水句的特性归纳为断连性、指称性、并置性、链接性、韵致性,依次说明如下。

断连性

可断可连、似断还连的断连性是流水句的表象特征。可举小说《繁花》里的一段为例,春香跟小毛讲自己嫁到瘸子男家的情形,一连用了47个逗号,一逗一个小句,大多相当于赵元任所说的零句:

我只能答应,两个人坐一部黄鱼车,我帮娘裹紧了被头,旁边摆氧气橡皮袋,路上冷风一吹,我娘接不上气,我就送氧气管子,一路小心,到了昌化路,帆布棚外面,两只大炉子烧火,棚里摆了砧板、碗盏,生熟小菜,新房间,位于底楼前厢房,男家已经布置停当,公婆住的客堂,折了大床,摆了两桌,其他几桌,借邻居房间,我走进去,新倌人已经坐定,我搀扶娘也坐定当,每次有客人来,新倌人起来招呼,然后坐下去,笑一笑,有礼貌,等大家吃了喜酒,我送娘爬上黄鱼车,然后回到新房间,男人稳坐床沿,看我进来,帮我脱了衣裳,这天夜里,简直不谈了,直到第二天一早,总算看明白,新倌人是翘脚,走一步,踣三记,过了半个月,我娘过世,我从火葬场出来,立刻逃回莫干山路,从此不回昌化路男家。

这样的流水句在《繁花》里很常见，最多有 65 个逗号连用的。逗号有很多是可以取消的，取消后就连成一句，如<u>新房间位于底楼前厢房</u>，<u>拆了大床摆了两桌</u>，<u>这天夜里简直不谈了</u>。跟连用逗号相反是频用句号，举两段如下：

我的家乡是水乡。出鸭。高邮大麻鸭是著名的鸭种。鸭多，鸭蛋也多。高邮人也善于腌鸭蛋。高邮咸鸭蛋是出了名。（汪曾祺《端午的鸭蛋》）

这一本书。有关寓意。有关心灵的历史。有关人所走上的路途。而人所做出的努力，通常是未尽。也许这已经是结果一种。莲花。这个名字，非常映衬。（安妮宝贝《莲花》）

这些句号都可以改为逗号，只是语气顿挫有别。在英语里，连用逗号的叫 run-on sentence（流水句），频用句号的叫 choppy sentence（撬劈句），写作的时候一般都要尽量避免，而在汉语里却是正常的、好的。

可断可连的原因，赵元任（1968a：61-62）已经点明，汉语以零句为根本，两个零句相连，可以构成一个整句，也可以各自独立，句与句之间除了停顿和语调没有其他形式标志，有没有关联词不能作为判别单句复句的标准。例如：

这个人也不跟朋友打招呼！

这个人！也不跟朋友打招呼！

天气很好，但是我不能出去。

天气很好。但是我不能出去。

下一例<u>好</u>字全上声，后边有全停顿，这是两个句子；<u>好</u>字全上或半上带拖腔，那就只是一个并列复合句。总之汉语句子的判定，是不是主谓齐全根本不重要，"停顿和语调这个因素最重要"。再以《水

浒传》第四十三回李逵打虎的一段为例:

那一阵风起处,星月光辉之下,大吼了一声,忽地跳出一只吊睛白额虎来。

郭绍虞(1979:144)说,要是改用印欧语的主谓结构来表达,说成:

李逵在星月光辉之下……猛觉一阵风起,听到一声大吼,看到一只吊睛白额虎忽地跳了出来。

语法上当然是通的,也表达了同样的意思,但失掉了汉语的精神,变得干瘪而无生气了;用洋框框格局来研究汉语语法,颠倒了源流关系,把外国语法学当成源,总觉得雾里观花,隔开一层。这个例子的改写表明,汉语流水句可以接纳主谓句,而主谓句套不住汉语流水句。

正因为流水句处处可断可连,通过"有意经营"就可以形成多种不同的独白段落,笔者曾自拟一个例子如下:

老王呢?又生病了吧。也该请个假呀。走不动了吧。儿子女儿呢?上班忙吧?请个保姆么。工资低呀。先借点呢?犟脾气一个呀!……

一共十个断开的句段,可以把任意两个相邻的句段连上,仅举两种连法如下:

老王又生病了,请个假又走不动,儿子女儿上班忙,请个保姆么工资低,先借点呢又是犟脾气一个。

老王呢,生病也该请个假呀,走不动了儿子女儿呢?上班忙就请个保姆么,工资低就先借点。犟脾气一个呀!

这表明,流水句中的每一个小句都可以成为整句的谓语,第一个也不例外,前头可以补出个主语来,如<u>老张不在老王呢</u>;每个小句都可以成为整句的主语，最后一个也一样，后面还可以再续，如<u>犟脾气一个也得改改么</u>。

要说汉语的灵活性，流水句的断连性是最重要的灵活性之一。

指称性

上面"主语和谓语的类型"一节说明，汉语整句的谓语跟主语一样具有指称性，这是谓语的类型不受限制（也可由名词性词语充当）的原因。谓语也是指称语，这可以从流水句的断连性直接推导出来：因为每个小句都可以成为整句的主语，主语当然是指称语，所以每个小句，包括成为整句谓语的小句，都是指称语。我们由此得出一个"令人惊异然而明明白白的"（赵元任语）结论，汉语的流水句组成是：

$$S \to S'_{指} + S'_{指} + S'_{指} \cdots\cdots$$

组成流水句的每一个小句 S'（大多为零句）都具有指称性，标为 $S'_{指}$。指称性是流水句的另一个重要特点，有意经营的主谓句由两个相邻的小句组合而成，主语和谓语因此都具有指称性。

由于印欧语主谓对立，主语是指称语而谓语是述谓语，这种观念根深蒂固，说汉语的谓语也是指称语，虽然有上面基于流水句的推论，不少人还是觉得难以理解，所以要着重说明。即便着眼于主谓句的成分分析，也能得出同样的结论。有人问，<u>了</u>、<u>着</u>、<u>过</u>是汉语动词的后缀，带这些后缀的动词短语做谓语，谓语怎么会是指称语呢？回答是，仍然是指称语。

他（是）喝了农药。

他（是）去过西藏。

他(是)做着饭呢。

汉语几乎所有的谓语前都可以加一个判断动词<u>是</u>,使谓语成为<u>是</u>的指称性宾语,<u>是</u>不出现的时候,谓语的指称性只是没有显现而已,但实际存在。<u>是</u>字隐而不显而又无处不在。有人把谓语前的<u>是</u>只看作强调标记,类似英语的强调标记 do,如 I *do* like it。但是这个比附不合适,英语动词 do 只能带名词性宾语,带了动词性词语就成了强调标记,而汉语的宾语本来就可以是动词,例如:

我想家,也想吃。

我怕爸,是怕打。

他爱马,也爱骑。

因此谓语前的<u>是</u>不仅起加强判断的作用,它的性质是判断动词。

跟<u>是</u>一样,动词<u>有</u>和<u>在</u>也可以在谓语前出现,通常不出现,但是在强调的时候就出现:

我(有)去过西藏。

她(在)做着饭呢。

<u>是</u>、<u>有</u>、<u>在</u>都是动词,不是副词或语气词,沈家煊(2017a)已根据"结构的平行性原则"加以证明。

谓语和主语一样是指称语,这意味着主语和谓语在汉语里可以化约为一。仍以《繁花》中的两段行文为例,一段是描写平民区从早到夜,楼上楼下,人声不断的场景:

木拖板声音,吵相骂,打小囡,骂老公,无线电声音,拉胡琴,吹笛子,唱江淮戏,京戏,本滩,咳嗽,量米烧饭炒小菜,整副猪肺套进自来水龙头,嘭嘭嘭拍打。钢钟盖,铁镬子声音,斩馄饨馅,痰盂罐拉来拉去,倒脚盆,拎铅桶,拖地板,马桶间门砰一记关上,砰一记又一记。

一段是描写葛老师日日到"夜东京"来坐的场景:

> 面对一只小圆台,端端正正看报,吃咖啡,品茶,三七分头,金丝边眼镜,冬天中式丝绵袄,板丝呢西装裤,夏天,长袖高支衬衫,派力司翻边背带西裤,表情一直笑眯眯……

再看汪曾祺写的一段:

> 他一生经历了很多大事。远的不说,敌伪时间,吃混合面。傅作义。解放军进城,扭秧歌,呛呛七呛七。开国大典,放礼花。没完没了的各种运动。三年自然灾害,大家挨饿。"文化大革命"。"四人帮"。"四人帮"垮台。……(《闹市闲民》)

以上三段全是名词短语和动词短语混排交织,但地位相同,都是指称性小句。

并置性

流水句牵涉到的"句法的基本问题",首先是句法的递归性(recursion)问题。当前的主流语法学说认为,句法的递归性属于人类天赋的语言官能,是人类语言的共性,句子由小到大的生成机制是无穷递归,例如<u>如果狗叫,邮递员会逃跑</u>这个主从复合句可以不断地内嵌一个个条件小句:

[如果狗叫,[如果胆小,[如果狗主不在,[……[邮递员会逃跑]]]]]。

又如,反复运用主语从句镶嵌规则,可以生成:

[That [that something is wrong] is possible] is known to the public.

直译:出了差错是可能的为大众所知。

反复运用定语从句镶嵌规则,可以生成:

Mary loves a man [such that he has a daughter [such that she admires a boy]].

直译：玛丽爱上一个有一个喜欢一个男孩的女儿的男人。

然而汉语要是也采用这种表达方式，上面两个直译的句子就简直很难理解。Evans & Levinson（2009）指出，不是所有的语言都必须采取递归方式，有的语言用平铺的小句来表达同样的意思：

狗叫呢，邮递员胆小呢，狗主不在呢……邮递员会逃跑。

出了差错了，有可能的呀，大家都知道了。

玛丽爱一男人，男人有一女儿，女儿喜欢一男孩儿。

汉语正是这样的语言，一系列流水小句平铺直排，句与句之间的语义关联不必靠句法连接形式，而是靠"意合"，靠人的一般认知能力来推导领会，这就是流水句的并置性。"意合"一词，王力在《中国语法理论》里使用，注明是 parataxis，举例<u>你死了，我做和尚</u>，可见就是指并置，因为并置，所以意合。夸克的《当代英语语法》指出，并置成分之间没有共同的语法、词汇特征，单纯并置就是一种互相有联系的标志。Brown & Yule（1983）也说，衔接形式不一定保证语篇的连贯性，一个连贯的语篇可以没有任何衔接形式，语篇衔接的根源在语篇之外，或者说，并置本身就是一种衔接手段。（转引自姜望琪 2005）

有人因此把英语比作"树形结构"，汉语比作"竹形结构"，树形结构是层次结构，竹形结构是扁平结构。（潘文国 1997：198）看《水浒传》里的两个例子及其英译：

我正走不动，方欲再上山坡，只见松树旁边，转出一个道童，骑着一头黄牛，吹着管铁笛，正过山来。

Just as I was about to continue up the slope, a novice, sitting on a yellow ox and playing a metal flute, came riding over the rise.（沙博理

译本)

公认沙译本照顾英语的表达习惯,是道地的英语,汉语七个小句流水并置,英译依靠主谓结构这个主干,加上连词、动词的不定式和分词形式,使得主从关系明确,层次分明。

鲁达再入一步,踏住胸脯,提起那醋钵儿大小拳头,看着这郑屠道……

Then Lu Ta went forward another step and as Cheng sprawled there, Lu put one foot in his breast. Lu Ta's fists, each as big as a coarse earthen bowl, were outstretched and his eyes glared down at Cheng and he said…(赛珍珠译本)

公认赛译本是比较照顾汉语原貌的,然而英译文也不得不添加一系列连接成分 as、and、then 等。

赵元任(1968a:350;1955)说,汉语连词的地位很不确定,难以成为一个单独的词类。和、跟、同等所谓的并列连词,都是具有连接作用的介词,语词并列主要靠并置。问你吃饭吃面,不加连词,简直就像在朗读菜谱。西方语言也有不用并列连词的,如恺撒的名言 Veni, vidi, vici(吾来,吾见,吾征服),但那是特例,不是常态。小说《繁花》里的例子:

岸边是船舶,锚链,缆绳。

沪生叹气说,阿宝是对我,对姝华有啥意见。(不说对我和姝华)

一般的结婚,跟包(养),有啥两样呢。(跟字前断开)

市中心好房子,又是撬又是敲,完全变了样。(不说是撬和敲)

我讲,妹妹是打,还是骂,我不管。(不说是打或骂,还是前断开)

如果、虽然、因为等所谓主从连词,经常不用,《繁花》的例子:

阿宝忙吧，[如果]有心情，现在来看我。
　　我[如果]早晓得，就买一只蹄髈。
　　[虽然]学堂里停课，也要起来。
　　我完全懂了，为啥大妹妹，情愿做了花蝴蝶到处飞，到处笑，到处胡调，[因为]也就轻松这一两年了。
　　女人舞功好呢，细心呢，备一管白皮鞋油，一把刷子呢，一点印子看不见。（三个呢等于三个放在头里的<u>如果</u>）

连词也常常搁在主语之后，因此是兼具连接作用的副词：
　　流水线项目<u>如果</u>成功，姆妈出一口气。
　　我<u>如果</u>早死，思南路也就是吃光，败光了。
　　孃孃<u>如果</u>讲出来，真难为情。
　　姐姐<u>如果</u>想变，也是一条金鱼。
　　阿宝<u>虽然</u>大了，还不懂男女事体。

再看老舍《正红旗下》里的例子（括号里的连词也是补上的）：
　　鸽子是随心草儿，[如果]不爱，[就是]白给也不要；[如果]爱，[就是]十两八两也肯花。
　　对这些消息，他[如果]高兴呢，就想一想；[如果]不高兴呢，就由左耳进去，右耳出去。他[如果]想一想呢，[那]是关心国家大事；[如果]不去想呢，[那]是沉得住气，[那]是不见神见鬼。
　　如果根据小句之间的逻辑关系处处加上关联词，读起来反而十分生硬别扭，尤其是口语，例如（转引自许立群 2016）：
　　曾文清：（回到桌前，又查视那抽屉）这是耗子！这是耗子！（走近思，忍不住挥起那幅画）[尽管]我早就说过，[因为]房子老，[所以]耗子多，[因此]要买点耗子药，[但是]你总是不肯。
　　曾思懿：老爷子，买过了。（嘲弄）[但是]现在的耗子跟从前

不一样,鬼得多。[所以虽然]放了耗子药,[但是]它就不吃,[反而]专找人心疼的东西祸害。(曹禺《北京人》)

"善删者字去而意留"(《文心雕龙·熔裁》),不用连词、少用连词,意义的关联依靠推导,尽管有语法学家指责这样的说法含糊不清,这仍然是老百姓乐意采用的口头表达方式,人人都懂,人人都会。

要强调,流水小句并置,不在乎小句是名词性的还是动词性的,上一节说明并置小句都是指称语,再举一些《繁花》里名动小句并置混排的例子:

菊芬曼声细语,热烘烘的两颊,小毛觉得心动。

窗外野草蔓生,室内灰尘蜘蛛网。

梅瑞情绪不高,一身名牌,眼圈发暗。

上门维修的青年,留短头发,梳飞机头,小裤脚管。

有时勉强看到,5室阿姨半爿身体移动,一条臂膊,头发。

吴小姐紧靠阿宝,No.5香水气味,眼睛紧闭,低头不响,身体微颤。

我娘有气无力,闷声不响,拿起衣裳,看我穿,一把眼泪,一把鼻涕……

更重要的是,从语言的演化看,汉语式的扁平结构很可能是递归性层次结构的来源。看下例:

猫追老鼠,老鼠吃奶酪,奶酪来自奶牛,奶牛吃青草。

The cat chased the mouse that ate the cheese that came from the cow that grazed in the field.

汉语用平铺的流水句加上首尾相连的顶真方式来表达一个复杂的意思,英语是采用定语从句的不断镶嵌。可以看出,英语引导定语从句的 that 标记显然是从意义较实的指代词 that 虚化而来的，当 that 还是一个复指的指代词并且前头断开时，那就跟汉语的顶真表达几乎一样了。英语口语说快了那个 that 可以吞掉，the cat chased the mouse ate the cheese，那简直就是汉语鹤巢松树遍、人访荜门稀（王维《山居即事》）这样的递系句了（见下"链接性"）。这是英语的古老说法，莎翁时代很普通。

链接性

上面那种顶真式表达关涉流水句的链接性。链接性是指，流水句的一个小句既是前一个小句的续说又是后一个小句的起说。这种情形过去从话题-评说的角度，叫作"链式话题结构"（董秀芳 2012），即在连续出现的话题结构中，后一个话题结构的话题与前一个话题结构的评说（或评说的一部分）相同。这种链式结构自古有之，例如：

名不正，则言不顺；言不顺，则事不成；事不成，则礼乐不兴；礼乐不兴，则刑罚不中；刑罚不中，则民无所措手足。（《论语·子路》）

古之欲明明德于天下者，先治其国；欲治其国者，先齐其家；欲齐其家者，先修其身；欲修其身者，先正其心；欲正其心者，先诚其意；欲诚其意者，先致其知；致知在格物。（《礼记·大学》）

由于流水句可断可连，逗号可留可去，下面的链式结构跟上面的没有本质的区别：

逸则淫，淫则忘善，忘善则恶心生。（《国语·鲁语下》）

国君不可以轻，轻则失亲；失亲，患必至。（《左传·僖公五年》）

鬼不祟人则魂魄不去，魂魄不去则精神不乱，精神不乱之谓有德。(《韩非子·解老》)

有意思的是，这种前后有同形链接项的流水句，可以同形合并，例如：

再说，安老爷若榜下不用知县，不得到河工；不到河工，不至于获罪；不至获罪，安公子不得上路；安公子不上路，华苍头不必随行；华苍头不随行，不至途中患病；华苍头不患病，安公子不得落难；安公子不落难，好端端家里坐着，可就成不了这番英雄儿女的情节，天理人情的说部。(《儿女英雄传》第三回)

同形合并后就是下面这样，一般的串连式流水句：

再说，安老爷若榜下不用知县，不得到河工，不至于获罪，安公子不得上路，华苍头不必随行，不至途中患病，安公子不得落难，好端端家里坐着，可就成不了这番英雄儿女的情节，天理人情的说部。

设 ABCD 为四个流水小句，同形合并就是：

A，B；B，C；C，D → A，B，C，D

这是由流水句的并置性决定的，从续说小句转化为起说小句并不受形式上的束缚。这也是由流水句的指称性决定的，起说小句和续说小句都是指称语，同形合并不受词性或结构类型的限制。

由于一个整句由两个相邻的小句加合而成，汉语特有的递系式句子，也是这种链式流水句同形合并后的紧缩形式，例如：

星垂平野，平野阔；月涌大江，大江流。→星垂平野阔，月涌大江流。

牛马行，行无色；蛟龙斗，斗不开。→牛马行无色，蛟龙斗不开。

<u>星垂平野</u>作为一个整句是由起说<u>星垂</u>和续说<u>平野</u>加合而成，<u>平野阔</u>

作为一个整句是由起说<u>平野</u>和续说<u>阔</u>加合而成，同形合并紧缩为<u>星垂平野阔</u>就是所谓的递系句，也叫兼语句，其中<u>平野</u>是兼语，兼为起说语和续说语。<u>月涌大江流</u>的生成方式相同。重要的是，<u>牛马行无色</u>和<u>蛟龙斗不开</u>也是同样的生成方式，过去把它们叫连动句，那是过于看重兼语是名词还是动词的区分，是名词叫兼语句，是动词叫连动句。现在既然已经知道起说语和续说语都是指称语，那就完全可以把连动句归入兼语句，将其视为兼语句的一个次类，下篇第十二章讲"广义递系式"还会详细陈说。

韵致性

流水句是用句，没有不带语气语调的用句，流水句有韵致性。小说《繁花》的作者说，受翻译腔的影响，当代书面语的波长，缺少"调性"，如能到传统里寻找力量，就有"闪耀的韵致"，字里行间会透露"气韵气味"。《繁花》是典型的汉语话本式流水语篇，读来有跟着律动的快感。

韵致离不开节奏，跟英语节奏"重音定时"不同，汉语的节奏属于"音节定时"型。赵元任说，汉语"单音节是非常活跃、具有意义、变化不大的单位"，在现代汉语里依然十分活跃，大多数音节有完整的声调，音节与音节的长度和响度跟其他许多语言相比变化很小，所以汉语连续话语的节奏呈高度的单音调，倾向于一种"均匀的"节奏。（赵元任 1975）单音调而不显单调，是因为声调本身已显抑扬高低。赵元任还说，语音与音乐是有密切关系的，在编中国歌曲的时候，不能不顾及歌词的四声，正像在不用声调的语言里，例如英语、德语之类，不能不顾及轻重音，"总之，唱外国字的时候用外国音,唱中国字的时候用中国音"。(赵元任 1994:53、130)笔者的乐感,"中国风"较浓的歌曲都隐隐带着诵经调,诵经调的旋律可以说直接来源于汉语一字一音的声调(苗晶 2002:29)。例如刀郎作词作曲的《西海情歌》哀婉动听,好评如潮,入选音乐工程 2010 年度十佳歌曲。这首歌为 4/4 拍,节录其中的主体部分,基本上每个字占 1/2 拍时间,带很强的和尚念经的调调:

○○—还记—得你│答应过我不会让我│
把你找不见—可你│跟随那南归的候鸟│
飞得那么远—爱像│风筝断了线—拉不│
住—你许下的诺—│言———○我在│
苦苦等待雪山之巅│温暖的春天—等待│
高原冰雪融化之后│归来的孤雁—爱再│
难以续情缘—回不│到—我们的—从—│
前—————————│

电视台《歌手》节目龚丽娜、王佩瑜合唱《武魂》一曲,中国味十足,<u>力拔山兮气盖世</u>,<u>时不利兮骓不逝</u>,<u>骓不逝兮可奈何</u>,<u>虞兮虞奈若何</u>四句,句句一字一顿,有震憾的效果。

整齐均匀的单音调还带来两个后果,一是容易形成紧凑好用的语块,这就是为什么儿童用汉语背诵乘法口诀的时间比英语短许多。又因为几乎每个音节都有意义,造成的另一个后果是汉人对音节的数目特别敏感,作诗和写散文都要"凭借音节数目来构思"。

据粗略统计,《繁花》平均每句 5 个字,7 字以上的句子只占12%,超过 10 字的句子极少。正因为行文中大多是字数不多的短句并置,大致等长,节奏感就强。(沈家煊 2017f:53-61)例如:

男人讨娘子,洞房花烛,样样事体,由男人做主。

苏安翻了面孔，我总算明白，姓苏跟姓徐的，穿了连裆裤子。

金妹穿无袖汗衫，端菜进来，颈口流汗，一双藕臂，两腋湿透。

我娘有气无力，闷声不响，拿起衣裳，看我穿，一把眼泪，一把鼻涕……

领袖语录，朗朗上口，革命形势，样样懂，身披军大衣，样子像领导，真是奇怪。

汪小姐走进这种大墙门，花花草草，吃吃唱唱，悲金悼玉，酒胆包天，难免思春。

春香的房子……马上要装煤气，还有啥缺点，国际饭店，也不过如此，姆妈真眼热。

启功说：音乐有板有眼，有板板连接的，有一板一眼的，有一板二眼的，有一板三眼的，一般都不出乎四个节拍。为什么四节为止？从生活实际说来，再多就接不上气力了，汉语一逗就是一"句"，无论字数多少，总不能超过四拍。随便说话，即便是打架争吵，仔细去听，也总有这样的节奏。长句中超过四拍处，常被切开，成前后两段。（启功 1997：58-59）所以汉语不习惯长的定语，长了就断开，使前后句大致等长，例如（也出自《繁花》）：

只有裹了金莲，束了胸的女人，可以思春。

到处是一对一对，抱紧的无声男女。

恢复不到三十年代，亭子间的风景了。

碰到这种一声不响，只落眼泪的女人，第一趟。

汉语还有所谓"动后限制"，指动词之后最多只能接一个短语成分，这一奇特限制几乎不见于任何其他的 VO 型（动宾序）语言，汉语是唯一的。（张敏 2019）共同语及方言都不容动词后有两个补述性成分，有一些例外情形，如<u>打了他一巴掌</u>，但西北方言不容，如放了一些书在桌子上，但北方话不容。其实这样的说法都可以断开，说成打了他，一巴掌和放了一些书，在桌子上，断开后就不成为例外了。这个问题还跟汉语动词的及物性有关，见第九章。

是断是连是有讲究的，韵致调性跟表情达意分不开，看《繁花》的例子：

陆总说，……今儿我碰到小妹，那种好感觉，十几年没有了。那种好感觉和十几年没有了有主谓关系，断开之后，句长差不多，有节奏，同时，那种好感觉也明显成为对今儿我碰到小妹的评说：今儿我碰到小妹，那种好感觉！要是连成那种好感觉十几年没有了，反倒失去了这种感叹的口气。

小毛说，……（女工）想帮我汰衣裳，缝被头。樊师傅说，当心，已婚女人，喜欢这一套。

为什么主语已婚女人和谓语喜欢这一套之间断开呢？当心，已婚女人也是对前面小毛说的话的评说，有警告口气，如果连成已婚女人喜欢这一套，警告口气也就削弱了许多。《繁花》写李李介绍秦小姐跟新加坡男人相亲，秦小姐装知识腔装过了头，李李对阿宝讲：秦小姐，实在是弄过头了。这个逗号真是逗得好，有"嗳，这个秦小姐！"的口气。还有一个更妙的例子，写到一行人到常熟徐府参观用餐，汪小姐说女人做花瓶有啥不好，徐总惊赏，说她真有性格，接着，

汪小姐羞怯说，徐总懂我，就可以了。苏安不响。

别小看徐总懂我后头这个逗号，它使后半截就可以了变成可有可无的添加语，一个逗号，旁观者眼中汪小姐想讨好徐总而又羞怯迟疑的语气神态，活灵活现。

控制每句的字数，这只是韵致调性的一个要素，要有长短句的

配合才错落有致。《繁花》长短句交错的情形也不少，段落的结尾处常用一两个字评说：

口里一面讲，身体一面靠紧，滚烫。

阿宝叹息说，这个苏安，真是徐总长期利用的一件道具，悲。

芳妹，真也是厉害角色，老公不太平，每夜就多交公粮。好办法。

全部是，年夜饭的好小菜嘛，两冷盆，四热炒，一砂锅，一点心。赞。

作家曹乃谦善于在语篇中插入单字句，马悦然评价说"类似音乐的演奏"，"巧妙非常巧妙地利用对话之间的沉默"（转引自许立群 2016：218），例如：

"苦。咱可是苦了一辈子。可受苦人不苦那能叫受苦人？"他停了一会儿接住说："仇。咱可是跟谁也没结下个那。要说他。"贵举老汉把眼睛紧紧盯住站在当地的那个低着头的后生，说，"他。他原本儿就不是地主。他原本儿就是贫农。他。他是我的儿子。是我的儿子。不信你们去问问他妈。"（曹乃谦《到黑夜想你没办法》）每个单字句后都有长停顿，意味深长。加不加停顿，加在哪儿，长停顿还是短停顿，这都是使用时字词组合的松紧变化，口气的徐疾变化。汉语节奏的类型是松紧型或徐疾型，参看柯航（2018）。对话里停顿和沉默都有传情达意的作用，见下篇第八章"会话分析"一节。韵致还跟双声叠韵和平仄对应有关，见下篇第十三章"声韵对"一节。

总之，流水句的断连性、指称性、并置性、链接性、韵致性，这五性是互相关联、交织在一起的，分开讲只是为叙述的方便。

以上是关于流水句研究的新进展，它使我们进一步认识超越主谓结构的必要性，也为超越主谓结构做了更充分的准备。

四　比附引起的问题

说汉语也像印欧语那样有主谓结构，这只是一种比附说法，因为汉语并没有界定主谓结构的形式依据。用主谓结构来套汉语，遇到的困难和引起的问题，特别表现在近年来讨论的若干热点问题上，主要有施格型、中动式、事件结构、关系从句等四个，依次说明如下。

施格型

将语言的结构类型分为施格型（ergative language）和受格型（accusative language），源自 Dixon（1972）。这一区分首先确定三个句子成分 A、S、O：A 是及物动词的主语，S 是不及物动词的主语，O 是及物动词的宾语。名词有格标记的语言由此分为两种类型，一种是大家熟悉的受格型，例如英语：

a. He works.

b. He likes her.

不及物动词 work 的主语 he 和及物动词 like 的主语 he 都为主格形式，而及物动词的宾语 her 为宾格形式。S 与 A 同格，记为 S=A，而 O 有独特的受格形式，这是受格型语言。再看澳大利亚的 Dyirbal 语：

a. ŋuma　banaga+nyu.
　　　父亲　　回来
　　　父亲回来了。
　　b. ŋuma　yabu+ŋgu　buṛa+n.
　　　父亲　母亲　　　看见
　　　母亲看见父亲了。

ŋuma（父亲）在 a 里是不及物动词的主语，在 b 里是及物动词的宾语，都没有格标记，是通格形式，即 S 与 O 同格，记为 S=O，而 b 里及物动词的主语 yabu（母亲）即 A 有独特的施格标记 ŋgu，这是施格型语言（有人译为"作格型"）。

　　Dixon 的做法是以印欧语这种受格型语言为参照系，本来带有明显的欧洲中心（Eurocentric）的视角（参看 Croft 2001 的评论）。虽然后来的研究者将定义中的 A 改为接近施事的句子成分，O 改为接近受事的句子成分（O 改为 P），但是基本上还是以印欧语式的主谓结构为出发点，这个出发点包含三个预设：一是预设主谓二分、主宾对立；二是预设主语一般是施事，宾语一般是受事，施受对立；三是预设动词及物和不及物二分。

　　然而从这个出发点来描写其他语言存在诸多问题。首先，主语是否是跨语言的普遍存在，这一直是一个有争议的问题。Palmer（1994：14-15）指出，施格型语言中哪个成分是主语，存在两种相反的意见，一种是将施格成分 A 看作主语，另一种是将通格成分 S=O 看作主语。但是这两种看法都有问题，如果将 A 看作主语，结果是不及物小句只有宾语没有主语，而将 S=O 看作主语，结果更加难以让人接受，A 成为宾语。就汉语而言，所谓的主语其实是话题，不是施事的主语比例高达 50%（赵元任 1968a：45），没有主语的句子是正常的句子，主谓谓语句有多个主语。

其次，汉语是"施受同辞"的语言，这是指不仅句中的名词性成分没有区分施事受事的形式标记，动词也没有这样的形式区分，同一形式的动词，它前头的成分可以是施事也可以是受事，如经常举的例子<u>鸡不吃了</u>、<u>母亲的回忆</u>，<u>我想死你了</u>/<u>你想死我了</u>，<u>把特务抓了</u>/<u>把特务跑了</u>。（详见下篇第九章）

再次，汉语的动词并没有严格的及物与不及物的区别。学界有一种普遍的观点，汉语的动词都是及物动词，都可以带宾语，只是所带宾语的种类不同而已，如<u>来一趟</u>、<u>忙五天</u>是带动量时量宾语。这种观点的出发点是将及物动词定义为"可以带宾语"，如果定义是"必须带宾语"，那么可以反过来说几乎所有的动词都不是及物动词，例如<u>咱们交个朋友</u>，孤立地看好像不能说成<u>咱们交</u>，<u>交</u>必须带宾语，但是在对话的时候就可以不带，问<u>咱们交不交朋友？</u>答<u>咱们交</u>。<u>他伸出两个指头</u>，孤立地看好像不能说成<u>他伸出</u>，<u>伸出</u>必须带宾语，但是只要加上语调或语气词，<u>伸出！</u><u>他伸出了</u>就能说了。有人分辩说，区分及物不及物不要涉及上下文或语气语调，但是有哪一句话不是在特定的上下文中说出来的呢？有哪一句话是不带一定的语气语调的呢？其实这跟流水句的断连性有关系：

这台跑步机跑过三个大胖子。

这台跑步机跑过，三个大胖子。

<u>跑过</u>，后面断开不及物，连上就及物了。汉语动词无法在词典里标出及物不及物。

汉语语法学界在得知国外关于施格型和受格型二分的理论后，马上有人提出汉语是施格型的语言，大概是看到主语为受事的普遍性，由此引起很多讨论，意见不一。吕叔湘（1987）指出，汉语没

有形态手段做依据,要说它是这种类型或那种类型的语言都只能是一种比况的说法。比况引起的问题很多,例如对胜和败二词用法的分析:

中国队大胜韩国队。　　中国队大败韩国队。
中国队大胜。　　　　　韩国队大败。

可以比附着说,动词胜的用法属于受格型,动词败的用法属于施格型,这已经表明不能简单的说汉语属于施格型。更严重的是,只要把大败改成惜败或险败,结果就很不一样:

中国队惜败韩国队。　　中国队险败韩国队。
中国队惜败。　　　　　中国队险败。/ 韩国队险败。

惜败(还有惨败)跟大胜一样成了受格型,险败(还有完败)好像有中国队败和韩国队败两种理解,难以确定是受格型还是施格型。大、惜、惨、险这些表达主观情绪的字直接影响句子意义的理解,字义的区别盖过了动词类型的区别。(完权 2012)

还有一种反方向的比附,看一个不及物单项句有没有相应的二项句:

客人来了。　　　　　　孩子哭了。
家里来了客人。　　　　*家里哭了孩子。
父亲死了。　　　　　　父亲病了。
王冕死了父亲。　　　　*王冕病了父亲。

有人仅仅根据以上事实将不及物动词分为两类,左列的来、死属于非受格型动词,右列的哭、病属于非施格型动词。但是情形不是这么简单,哭、病类也有大量的二项句存在(刘探宙 2009),例如:

在场的人哭了一大片。
(非典的时候)小李也病了一个妹妹。

郭德纲一开口，我们仨就笑了俩。

不到七点，我们宿舍就睡了两个人。

今天上午这台跑步机一连跑过三个大胖子。

立定跳远（全班）已经跳了三十个同学了。

这次流感小班的孩子咳嗽了五六个。

于是有人争辩说这些句子都是在特定上下文里说的，是语用学研究的对象，不在语法分析范围之内。但是有哪一个句子不是在特定上下文里说出的呢？这么争辩的人在别处进行语法论证的时候却又将这些说法作为语法上合格的例证，自相矛盾，例证成了让人任意打扮的小姑娘。汉语的动词并不做及物不及物的严格区分，这种区分对汉语来说不重要。

总之，讨论汉语是施格型还是受格型，这样的比附看上去有点道理，但是总让人觉得不那么对头，给人削足适履、隔靴搔痒的感觉。

从语言演化的角度看，原始语言的小句结构很可能是一个不及物动词加一个名词构成的双插槽结构，名词没有主格宾格之别，然后朝两个方向演化为较复杂的及物结构，施格型语言保留了不及物通格，增加了一个施格成分，受格型语言演化出宾格，增加了一个宾格成分。（Progovac 2015；吴玲兰 2018）汉语的情形更接近于语言的原始结构状态，见下篇第十四章"对言语法"一节。

中动式

以主谓结构为主干的语言区分句子的主动式和被动式，主动式和被动式的形式区别是确立主谓结构主干地位的依据之一。（见第一章）拿英语来讲，They beat him 是主动句，变为被动句是 He was beaten by them，充当受事的代词宾语 him 是宾格形式，做了被动句的主语就要采用主格形式，谓语要增加助动词 be，还要跟主语保持形态一致，beat 要变形为 beaten。区分主动式和被动式的语义基础是施事和受事的区分，被动句是受事而不是施事充当主语。所谓"中动式"是在主动式和被动式两分格局的基础上，为了弥合形式和意义的不匹配而增加的一个中间范畴，在英语中主要指下面这类句子：

The book sells well.　　这本书卖得好。
The bread cuts easily.　　这种面包容易切片。
The soup smells good.　　这汤闻着挺鲜美。

它们虽然是主动句的形式，但是意义上却是受事充当主语。在某些形态发达的语言里，谓语动词有专门的中动形态标记，英语动词并没有这种形态标记，说英语有中动式这已经带有比附性质，说汉语有中动式就纯粹是一种比附了。先是有人把汉语的中动句限定在起来/上去句，比照英语 The soup smells good，汉语有<u>汤闻上去很鲜美</u>，<u>这辆车开起来很舒服</u>。然后扩大到难易句，比照英语 The bread cuts easily，汉语有<u>面包很容易切片</u>，<u>这个手续很难办</u>。然后又扩大到包括能字在内的情态句，如<u>橘子皮还能做药</u>，<u>这本书应该认真读</u>，<u>这笔钱不准动</u>。再扩大到值得句，如<u>这本书值得读</u>等。这样扩大下去就没有边界了，而且造成自相矛盾，例如有人把<u>牛筋鞋底耐磨</u>也包括进来，却把<u>这本书卖得动</u>（跟英语 The book sells well 更相近）和<u>这辆车开得快</u>（跟 The car drives fast 更相近）排除在外，理由只是后者是汉语常见的动补结构。

为了维护汉语有中动式的观点，还有人把范围限定在表示事态的判断句，排除表示事件的陈述句，例如<u>橘子皮能做药</u>是判断句，属于中动式，<u>橘子皮做了药</u>是陈述句，就不属于中动式。然而汉语的陈述句其实都是判断句，前面说过汉语的谓语总是可以在前头加一个加强判断的动词是字，后头可以再加个的字（也是加强判断），如橘子皮（是）做了药（的）。

总之，汉语受事做主语是常态而不是特殊态，没有形态区别，施受同辞，因此只有被字句，没有被动句。看例子：

陶陶说，现在我[被]扫地出门，等于民工。（金宇澄《繁花》）

你就写他[被]偷车的事情。（赵元任《中国话的文法》例）

这两例的被字都是不出现的，但照样表示被动的意思，只有在强调被动意思的时候才加上，带有"不如意"的含义。按照"名动包含说"完全可以把被字后的动词性成分扫地出门和偷车分析为动词被的指称性宾语，指称某种状态。电视《法律讲堂》有一期节目《卖酒少女被吸毒》，讲一少女喝下被人掺冰毒的酒，吸毒就是被的宾语。

与英语比较：

He had no boots and shoes to ˈmend. 他没有要修的鞋。

He ˈlooked at the boots and shoes to be mended. 他看着要修的鞋。

这两句主动式 to mend 和被动式 to be mended 不能互换，前者是说人去修理皮鞋，后者是说皮鞋被人修理，施受不同辞，而汉语都是要修的。（钱歌川 1981：119）

下面是外国留学生（英俄日韩）学汉语常犯的错误：

*你的文章被修改完了。

*我的书被出版了。

*口语课是被王老师讲的。

*今天晚饭被妈妈做的。

所以严辰松（2011）得出结论，"汉语原本无所谓主动和被动，更不用说中动"。汉语不需要"中动"概念，或者说，汉语施受同辞，形式上本来都是中动句，用比附的办法特意将中动式引入汉语，结果是争议不断，徒添麻烦。

事件结构

Talmy（2000）将语言表达运动事件的方式分为两种类型，引起持续不断的讨论。以一个自运动事件"瓶子漂出洞口"为例：

英语	The bottle floated out of the cave.
西班牙语	La botella salió de la cueva flotando.
	'The bottle exited from the cave, floating.'
汉语	瓶子漂出洞口。

英语句子把瓶子的"运动"和运动的"方式"两个语义要素合并实现为一个动词 float，运动的"路径"要素单独由介词 out of 表示。从语义上讲运动事件包括一个主事件和一个副事件：物体的运动和运动的路径"瓶子出洞"代表事件的构架（frame），是主事件，物体运动的方式"漂"附接在这个主事件上，是副事件。从结构上讲，英语谓语动词 float 是句子的核心语（core），而介词短语 out of the cave 是谓语动词的附加语（satellite）。所以英语属于"附加语构架语言"（satellite-framed language），构架主事件由附加语表达。与英语相同类型的有德语、俄语、北美的 Atsugewi 语等。西班牙语的结构类型正好相反，句子谓语的动词核心是 salió（exit），它是"运动"和"路径"两个要素的合并，而"方式"单独由一个动词的分词形式 flotando（floating）表示。所以西班牙语属于"核心语构架语言"（core-framed language），构架主事件由核心语表达。同类型的语言有法语和日语等。

这个事件结构的类型理论引起国内学者的兴趣和关注，然而在讨论汉语是属于哪一种类型的时候引起极大的分歧，争点在于对<u>漂出</u>这个组合的结构性质的认定。认为漂是核心动词、<u>漂出</u>因而是动补结构的人，说汉语跟英语同类型，属于附加语构架语言；而认为出是核心动词、<u>漂出</u>因而是偏正结构的人说，汉语跟西班牙语同类型，属于核心语构架语言。两种观点都有各自的理由和证据，谁也说服不了谁。后来发现英语、西班牙语也不是纯粹属于一种类型，而是两种类型的表达方式都有，笔者曾认为汉语也是两种类型混合，但偏向附加语构架语言，趋向补语多轻声，已经有相当程度的语法化（沈家煊 2003），但是这不是学界定论。难办的是，英语、西班牙语这样的语言，因为有动词的形态为准，就具体某一个句子而言，要判断它属于哪种类型是确定的，然而汉语具体一个句子，如<u>瓶子漂出洞口</u>，就公说公有理、婆说婆有理。

以主谓结构为主干的语言，谓语部分有一个首领（head），也叫核心，地位高于谓语的其余部分，如 He was beaten by them 里的 was，这个首领与主语保持形态一致，句子变为疑问句，首领要移位到句首，如 Was he beaten by them，变为否定句，否定成分加在首领上，He wasn't beaten by them。谓语部分首领与非首领的不平等地位是确立主谓结构的一个重要依据（见第一章，首领叫操作词）。然而汉语的谓语特多连动式，如<u>这东西花钱买来搁着不用当摆设，吃过晚饭丢下碗开门出去玩不回家</u>，多个动词连续排列，形式上分不出哪一个是首领或核心。<u>漂出</u>在形式上就是两个动词漂和出的并置，不分主从，只能从语义上看哪个轻哪个重。吕叔湘（1979：83）指出，连动式前后的语义轻重有三种情况：

前轻后重　坐车回家　赶着做活

前重后轻　买菜去　写个信 [去] 试试　说着玩儿
难分轻重　躺着不动　留着有用　喝酒喝醉了

重要的是，大多数可分轻重的情形在实际使用中还是轻重难定，例如<u>坐车回家</u>（前轻后重）和<u>写个信试试</u>（前重后轻），要是在<u>坐车</u>和<u>写个信</u>后头有个短暂停顿，<u>回家</u>说得轻一点，<u>试试</u>说得重一点，那就变成<u>坐车回家</u>是前重后轻、<u>写个信试试</u>是前轻后重了，而停顿和轻重都只是连续的程度差别，无法一刀切的。因此总体上讲是前后大致并重，确定哪个是首领哪个是从属并不重要，重要的是次序，例如<u>走出</u>（家乡）和<u>出走</u>（他乡），<u>进击</u>（先进后击）<u>击进</u>（先击后进）。

从历史上看，汉语动补式和状中式这两种主从式都来源于并列连动式。并列连动式有两个演变方向，一个是朝前重后轻的动补式方向演变，如：<u>推而远之</u>→<u>推远</u>；一个是朝前轻后重的状中式方向演变，如：<u>坐而论道</u>→<u>坐论</u>。但要知道这种演变是不彻底的，主从关系并没有用形式锁定，动补式的补语项虽然虚化程度较高，但大多还能单独充当谓语动词，如瓶子出洞，因此漂出仍然不排除按并列连动式来分析和理解，能说成漂没漂出这并不能证明漂是核心，因为并列式的<u>喜欢</u>、偏正式的<u>快跑</u>也能说成喜不喜欢、快不快跑。这个问题还跟汉语施受同辞、受事做主语是平常现象有关，例如<u>大风吹掉了帽子</u>，能说<u>大风吹了</u>不能说<u>大风掉了</u>，好像表明吹是<u>吹掉</u>的核心，但是换成受事主语句帽子吹掉了，就<u>帽子掉了</u>能说，<u>帽子吹了</u>反而不大能说了。

这些讨论使我们认识到，讲事件结构的类型，还需要考虑到不以主谓结构为主干、谓语不分首领和从属、动词"施受同辞"的语言。下篇第九章"指语对"将进一步阐述汉语的"施受同辞性"。

关系从句

20世纪的语言类型学,从词序来考察语言的不同类型,其中一个重要概念叫蕴涵共性(implicational universals),它能说明语言类型变异所受的限制,表述形式为 P → Q。例如,有一个蕴涵共性是,"如果一种语言的名词位于指代词之前,那么名词也位于关系从句之前",用逻辑上的蕴涵式表示就是"名词-指代词序(P)→名词-关系从句序(Q)"。这个蕴涵式在逻辑上可能有的四种词序中排除其中的一种,即"名词-指代词序"和"关系从句-名词序"共存的语言不存在。

按照现行的类型学理论,凡是主-动-宾(SVO)词序的语言,关系从句一律位于它所修饰的中心名词之后,但是汉语成为唯一例外,几次大规模的世界语言调查都得出这个结果。(吴福祥2012)汉语跟英语一样是 SVO 语言,英语说 He is a man *you can safely depend on*,关系从句后置,而汉语说他是<u>一个你可以信赖的</u>人,关系从句前置。汉语也违背上面那个蕴涵共性,老王<u>这</u>人,指代词<u>这</u>位于名词之后。这使国外的语言类型学家十分困惑,我们自己也说不出一个所以然来。

这个问题跟关系从句的认定有关,上面这句话汉语更自然的表达是他的<u>为人</u>,你可以信赖,也就是通常说的受事做主语的句子,但是未尝不可以说<u>你可以信赖</u>是<u>为人</u>的后置关系从句(方梅2004)。类似的例子很多:

那位女同志,(<u>她</u>)<u>昨天来过了</u>,怎么又来了?

他在找一个人,(<u>他</u>)<u>走路一拐一拐的</u>,已经找了半天了。

她拿出一件件首饰,(<u>它们</u>)<u>都是价值连城</u>,统统投入江中。

每例含三个片段,都是流水句里的小句,大多为零句,主谓不必齐全,小句与小句可断可连。因为当中画线的片段都是补充说明前面名词的小句,完全可以说汉语关系从句后置是常态,一般说<u>有个人在摘桃子</u>,不说有个在摘桃子的人,所谓汉语是例外的问题根本就是一个伪问题。而且汉语自古就采用这样的表达方式,例如:

客有歌于郢中者,其始曰下里巴人,国中属而和者数千人。(《楚辞·宋玉对楚王问》)

土下得竹笋一林,<u>凡数百茎,根干相连</u>,悉化为石。(《梦溪笔谈·异事》)

有人发现东汉支娄迦谶所译《道行般若经》中包含所谓"特殊定语"(张与竞、张幼军 2018):

是辈人其福佑功德不小,<u>闻般若波罗蜜者</u>,何况乃学持诵念。

从梵文和英译文看,<u>闻般若波罗蜜者</u>是先行词是辈人的后置关系从句,英文是 those...who... 句式,与梵文的 te...imāṃ... 句式对应,汉语定语和关系从句都理应在前,这里居后所以说是"特殊",然而从流水句来看,这是既照顾原文面貌又符合汉语习惯的译法。① 余光中(1987)批评"英式中文",按这种文式,司马迁说的<u>籍长八尺余,力能扛鼎,才气过人</u>(《史记·项羽本纪》),<u>广为人长,猿臂,其善射亦天性也</u>(《史记·李将军列传》)就会说成项籍是一个身高八尺,力能扛鼎,同时也才气过人的汉子,李广是一个高个子,手臂长得好像猿臂,天性就会射箭的人。

Payne(1997:326)指出,后置关系从句在大量语言中存在,

---

① 启功(1997:49)以"如是我闻"为例,说明佛经翻译家注意"融梵为华",而不是"强华为梵"。

即使这个语言的数量词、形容词修饰语在受修饰的名词之前。这个强烈的倾向是由一条普遍的语用原则造成的，序列较长的、语音复杂的成分，也就是描写性较强、提供新信息较多的成分倾向后置。

随着研究的深入，词序类型学的一个先天不足就逐渐暴露出来，SVO（主动宾）、SOV（主宾动）这类词序名称是词类和句法成分类混杂在一起的，这对于英语和其他印欧语来说问题不大，因为这些语言的词类和句法成分类是大致对应的，名词对应主语或宾语，动词对应谓语。然而汉语不同，正如朱德熙（1985：4、64）指出的，汉语的词类和句法成分之间缺乏一一对应的关系。生成语法刚刚兴起的时候，朱先生就敏锐指出，它那条最基本的句子转写规则 S→NP+VP 在汉语里"是行不通的"，汉语的事实是：

S→NP+VP　　我不去。｜卖菜的来了。
S→NP+NP　　小王上海人。｜这本书他的。
S→VP+VP　　光哭没用。｜不撞墙不罢休。
S→VP+NP　　逃，傻头。｜打开抽屉，一张借条。

这就穷尽了 NP 和 VP 加合成句的所有可能。另外，汉语的主谓结构可以做谓语，如<u>象鼻子长</u>、<u>她肚子大了</u>，那就还需要有一条主谓结构做谓语的规则，而现行的词序类型学框架却容不下这条规则，<u>就羊肉我不吃</u>这一句来说，词序到底算是 OSV 还是 SSV 呢？

总而言之，引起上面四个问题（还不止这四个，如主语和话题的分合问题，单句和复句的划分问题）的根子在于比附印欧语的主谓结构。在汉语里讨论施格型只是一种比附，讨论中动式只是一种比附，讨论事件结构的类型只是一种比附，讨论关系从句的语序也只是一种比附。汉语大量的无主句、受事主语句、主谓谓语句、连动句、兼语句、流水句都超出了以主谓结构为主干的语法框架可以覆盖的范围。笔者无意否定以往对这些问题的研究，研究的开始阶段比附一下无妨，甚至是必要的，可以发现问题促进思考，但是比附就是比附，不能当真、抱住不放。科学的方法是比较法，不是比附法。（沈家煊 2017e）

五　从接续到对应

在结束上篇之前,作为上下篇之间的过渡,先来说明一个认识上的进展:主语和谓语除了横向的接续关系还有竖向的对应关系。这可以说是超越主谓结构的起步。

名词和动词的形式对应

上文提到,在印欧语里主语-谓语和名词-动词这两对范畴之间基本对应,句子等于主语+谓语,也就是等于NP+VP,二者不言而喻都是前后接续关系。

然而"生成语法"的研究发现,NP 和 VP 之间还存在形式上的对应关系,存在于句子的底层结构。(Abney 1987)以汉语为例,二者在底层结构上的平行如下:

出版了这本书。(VP)

[了 $_I$ [出版 $_V$ [这本书 $_{Comp}$]] $_{VP}$] $_{IP}$

出版的这本书。(NP)

[的 $_D$ [出版 $_N$ [这本书 $_{Comp}$]] $_{NP}$] $_{DP}$

这种分析法把了和的分别看作两个底层结构的中心,了是功能范畴 I(时态),的是功能范畴 D(限定),时态动词短语 IP 是功能范畴 I 对动词短语 VP 的扩展，限定名词短语 DP 是功能范畴 D 对名词短语 NP 的扩展。动词<u>出版</u>加补足语（Comp）<u>这本书</u>构成动词短语 VP，名词<u>出版</u>加补足语<u>这本书</u>构成名词短语 NP。

  在笔者看来，发现这两种结构的平行性并加以概括，这是生成语法最有洞见的亮点之一。这种平行概括用到汉语上来遇到一个问题：概括的前提是承认 DP 中<u>出版</u>的节点是名词 N，不然就不存在 VP 和 NP 的平行性，也就不存在 IP 和 DP 的平行性。补救的办法是增加一个句法操作步骤，使动词<u>出版</u>经过名词化变为名词<u>出版</u>（上面的底层结构没有显示出来）。问题是在汉语里说<u>出版</u>一词像英语的 publish → publication 一样名词化，实为多此一举。不过按照"名动包含说"，汉语的名词包含动词，<u>出版</u>是动态名词，这个问题好像就解决了。按照生成语法，句子的主语是 DP，谓语是 IP，说 DP 和 IP 有对应关系，也就等于说主语和谓语有对应关系。

  英语语法以动词为中心，生成语法在讲 NP 和 VP 对应的时候是让 NP 向 VP 看齐，而汉语是名词为本的语言，我们也讲汉语里<u>的</u>和<u>了</u>的对应关系（沈家煊 2016a：352；王冬梅 2014），是让 VP 向 NP 看齐，把 VP 看作一种特殊的 NP，在表层就有 NP 和 VP 的系统对应，不设置底层结构，也无须假设动词名词化：

  喝的酒　　信他写的　　上个星期他来的　　瓦特发明的蒸汽机
  喝了酒　　信他写了　　上个星期他来了　　瓦特发明了蒸汽机

  按照"名动包含说"，<u>喝的</u>、<u>写的</u>、<u>来的</u>、<u>发明的</u>是指称事物或事态的 NP，<u>喝了</u>、<u>写了</u>、<u>来了</u>、<u>发明了</u>是指称活动或事件的 NP。（见上第二章"名动包含"一节）

主语和谓语的界性对应

生成语法虽然注意到 NP 和 VP 在底层的对应关系,但是研究的重点还是在二者的接续关系,其理论还是建立在句子由主语接续谓语组成这个基础假设之上:

S → NP + VP

无独有偶,与生成语法对立的学派"认知语法"也发现了 NP 和 VP 之间的对应关系。兰格克的《名词和动词》一文(Langacker 1987)是认知语法的一篇奠基之作,该文的重要贡献是指出,NP 和 VP 在概念上存在竖向的对应关系,而且从人类认知的角度强调这种对应关系:

NP
↓
VP

具体说这种对应关系表现在界性(boundedness)上:概念上 NP 代表的事物在空间有"有界-无界"的区别,VP 代表的动作在时间有"有界-无界"的区别。语言形式上的表现是,有界的个体名词(如 apple)能带冠词 a,无界的物质名词(如 water)不行;与此对应,有界的动作动词(如 jump)有持续体,无界的状态动词(如 like)没有。例如:

	无界	有界
名词	water	apple
动词	like	jump
	*a water	an apple
	*He is liking it.	He is jumping on it.

事物的空间界性和动作的时间界性是对应的。按理说，对应关系是互相的，NP 对应 VP，VP 对应 NP，为什么上面画的是一个单向的箭头呢？因为按照认知语法的"概念比喻"理论，时间是空间的对应投射，①比喻的投射方向是"具体空间→抽象时间"，不会是反方向，这是人类的认知特点。把时间中的动作当作空间中的事物看待，这在西方叫本体比喻（ontological metaphor），本体比喻当然也是单方向的。

关于有界和无界这对概念，沈家煊（1995，2004）二文在兰格克的基础上有一点小的进步，指出形容词在性状概念上也有对应的界性区别，例如：

    无界 有界
    红   红彤彤
    干净 干干净净
  红脸/干净衣服 *红彤彤脸/*干干净净衣服
*红一张脸/*干净一件衣服 红彤彤一张脸/干干净净一件衣服

汉语的形容词在形态上就区分为这样两类，简单形式和重叠形式。简单形式表示性质，代表无界性状；重叠形式表示状态，代表有界性状。兰格克当时没有把形容词放到对应格局里来，估计是因为英语只有极少数形容词有类似 red 和 reddish 的形态区别，不像汉语这种区别是成系统的。

既然 NP 和 VP 之间有界性的对应关系，而句子的主语是 NP 谓语是 VP，那么一个自然的推论是，主语和谓语之间也有界性的

---

① 汉语词空间和时间很能说明中国人的时空观，间（閒）字是门缝隙见月光，空间意义，而时间也是一种"间"。"子在川上曰，逝者如斯夫。"时间是一种流动的空间。

对应关系。兰格克举过一对例子如下:

有界	无界
Mary capsized the boat.	John pushed cart for hours.
There was a capsizing of the boat.	For hours there was (*a) pushing of the cart.

谓语 capsized the boat 有界,变为主语后也有界,可加冠词 a;谓语 pushed the cart for hours 无界,变为主语后也无界,不能加冠词 a。

后来 Talmy(2000:55)把这种对应关系明确,将其表述为"界性的对应原则",主语和谓语之间、动词和宾语之间、定语和中心语之间都遵循这个对应原则。就主语谓语而言,表述如下:

> 谓语陈述的动作有界,主语代表的事物相应的也按有界识解;谓语陈述的动作无界,主语代表的事物相应的也按无界识解。反之亦然。

笔者曾举过的汉语例证如下:

无界	有界
老虎吃人。	老虎吃人了。
纸薄,一捅就破。	纸薄薄的,一捅就破了。

谓语吃人是无界 VP,主语老虎按无界 NP 识解,泛指老虎;谓语吃人了是有界 VP,主语老虎按有界 NP 识解,专指某一只老虎。谓语薄是无界形容词,主语纸按无界 NP 识解,泛指纸张;谓语薄薄的是有界形容词,主语纸按有界 NP 识解,专指某一层窗户纸。

这方面的研究,Talmy 起了个头,后续跟进的还不多,存在的问题也很多,有待深入。这里强调的是,从 NP 和 VP 的对应关系推导出主语和谓语的对应关系,这就突破了主语和谓语只是接续关系的传统观念。另外也应注意到,认知语法强调时间是空间的投射，所以 NP 和 VP 的对应是 NP 为原本、VP 为拷贝，这跟生成语法以 VP 为中心有重要区别。

摹状词和重叠形态

发现汉语的形容词跟名词动词一样有界性区别，粗看这只不过是扩大了界性对应的范围，细究却意义不小，使我们认识到字词重叠对汉语语法的重要性。这要从关于词类的类型学研究说起。关于形容词在词类系统中的地位，语言类型学有一个广为流行的观点，由 Dixon（2004）提出，即名词和动词分立两头，形容词处在两头的中间：

名词 — 形容词 — 动词

在有的语言里形容词靠近名词，或与名词合为一类，在有的语言里形容词靠近动词，或与动词合为一类，有词的形态为证。然而从汉语来看，这个"名-形-动"模式不甚合适，一个重要事实是，形容词可以通过重叠变为摹状性的形容词（简称摹状词或状词），这种手段同样适用于传统所说的名词和动词，名词或动词重叠之后也变为摹状词。单音的名词或动词重叠变为摹状词，例如：

水　端上来一盆疙瘩汤，水水的。　　跳　头又开始跳跳的痛。
油　袖口胸前油油的，脏得很。　　　飘　飘飘白雪飞扬在空中。
丝　湖面上漂浮着丝丝霞光。　　　　飞　他走进走出，忙得飞飞。
虎　眼睛瞪得虎虎的。　　　　　　　抖　手臂抖抖地指着干粮筐。

双音的名词或动词重叠变为摹状词，以 AABB 式为例：

妖精-妖妖精精的　　山海-山山海海的　　浪涛-浪浪涛涛的
山岭-山山岭岭的　　分秒-分分秒秒的　　枪炮-枪枪炮炮的

哥妹－哥哥妹妹的	兴头－兴兴头头的	谷糠－谷谷糠糠的
拉扯－拉拉扯扯的	吵嚷－吵吵嚷嚷的	嘀咕－嘀嘀咕咕的
念叨－念念叨叨的	哼唧－哼哼唧唧的	摇摆－摇摇摆摆的
指点－指指点点的	裁剪－裁裁剪剪的	闪灭－闪闪灭灭的

这个事实赵元任（1968a：110）已经指出，重叠的基础形式是不论单独存在与否，也不管属于哪个词类的，举例<u>婆婆妈妈的</u>、<u>三三两两的</u>、<u>客客气气的</u>（只是没有举动词重叠的例子）。重叠的基础形式还不论什么结构类型，偏正结构的<u>高兴</u>、<u>阔气</u>照样可以重叠为高高兴兴、阔阔气气，动宾结构的<u>抱怨</u>、<u>遗憾</u>照样可以重叠为抱抱怨怨、遗遗憾憾，郭绍虞（1979：613）因此认为重叠本身是一种单独的结构。根据以上事实应该认定，汉语的词类首先区分摹状词和非摹状词，摹状词是重叠形式，非摹状词包括简单形式的名词、动词、性质词，统称"大名词"。

$$\text{摹状词} \longrightarrow \text{大名词} \begin{cases} \text{名词} \\ \text{动词} \\ \text{性质词} \end{cases}$$

这个格局是，摹状词是一头，大名词是另一头，摹状词和大名词的区别比名词、动词、性质词的区别明显而且<u>重要</u>。性质词是过去说的性质形容词，摹状词是过去说的状态形容词。

过去很多人根据"名-形-动"模式认为汉语的形容词处在名动当中而靠近动词，或者将其归入动词，依据仅仅是形容词可以直接做谓语（不用加 BE 这样的系词），这是基于名动二分、主谓对立的假设，有意无意忽视了两个更重要的事实，一是汉语动词都可以像名词一样直接做主宾语，二是汉语谓语的类型不受限制，也可以由名词充当。当然还忽视了上面那个重要事实，名词动词性质词重叠后都形成摹状词。另，董秀芳（2018）从汉语史的事实论说，单音的名词（如<u>苦</u>、<u>蓝</u>、<u>牢</u>、<u>村</u>、<u>亲</u>）和动词（如<u>破</u>、<u>警</u>、<u>荡</u>、<u>踞</u>）都能演化为同形的形容词，这种演化现在仍在频繁发生。

从汉语词典的释义方式也可以看出重叠摹状词在汉语里的重要地位。释义时名词和动词的区别不重要，例如<u>批评</u>，是按名词释成"对优缺点的评论"还是按动词释成"评论优缺点"无所谓，举例<u>我接受你的批评</u>还是<u>老师严厉地批评我</u>也无所谓，而英语 criticize 和 criticism 是必须分开注释的。同样，<u>地震</u>释成"地壳的震动"还是"地壳发生震动"无所谓，举例昨夜零时唐山地震还是<u>这次地震破坏很大</u>也无所谓。而摹状词释义的时候就要专门加"形容"或"的样子"的专用释义字，例如《现代汉语词典》：

厚墩墩：形容很厚。

沉甸甸：形容沉重。

稀稀拉拉：稀疏的样子。

黑不溜秋：形容黑得难看。

名词和动词的重叠除了表达摹状义还表达其他意义，如遍称义（<u>天天</u>，<u>家家户户</u>）和尝试态（<u>闻闻</u>，<u>琢磨琢磨</u>），而形容词的重叠只表达摹状义。可见原来对汉语形容词地位的判定，还是受印欧语主谓结构为主干、名动对立为根本这种观念的支配，跟汉语的实际有很大偏差。字词重叠是汉语语法自身的一种形态手段，过去是"养在深闺人未识"。现在应该认识到，它关乎汉语词类系统的大格局，意义非同一般。下篇将把重叠形态放在对话和"对言格式"的视野里观察，发现重叠是一种最有效的对话"共鸣"方式，是一种最简单的对称格式。

六　小结——布龙菲尔德说

反思后的认识

综上所述，对汉语有没有主谓结构这个问题，反思后已经取得的认识我们归纳如下：

1）无主语句是正常句子，主谓结构可以做谓语，主谓结构的地位跟其他类型的结构地位平等。

2）动词可以自由做主语和宾语，谓语的类型不受限制，也可以由名词充当。

3）主语的语法意义就是话题，谓语是对话题的评说。话题在汉语里是广义的，指信息传递的"起说"部分，后面的是"续说"。

4）汉语的名词是"大名词"，包含动词（动态名词），"名动包含"的实质是"指述包含"，指称语包含述谓语，谓语也是一种指称语。

5）主语加谓语的整句由一问一答两个零句组成，一问一答应理解为广义的引发-应答。

6）汉语特多流水句，流水句有断连性、指称性、并置性、链接性、韵致性，这些特性互相关联，交织在一起。

7）主语和谓语之间除了接续关系，还有对应关系，这种对应关系在汉语里更广泛、更直接。

8）汉语的词类首先区分摹状词和非摹状词，重叠是一种语法形态手段。

静心思考，这八点认识意义重大。仅就"动词可以自由做主宾语，谓语的类型不受限制"而言，这意味着汉语容纳主语为动词、谓语为名词的句子，例子上面已经举了很多，如<u>一推，白板</u>，<u>打开抽屉，一张借据</u>等，那么对于<u>她也买了一对玉镯</u>这个句子，如果要切分主语和谓语，<u>她，也买了一对玉镯</u>不是唯一的切分方式，完全也可以切分为<u>她也买了，一对玉镯</u>，跟<u>一推，白板</u>等都属于同一句子类型。

这些认识步步加深，而且前后关联。1）-4）主要是在汉语里消解主语和谓语的对立，消解动词的中心地位。从5）开始从正面说明汉语里地位类似主谓结构的东西大致是什么，最重要的有两个方面：一是从对话互动的角度看主谓结构，突破了静态的结构分析，认识到汉语的句子是"用句"；二是突破了 sentence 的狭窄范围，对汉语流水语篇的特性认识上有重要进展。加上认识到主语和谓语有对应关系，重叠是汉语自身的一种形态，比附主谓结构带来一系列问题，这都为下篇超越主谓结构做了事实和理论的铺垫，只剩下跨出最后的重要一步了。

布龙菲尔德说主谓结构

作为结束，有必要引述布龙菲尔德《主语和谓语》一文（Bloomfield 1917）的重要观点，这位美国结构主义语言学大师早就指出："对语言主语、谓语的性质，语言学理论根本没讲清楚，尽管我们的语感似能清楚区分论断和非论断的话语。"布氏说，虽然盛行的观点是"每个句子包含主语和谓语两个部分"，但是人们的语感却经常与这个观点相左，例如拉丁语独词句 cantat 表达"某人在歌唱"的意思，并没有主谓二分，英语 she is singing 说出的方式跟说出独词 cantat 一样，重读 she 说成 **she** is singing，倒是分出了主谓，但这不是通常的说法，而是特例。因此句子不妨定义为表达一个情感（an affect），即一次感情起伏所引发的词语。这个说法跟叶斯柏森说的原始人用诗性的语言来表达思想（Jespersen 1922）是一致的，跟金圣叹"动于心，声于口，谓之诗"，新生孩儿口中唔然就是诗（转引自杨竹剑 2004）的说法也是一致的。布氏还指出，印欧系诸多语言的古老阶段，叙述句不存在主谓二分，如拉丁语的 cantat 和 beatus ille "他忙"。逻辑上叫 subject 和 predicate，语言学也叫 subject 和 predicate，虽然是自然的术语移用，但也就是术语的移用而已，性质不能等同。

布氏还说，拉丁语 beatus ille "他忙"和俄语 mužík běden "农夫穷"都没有限定动词，是一种等式型（equational type）的句子，主语名词和谓语动词应当做对等项（equated terms）看待。虽然句法理论对这类句子小心翼翼，举证尽量避免，但实际是脱口而出的普通话语。布氏的这一见解特别值得重视，汉语的动词没有限定形式与非限定形式的区别，句子的起说和续说因此是"对等项"，下篇第九章将用"指语对"来阐释对等项。

布氏还说，由于 He's a lucky fellow "他真是个幸运儿"这样的感叹句和 Mary bought a hat "玛丽买了一顶帽子"这样的叙述句在结构上与逻辑判断句 Man is mortal "人皆有一死"相似，语言学把前者也看作主谓结构，但是主谓结构的泛化导致理性化的传统——试图将所有句子分析为逻辑判断——变得根深蒂固、习以为常。语言的主语谓语虽然可以表达逻辑的主语谓语，但并不限于表达逻辑的主语谓语，用不同的停顿、延长、音调、重音说出 He is a lucky fellow，大多不是逻辑判断。英语 The hat was priced at five dollars. A woman went in and bought it. 逻辑上两句都是主谓句，但是从语言学看，第二句是选错了逻辑主语，因为接着说的应是那顶帽子而不是一个女人，应该说：The hat was priced at five dollars. It was bought by a woman who entered the store in order to buy it. 这种选错逻辑主语的情形不是个别的，而是特别常见的。再说 then Mary bought a hat 一句，叙述的"心理框架……离逻辑判断很远"，叙述者的"内部眼睛"看到的是一个具体的、色彩丰富的图像。这不由得让我们想到，汉语<u>玛丽买了，一顶帽子</u>这样的断句方式更接近这个视觉图像：玛丽点头掏钱付款，取过一顶红艳艳的帽子。①

布氏强调，"语言学研究的一条基本原则是，我们无权在分析一种语言的时候注入这种语言没有表示的区分"，他还强调语言学家要遵守心理学的原则，要重视语句实际产生的心理过程和人们的语感，而不是重视过程的结果或记录。布氏的这些见解对当今如何看待汉语的语法、如何构建一般的语法理论，对减少执着、活泼思想，仍然有十分重要的指导意义。

说到减少执着活泼思想，这里还想引用马修斯在《句法学》（Matthews 1981：255）里分析的拉丁语的一个诗句（Virgil *Eclogues*）：

---

① 陆志韦（1963）说，我们先读论语孟子一句，头一刀不必砍在<u>们</u>之后，也可以砍在<u>读</u>之后，砍在<u>们</u>之后是先肯定了一个主谓结构。

```
Ultima     Cumaei       venit         iam     carminis   aetas
last-Nom   Cumaei-Gen   come-3spast   now     song-Gen   age-Nom
```
The last age of the Cumaean song has now arrived.

这是一种对称格式，无法采用分析主谓结构的"直接成分分析法"，当中是动词短语 venit iam 'has now arrived'，分立两边的 Cumaei 和 carminis 合成名词短语 the Cumaean song，ultima 和 aetas 合成名词短语 the last age，这两个名词短语又合成一个更大的名词短语 the last age of the Cumaean song。这是诗句，散文还是用一般的主谓句表达，但是马修斯说散文"并没有规则排除这种表达"（因为有格标记在）。注意弧线连接的两个词项之间有依存关系，其中一个是支配项，一个是依存项，支配项和依存项之间是主和从的关系，所以马修斯（Matthews 1981：84）说依存关系分析法和层次结构分析法是相通的，而且大致对等。

下篇将论述，汉语至今还保持诗性语言的特色，对称表达不仅是日常语言的习惯表达方式，而且形成不分主和从的并置对称格式，对称的并置项是互相依存的"对等项"。

下篇
超越主谓结构

七 对言的地位和性质

上篇提到，生成语法虽然发现了名词短语和动词短语之间的形式对应，但是只承认在句子的底层有这种对应；认知语法虽然强调主语和谓语在概念上有对应关系，但是局限在"界性"的对应上。主语和谓语之间的形态一致（agreement）就像链索一样把主语和谓语串连起来，接续关系是主语和谓语的首要关系。

上篇也已说明，用主谓结构来套汉语，只能套住一部分，套不住汉语大量的无主语句、多主语句、名词谓语句、流水句、连动句和兼语句。启功（1997:3）有个比方，说小孩套圈游戏，用小竹圈套小老鼠，自然没问题，如果套大熊猫，就非换大圈不可了。印欧语主谓结构这只小圈套不了汉语大语法，要套住汉语大语法，必须突破主谓结构的框框，采用一个大框架。关于汉语"大语法"的概念，可参看沈家煊（2016a:4.4节，2017d），主要是：一，突破句法的范围，词法、句法、章法贯通；二，集语音、语法、语义、语用于一体，以用为本。

徐通锵（2005:231）曾根据汉语的对仗指出，集语音、语义、词汇、语法于一身的"对"是汉语的成句条件，两两相对才成句，[①]

[①] 申小龙（1988:3-7）也说汉语有"结构对应之法"。

说这是"汉语语法理论研究有待开发的重要领域"。要超越主谓结构，有必要从系统上论证，汉语大语法是对言语法（*dui*-speech grammar），与印欧语主谓结构地位相当的结构是对言格式（*dui*-speech format）。

本书主要在两层意思上使用"对言"这个名称。一是指各种形式的对话（dialogue），语言植根于对话。二是指"成对的言辞表达"（parallel expression），涵盖传统说的对仗和互文。这一章讲后一层意思，前一层意思放在下一章讲。

对言语法的一个核心观点是：印欧语语法以主谓结构为主干，主谓结构是以续为主，续中有对；汉语大语法以对言格式为主干，对言格式是以对为本，对而有续。原始语言就是对言形式的语言，从这个源头出发，语言的演化出现了分叉：一部分语言转而朝主谓结构发展，是为印欧语；一部分语言进而朝对言格式发展，是为汉语。对言的格式化是汉语的"语法化"。

叫"对言格式"而不叫"对言结构"是因为，结构（structure）这个概念过于狭窄，主要表示接续性的"组合关系"，通常专指"语言成分某一特定序列型式"，如音系结构、句法结构、语义结构等（Crystal 1997），而格式（format）的概念层次比"结构"高，泛指"一定的规格样式"（《现代汉语词典》），能涵盖汉语对言形式同时表示的"组合关系"和"类聚关系"。

论证将在大语法的视野里，用现代语言学的眼光，对中国传统所关注的汉语现象，包括四字格、上下句、互文回文、对仗排比、重言叠词、顶真续麻、起承转合等，重新加以审视和阐释。这一章的重点是讲对言"明义完形"。

对言明义

汉语里两两相对而言的对言表达,大大超出西方人意识到的范围。对西方人来说,主语接续谓语才表达一个完整的意思,形式上才是完好的(well-formed)。汉语并没有形式上规定的主谓结构,真正在形式上有规定的结构性存在是对言性的。对中国人来说,语言的线性或接续性是不言而喻的,然而单纯的成分接续并不足以表情达意,对言才表达一个完整的意思,形式上才是完好的,不对言无以明义完形。先说对言明义。

互文见义

对言明义传统叫互文见义,简称互文,过去认为是古诗文常采用的一种修辞手法,对它的解释是"参互成文,含而见文"。上下两句或一句话中的两个部分,看似各说一事,实际是上文里含有下文将要出现的词,下文里含有上文已经出现的词,互相阐发、互相补充,说的是一件事,表达的是一个意思,"虽句字或殊,而偶意一也"(《文心雕龙·丽辞》)。理解的时候要瞻前顾后,不能偏向哪一方,更不能上下割裂开来。下面是经常提到的古诗文中互文的例子:

东西植松柏,左右种梧桐。(《孔雀东南飞》)

当窗理云鬓,对镜贴花黄。(《木兰辞》)

迢迢牵牛星,皎皎河汉女。(《古诗十九首》)

杀人如恐不举,刑人如恐不胜。(《史记·项羽本纪》)

受任于败军之际,奉命于危难之间。(诸葛亮《出师表》)

僮仆欢迎,稚子候门。(陶渊明《归去来兮辞》)

将军角弓不得控,都护铁衣冷难着。(岑参《白雪歌送武判官

归京》）

岐王宅里寻常见，崔九堂前几度闻。（杜甫《江南逢李龟年》）

年年岁岁花相似，岁岁年年人不同。（刘希夷《有所思》）

明月别枝惊鹊，清风半夜鸣蝉。（辛弃疾《西江月·夜行黄沙道中》）

居庙堂之高则忧其民，处江湖之远则忧其君。（范仲淹《岳阳楼记》）

<u>东西植松柏，左右种梧桐</u>是东西左右都种植松柏梧桐这一个意思，<u>当窗理云鬓，对镜贴花黄</u>是当窗对镜梳头化妆这一个意思。这是句间互文，也有句内互文：

秦时明月汉时关。（王昌龄《出塞》）

烟笼寒水月笼沙。（杜牧《泊秦淮》）

主人下马客在船。（白居易《琵琶行》）

白居易《琵琶行》一句，意思是主人客人一起下马在船，不然就说不通。还有隔句互文：

十旬休暇，胜友如云；千里逢迎，高朋满座。（王勃《滕王阁序》）

日月之行，若出其中；星汉灿烂，若出其里。（曹操《观沧海》）

他强由他强，清风拂山冈；他横任他横，明月照大江。（《倚天屠龙记》中《九阳真经》口诀）

排句互文：

东市买骏马，西市买鞍鞯，南市买辔头，北市买长鞭。（《木兰辞》）

句内、句间、隔句都能互文，这是汉语流水句的断连性（见上篇第三章）决定的。然而互文并不限于古诗文，大量的四字语是最常见最稳定的互文形式：

男欢女爱　阴差阳错　天长地久　唉声叹气　颠来倒去　一干二净

改头换面	高谈阔论	横冲直撞	节衣缩食	家喻户晓	三心二意
七上八下	开口闭口	是非曲直	欢天喜地	千真万确	思前想后
隔三岔五	指手画脚	手舞足蹈	劈头盖脸	有头有脸	街头巷尾
山穷水尽	酸儿辣女	惹是生非	不折不扣	不痛不痒	大吹大擂
忽明忽灭	患得患失	昏头昏脑	一唱一和	碍手碍脚	何去何从

互文是语言学中的"量子纠缠"：<u>男</u>欢<u>女</u>爱，<u>男</u>和<u>女</u>，<u>欢</u>和<u>爱</u>，虽然隔开，但是"纠缠"在一起，不能单独描述，只能作为整体来看待。<u>你来我往</u>不等于你来+我往，也不等于你我+来往，它的意义只有用一个二维度的矩阵才能表示，横向是接续关系，纵向是选择关系：

$$\begin{bmatrix} 你 \\ 我 \end{bmatrix} \times \begin{matrix} 来 \\ 往 \end{matrix}$$

<u>你死我活</u>，跟"薛定谔的猫"一样，<u>你我</u>都处在<u>死</u>和<u>活</u>的叠加态。四字互文不是2+2而是2×2，第十一章还将详细说明。Bruza et al.（2009）通过词汇联想的心理实验发现，人的心理词库（mental lexicon）具有类似量子纠缠的性质，量子论可能为新的人类认知和信息处理模型提供理论基础。

互文四字语能产性极强，曹雪芹在《红楼梦》里创造的有<u>风情月债</u>、<u>女怨男痴</u>、<u>歪心邪意</u>、<u>抖肠搜肺</u>、<u>炙胃扇肝</u>、<u>喷酒供饭</u>、<u>国贼禄蠹</u>等，新中国成立后新创的有<u>保家卫国</u>、<u>深耕细作</u>、<u>兴无灭资</u>、<u>学懂弄通</u>、<u>大干快上</u>、<u>赶英超美</u>等。（郭绍虞 1979：673、681）又如最近餐馆开展<u>明灶亮厨</u>活动，公安实施<u>扫黄除黑</u>行动，外交奉行<u>互利共赢</u>政策，医院诊室门外张贴<u>一医一患</u>告示。

大量的俗语、谚语、惯用语是口头常说的互文：

来无影去无踪　　天不怕地不怕　　帮大忙效大劳　　同呼吸共命运

走一步看一步　你一言我一语　你挤我我挤你　东家长西家短　前怕狼后怕虎　说一千道一万　吃香的喝辣的　神不知鬼不觉　七大姑八大姨　东看看西瞧瞧　张家长李家短　干着玩玩着干　翻手为云覆手为雨　如切如磋如琢如磨　彻头彻尾彻里彻外　吃二遍苦受二茬罪　吹吹拍拍拉拉扯扯　青红不分皂白不辨　靠山吃山靠水吃水　千里冰封万里雪飘　生的伟大死的光荣　鸟无头不飞蛇无头不行　鼻子是鼻子眼睛是眼睛　前不见古人后不见来者　往年是往年今年是今年　东方不亮西方亮黑了南方有北方　生活的烦恼跟妈妈说说，工作的事情向爸爸谈谈。(歌曲《常回家看看》)　谁是我们的朋友？谁是我们的敌人？这个问题是革命的首要问题。(《毛选》，注意这是"一个"问题)

广义互文

狭义的互文是上下文里有部分可以互换的词，天不怕地不怕，天和地可以互换，翻手为云覆手为雨，翻和覆、云和雨都可以互换。广义的互文没有这个限制，例如人向上走水向下流，没有词可以互换，但是仍然两句合在一起表达一个意思，或强调一个意思，单说其中一句意思不明或不显。这样的四字语也多不胜举，如正大光明、盘旋曲折、上行下效、妖魔鬼怪、风花雪月、花花草草、清清白白、哭哭啼啼等。广义互文是更常见的互文：

高不成低不就　明枪易躲暗箭难防　只见树木不见森林　只有好处没有坏处　来者不善善者不来　看菜吃饭量体裁衣　江山易改本性难移　空话连篇言之无物　无的放矢不看对象　千里送鹅毛礼轻情意重　宁愿站着死不愿跪着生　吃人家的嘴软拿人家的手短　矫枉必须过正不过正不能矫枉　车到山前必有路船到桥头自然直　良药苦口利于病忠言逆耳利于行　国家的事再小也是大事个人

的事再大也是小事

广义互文可以上文含有下文的全部、下文含有上文的全部,我们称之为"对言"或"对言明义",狭义互文是对言的一种。有的对言是正反对,如只有好处没有坏处、宁愿站着死不愿跪着生;有的对言是类比对,如上有天堂下有苏杭、千里送鹅毛礼轻情意重;有的对言是同义反复,如无的放矢不看对象、空话连篇言之无物。花花草草、清清白白、哭哭啼啼这种重叠式四字语也属于同义反复的对言。语义上成对的上下言还有因果、承接、转折、假设等多种关系:

眼不见心不烦　前车之覆后车之鉴(因果)
活到老学到老　既来之则安之(承接)
创业易守业难　挂羊头卖狗肉(转折)
若要人不知除非己莫为(假设)

不拘结构类型

对言不仅打破单位大小的界限,打破词类词性的界限,而且超越主谓、偏正、动宾(补)、联合等各种结构关系的界限,以四字语为例(参看陆志韦1956):

主谓	门当户对	男盗女娼	朝三暮四	热胀冷缩	知难行易
动宾	开宗明义	设身处地	颠三倒四	驾轻就熟	连踢带打
动补	看透想穿	洗净刷白	吃饱喝足	输入输出	跑偏走歪
定中	狼心狗肺	半斤八两	来龙去脉	嬉皮笑脸	花言巧语
状中	胡思乱想	轻描淡写	分割围歼	老奸巨猾	死缠烂打
联合	牛鬼蛇神	吹拉弹唱	花花草草	吹吹拍拍	红红绿绿

只要成对而言,结构关系是什么不重要,也说不大清楚,例如:

赶尽杀绝　打净捞干　颠三倒四　标新立异　隐恶扬善
枪林弹雨　落花流水　油光水滑　狼吞虎咽　里应外合

上一行像是动宾或动补关系,下一行像是偏正关系,但是都按主谓关系解读也说得通(赶要尽杀要绝,枪如林弹如雨),因为汉语动词可以自由做主语,谓语的词性类型不受限制。因此用印欧语的句法结构规则来分析,四字语就会被肢解得支离破碎,很难掌握它的规律。四字语的结构规则,徐通锵(2008:198)说是"把非并列关系的二字组联合起来生成并列关系的四字组",限定语"非并列关系的"可以取消,因为还有花花草草、躲躲闪闪、牛鬼蛇神、摸爬滚打等。

重 言

上篇指出,重叠是汉语语法的一种形态手段。从对言来看,重叠是最简单、最基本的对言式,叫重叠式对言。互文四字语,其中有许多跟四字重叠式十分接近,是四字重叠式的变异形式,例如干干玩玩是重叠式,边干边玩就是互文四字语了。

蹦蹦跳跳	活蹦乱跳	一蹦一跳	又蹦又跳	连蹦带跳
长长短短	你长我短	问长问短	有长有短	取长补短
说说笑笑	有说有笑	又说又笑	未说先笑	连说带笑
干干净净	一干二净	不干不净	半干半净	盘干碗净
花花草草	红花绿草	拈花惹草	弄花弄草	花败草枯

每行头一例是重叠式,后边是互文四字语,都是互文见义,显现一种摹状的生动义、语气义。再看数量重叠式一个一个如何变化成各种四字互文(郭绍虞 1979:46):

一个一个(数量重叠)　　　七家八家(异数同名)
七个八个(异数同量)　　　三番五次(异数异量)
一丝一毫(同数异量)　　　丈一丈二(同量异数)
一头一脸(同数异名)　　　石一石二(同名异量)

可以说互文都是准重叠，重叠是最简单的互文。

重叠和重复有区别，但是也没有明确的分界，重复也是互文，试比较：

吃着吃着就倒下了。（重复）

吃着喝着就倒下了。（互文）

再忍一会儿，再忍一会儿。（重复）

再忍一会儿，再挺一会儿。（互文）

不带啥不带啥也捆了个大行李。（重复）

不带这不带那也捆了个大行李。（互文）

重复也是表现某种语气，研究研究、讨论讨论使口气缓和，想啊想啊、说着说着、写吧写吧使分量加重，千万千万是诚恳拜托，其他如思之思之、休怪休怪、保重保重、有罪有罪等。李清照的《声声慢》词，寻寻觅觅，冷冷清清，凄凄惨惨切切，重叠式的词汇可以连缀成句，印欧语不会有这种现象。（郭绍虞1979：125、613）

重叠和重复统称重言，都是最简单最基本的互文对言。重言生义，生出小称义（吃饭饭、穿鞋鞋，大人教小孩说话）、遍称义（个个、回回、张张）、尝试义（写写、练习练习）、生动义（高高的、慌慌张张的）、褒贬义（大大方方的、小里小气的）等，大家熟悉，无须赘言。

所谓的"动词拷贝"句式，例如喝酒喝醉、骑马骑累、读书读傻，其实跟靠山吃山、听之任之、有钱出钱（并未起"名词拷贝"的名称）一样，都是互文见义，尽管酒、马、书是名词而醉、累、傻是形容词，二者都是动词的指称性补语（沈家煊2016a：262-268），这种互文产生的是因果义。

汉译英，互文的翻译是难点，都不能照字面译，仅以四字互文为例（摘引自汪福祥 1998）：

外粗内秀 a rough diamond　有名无实 a poor apology　单枪匹马 play a lone hand　点头哈腰 bow and scrape　偷鸡摸狗 be on a sly　不依不饶 take off the gloves to　心烦意乱 nerves on edge　垂头丧气 sing the blues　稳扎稳打 play for safety　大吵大闹 yell bloody murder　不理不睬 not even give a tumble　养家糊口 bring home the bacon　添油加醋 spice up　喧宾夺主 steal the show　宽容大度 turn the other cheek　完美无缺 nothing left to desire　白吃白喝 a freeloader　牵线搭桥 pull the strings　听天由命 resign to fate　胡说八道 shooting from the hip　搂搂抱抱 play kissy-poo　疯疯癫癫 go gaga

复合词和双音化

静心想来，汉语的复合词或复合字组（以双音为主）其实也都是互文对言。并列关系的不用说，如<u>大小</u>、<u>日月</u>、<u>来往</u>，表面是组合序列，实际表示类聚关系、选择关系，<u>大小</u>不等于线性的"大＋小"，而是"或大或小，又大又小"，<u>大</u>和<u>小</u>处于二维的叠加态。值得注意的是，非并列关系的复合字组也具有广义的互文性（第九章"指语对"详述），例如：

老人－老笋｜伏枥－伏虎｜白吃－白做｜走路－走样｜小心过河－小心坠河｜水淹－水解－水运－水葬

<u>老</u>的意义是与幼相对还是与嫩相对，<u>伏</u>的意义是趴伏还是降伏，是它跟搭配的字互文才显现的。同样，<u>白</u>、<u>走</u>、<u>小心</u>的意义也都是通过搭配的对字明了的。近来名词的"物性"和物性结构成为研究者关注的问题（袁毓林 2014；宋作艳 2018），最后一例，名词<u>水</u>哪一方面的"物性"得以凸显，也是通过搭配的动词实现的。

我们可以把四字互文看作复字互文的放大版，例如<u>你来我往</u>是

来往的放大版：

$$来往 = \begin{bmatrix} 来 \\ 往 \end{bmatrix} \quad 放大为 \quad 你来我往 = \begin{bmatrix} 你来 \\ 我往 \end{bmatrix}$$

互文就是用组合序列表示类聚关系或选择关系。

单音字的孳生很早符合双声叠韵的道理，如对于天而言地，对于阴而言阳，对于聪而言聋，对于寒而言暖，所以复音字会有双声叠韵，天地、阴阳、聪聋、寒暖。有的复合字是利用双声叠韵"析字"造成，如孔→窟窿，团→突栾。试比较：

   复字互文   四字互文

  天地 阴阳（双声） 人山人海 问长问短（前双）

  聪聋 寒暖（叠韵） 靠山吃山 吃好玩好（后叠）

构词法，汉语以复合为主，印欧语以派生为主，这是常识。派生构词，如 wide → width, long → length，只需两个语素相加；复合构词，如宽窄、长短，就不是简单相加，要靠互文见义。可见对言明义在汉语里从构词就已经开始，凡是对言都是互文见义。

从这个角度看，汉语的双音化不分虚实都是"对言化"，如友→朋友，敲→敲打，美→美丽，已→已经，究→究竟，毁→弄坏，死→害死。王力（1984：112-116）曾拿法语的动词跟汉语的使成式（动补式）双音词比较：

  allonger 延长 abîmer 弄坏 assommer 打死 aggraver 加重

  agrandir 放大 irriter 激怒 arracher 拔出 trouver 找着

  affoler 吓昏 aplatir 压扁 dessécher 晒干 remplir 装满

  accoucir 缩短 arrêter 挡住 vider 喝干

英语虽然有 short → shorten（缩小），large → enlarge（放大）这种双音化变使成式的情形，但是限于少数形容词的转化，而且不像汉语那样前字还可以替换：缩短→删短、割短、削短；放大→加大、扩大、吹大；录入→放入、推入；拿开→推开、盆开。这表明汉语的双音使成式是 cause-effect 成对，即"因果对"，因果义是对言对出来的。

双音化大大扩展了对言的范围，使对言形式更加多样化，由此生发的变异形式也更加多样化。更重要的是，既然汉语的语法是对言语法，语法格式是对言格式，那么双音化就是汉语的一种"语法化"，汉语的语法化不仅是"实词虚化"还是"虚词实化"，双音化起"虚义充实"的作用，详见第十一章"虚实统一"一节。

对言完形

单说站不住

对汉语来说，形式上完好的结构是对言格式。"对言完形"指，单言在形式上站不住，对言才站得住，例如高一脚站不住，要说高一脚低一脚，人不人站不住，要说人不人鬼不鬼（刘丹青 1982；张国宪 1993），这已经是语法常识。不成词的语素进入对举格式就不受单独使用的限制，如胜不骄败不馁里的骄和馁，你一言我一语里的言和语。又如：

?今天冷。　　　　今天冷，昨天热。
?喝了酒。　　　　喝了酒，吃了饭。
?房间住人。　　　房间住人，仓库堆货。

单说站不住的，在对话回答问题的时候也能站住：

问：今天冷吗？　喝了什么？　房间住不住人？
答：今天冷。　　喝了酒。　　房间住人。

加句尾语气词也能站住，如：

今天冷呀。　　　喝了酒了。　　　房间住人吧。

单木不成林，单言不成话，这当中蕴含深刻的道理，这种现象语法学界早就注意到了，而且在进行论证的时候经常用来作为例证，但是一直没有得到认真对待和深究。对举、问答、语气词都有完形作用，它们之间的内在联系和深层机理是什么？下一章将说明，对言明义完形植根于语言的对话性和互动性。

性质形容词单个做定语、补语、谓语都站不大住，变成重叠式或互文式才能站住：

?脏手	脏脏的手	脏手脏脚
?爬得高	爬得高高的	上得快爬得高
?室内干净	室内干干净净	室内窗明几净

西方人学汉语，经常把这条街长错解为 this is a long street，其实是 this street is longer 的意思，他们不明了汉语以这条长那条短这样的对言为常态，单说这条长一定隐含比对的意思。反过来中国人学英语，习惯的对言形式容易造成"负迁移"，要表达"这条街长长的"的意思，想不到英语的习惯表达不是 this street is rather long 而是 this is a long street。

汉语里连接成分虽然-但是、因为-所以、既然-那么、只有-才能、除了-还有配对使用是寻常的，教英语的老师要特别提醒学生，英语 although 和 but，because 和 therefore，since 和 then 都不能配对使用。

不避重复

汉语尚简，句子可以没有主语、连词可以不用，但是在凑字数对言完形的时候却不避重复。可与英语比较：

你看我，我看你。	We looked at each other.
此一时，彼一时。	Times have changed.
活到老，学到老。	A man is never too old to learn.
说到曹操，曹操就到。	Talk of the devil and he's sure to appear.
谁笑到最后，谁笑得最好。	He who laughs last laughs best.
你有你的一套打法，我有我的一套打法。	You have your way of fighting and we have ours.

英语总的倾向是，除非有意强调或修辞的需要，尽量避免重复，许多英语教师告诫学生，切记不要在一个句子内使用相同的词，重复写同一件事情。句内如有音节重复、词语重复，都要使用代词、替换、省略的办法改写（连淑能 1993：173-217），例如：

原句：Close examina*tion* of the results of the investiga*tion* led to a reorganiza*tion* of the department.

改写：Close *study* of the results of the *inquiry* led to a reorganization of the department. 仔细审察调查结果，最终导致部门重组。

原句：Even to *borrow* money is wrong, according to Kant, because if everyone did *borrow* money, there would be no money left to *borrow*.

改写：Even to borrow money is wrong, according to Kant, because if everyone *did this*, there would be no money left to borrow. 借钱也错，康德所言，人人借钱，无钱可借。

原句：A man is called selfish, not for pursuing his own *good*, but for neglecting his neighbor's *good*.

改写：A man is called selfish, not for pursuing his own good, but for neglecting his neighbor's. 说一人自私自利,并非他只顾自己利益,而是他不顾邻人利益。

启功(1997:6)也注意到汉语对举不避重复,并举口语的例子:
明天如是晴天,咱们北海划船;
明天如果下雨,那就不出门了。
汉语一般的对答形式是整齐的"对句",也可与英语比较:
——你看见钱没有?　——Did you see the money?
——钱我没有看见。　——No, I didn't.

英语要是用对句回答 The money, I didn't see(it),反倒成了有标记的特殊形式,话题 the money 是对比性的,如说成 I didn't see the money 也比较特殊,要添上后半句 but I saw the purse 语气才算完整。更多例子和阐释见下一章"会话分析"一节。

单双音节组配

近来成为讨论热点的单双音节组配问题,也属于对言完形。单对单、双对双这样"成对"的都站得住,单对双、双对单"不成对"就经常站不住,尽管在表义上不成问题:

	2+2	1+1	1+2	2+1
定中	煤炭商店	煤店	*煤商店	煤炭店
	陈旧桌布	旧布	旧桌布	*陈旧布
状中	轻轻放置	轻放	*轻放置	轻轻放
	细细观看	细看	*细观看	细细看
动宾	种植大蒜	种蒜	种大蒜	*种植蒜
	购买粮食	购粮	买粮食	*购买粮
动补	调查清楚	查清	查清楚	*调查清
	摆放整齐	摆齐	放整齐	*摆放齐

主谓	鲜花开放	花开	*花开放	*鲜花开
	警钟鸣响	钟响	*钟鸣响	*警钟鸣
联合	道路桥梁	路桥	?路桥梁	*道路桥
	诗歌戏剧	诗戏	?诗戏剧	*诗歌戏

对称和非对称的区分贯通所有结构类型（王远杰 2018），这表明汉语以对称为本，音节对称是汉语自身的一种语法形态。研究的重点应该首先放在为什么"凑双四"和对称优先上，只有先解答这个根本性问题，不对称形式受限制的问题才能得到解决。

上面对言明义和对言完形分开来讲，只是为了叙述的方便，对言完形和对言明义是一个铜板的两面，分不开的。<u>十七还能常十七,十八不能常十八</u>，既是对言完形，又是对言明义，表达人随年龄增长不是一成不变的意思。看下例：

我 10 分钟穿过隧道。

*我 10 分钟穿行隧道。

我 10 分钟穿行隧道，10 分钟攀爬绳梯。

单说只能说<u>我 10 分钟穿过隧道</u>不能说<u>我 10 分钟穿行隧道</u>，然而对举着说就站住了，表示一个时间段完成一项任务，对言形式使得<u>穿行</u>生出"完成穿行"即"穿过"的意思来，明义和完形是紧密联系在一起的。

格式化对言

四字格

四字格是最重要最基础的格式化对言。把四字语叫"四字格"是合理的，四字语在结构和语义上大多是二二式，严格的还有双声叠韵和平仄对应的要求。企图用"词"或"短语"的标签来界定四字格，不但不能认清四字格的真面目，而且"本身会产生诸多困难，往往白费力气"（朱赛萍 2015：5）。对言格式以四字格最为严整，其他对言格式都是在四字格的基础上变化衍生而成的。有人对四字格为主的对言格式从词汇上做了分类描写（马清华 2005：360）：

数词　一一式（一问一答）　一二式（一来二去）　三两式（三长两短）　三四式（说三道四）　三五式（隔三岔五）　五六式（五颜六色）　七八式（七零八落）　千百式（千方百计）　千万式（千山万水）　半半式（半信半疑）　一一式的延伸（一阵……一阵　一面……一面　一边……一边　一手……一手　一会儿……一会儿）

指代词　这那式（这好那好）　谁谁式（谁有钱谁买单）　什么什么式（什么山上唱什么歌）　哪里哪里式（哪里有压迫哪里有反抗）　怎么怎么式（怎么快怎么来）　你我式（你来我往）　我我式（我行我素）

方位词　上下式（上行下效）　前后式（瞻前顾后）　东西式（东一榔头西一棒子）　左右式（左也不是右也不是）

副词连词　且且式（且战且退）　又又式（又穷又懒）　忽忽式（忽高忽低）　边边式（边吃边谈）　也也式（也恨也爱）　时时式（时忙时闲）　或或式（或去或留）　不不式（不破不立）　相相式（相依相偎）　互互式（互惠互利）　如如式（如火如荼）

虚义动词　有有式（有来有往）　没没式（没吃没喝）　有无式（有去无回）　来去式（想来想去）　似非式（似断非断）　要要式（要钱有钱要房有房）

列举无有穷尽，这种格式的生命力极强，随着汉语的双音化进程，它的应用面变得更广，对称的要求放宽，变化的形式更丰富。如"且且式"算得上古老，但现在仍能产生出且行且珍惜的说法，一时成为流行格式。近来我节约，我光荣这种"我我式"又在网络上流行，填入的词不限词性（温锁林 2018）：

　　我选择我喜欢　我单身我自豪　我绿色我环保　我诚信我光彩
　　我阳光我成长　我奋斗我冠军　我排队我让座　我有责我尽责
这种说法是我求我索、我见我闻、我行我素这种历来有的四字格的重现和延伸，我字重复，增强了你我之间的对话性。

　　对言的格式化其他语言也有，但它在汉语里的广泛性、多样性、严整性和重要性，使得汉语离开了对言格式几乎无法说话。四字格是如何形成的？这个问题将在第十一章予以解答。

格律诗八股文等

　　扩大到语篇，骈文作为一种格式化文体是通篇四字语为主。对言格式化在格律诗和八股文上表现最明显，也最严格，无须赘述。长的楹联就是语篇对言，昆明滇池大观楼前的"天下第一长联"，多含四字语：

　　五百里滇池 奔来眼底 披襟岸帻 喜茫茫空阔无边 看东骧神骏 西翥灵仪 北走蛇蜒 南翔缟素 高人韵士 何妨选胜登临 趁蟹屿螺洲 梳裹就风鬟云鬓 更苹天苇地 点缀些翠羽丹霞 莫辜负四周香稻 万顷晴沙 九夏芙蓉 三春杨柳

　　数千年往事 注到心头 把酒凌虚 叹滚滚英雄谁在 想汉习楼船 唐标铁柱 宋挥玉斧 元跨革囊 伟烈丰功 费尽移山心力 尽珠帘画栋 卷不及暮雨朝云 便断碣残碑 都付与苍烟落照 只赢得几杵疏钟 半江渔火 两行秋雁 一枕清霜

　　词的结构分上下阕，如李清照的《武陵春》：

风住尘香花已尽，日晚倦梳头。
物是人非事事休，欲语泪先流。
闻说双溪春尚好，也拟泛轻舟。
只恐双溪舴艋舟，载不动、许多愁。

上阕通过暮春景物勾出内心活动，下阕以舴艋舟载不动愁绪的艺术形象来表达悲愁之多，通过"上下对"表达物是人非的感叹。

章回小说是我国古典长篇小说的主要形式，小说回目以对言形式存在，继承诗文里的对偶，原来对得不严整的回目，人们自觉不自觉地将之规整化。从章回的内容看，全部都是采用"事对"的方式，一回分上下两部分讲一对事情，这是中国人集体无意识保留下来的符合人们阅读习惯的形式。五四运动提倡白话文，那时的章回小说如张恨水的《啼笑因缘》仍然风靡。当代小说作家安妮宝贝的《莲花》分六场一终，篇目全用四字语：<u>梦中花园</u>、<u>黑暗同声</u>、<u>深红道路</u>、<u>荆棘王冠</u>、<u>行走钢索</u>、<u>花好月圆</u>、<u>殊途同归</u>。

以上是中国传统对格式化对言的理解和认识，然而止于这样的理解和认识是不够的，应该从语言组织运行的结构性存在来看待格式化对言，如上面讲的音节组配单对单、双对双的格式，下面要讲的反复问句的格式。

反复问句

赵元任（1955）谈汉语如何表达逻辑概念，指出汉语很少使用对应于逻辑词 and 和 or 的<u>和</u>和<u>或</u>二字。表达这两个逻辑概念要么简单并置，如问<u>你吃饭吃面啊</u>；要么对言不避重复，不说我冷和饿而说<u>我又冷又饿</u>，不说要酒和菜而说<u>要酒要菜</u>，不习惯说你对我和弟妹有啥意见而习惯说<u>你对我对弟妹有啥意见</u>，不习惯说<u>今天去或明天去</u>而习惯说<u>或者今天去，或者明天去</u>，更多的时候说<u>不是今天去，</u>

就是明天去，是和不是正反对着说。近来网络上流行下面的说法：

我们上的不是网，是寂寞。

他吃的不是龙虾，是面子。

这在修辞上叫"轭式搭配"，光说上的是寂寞或吃的是面子意思不明，跟前头的不是互文对说，意义才得以显现。

这样来看，汉语的一般问句通常是选择型的"反复问"也就不难理解了。反复问句的结构就是正反对言格式，如是不是、有没有、去没去、好不好等，而且有整齐对应的强烈倾向，如是否留客，留不-留客，留客-不留，客留-不留，喜不-喜欢，害不-害怕，太不太多等。在一些方言里，正反问里的不脱落，或其声调保留在前后字里，变成重叠对言式，如去去表示"去不去"，是是表示"是不是"。（钱曾怡2001：301）可见对言格式对于汉语确是根本性的、结构性的。拿正反问去不去跟加语气词吗的一般问去吗比较，一方面看出正反对言生出语气义，一方面又看出汉语的中性一般问，即问话不偏向哪一边的，是正反问，而吗字问对于肯定的回答抱有或多或少的怀疑，也就是可能性在50%以下，例如电视上推销沃刻净水机的广告，问观众"你家里的水还好吗？"有否定词的时候则隐含着与问题相反的答句，如你不怕老虎吗（赵元任1968a：356）。有一本科普书《上帝掷骰子了吗》（曹天元著），讲量子物理学史，写得极好，唯独书名可以再斟酌，这个吗字问表示对肯定的答复多少有怀疑，但这不是作者要表达的意思。

一般问句在格式上是正反对言，这很可能影响中国人的思维方式，中国人的辩驳方式是正反对言的方式（朱晓农2018b），例如：

大学生有饭吃，不是大学生就没有饭吃？

有钱不是万能的，没有钱是万万不能的。

你说你不是随便的男人,难不成我就是随便的女人?

有一次,美国哥伦比亚广播公司的一位记者向一位中国外交官提问,关于中国军费不断增长、增强国防力量的事,那位外交官微笑着反问:"我们有一个很弱的国防力量,我们就和平了?"第十五章将继续阐释这一现象。

逻辑要素的对言表达

认识到一般问句是正反对言格式,这还不够。赵元任(1955)及 Chao(1959)全面考察逻辑要素(似乎是全人类思想中所共有的)、AND、OR、ALL、NOT、SOME、IF…THEN 等,在汉语中的表达方式。他说:"像'否定'、'命题'、'前提'、'推论'这类术语,对于许多中国人,即使是识文断字的人来说,都是比较陌生的。可是,所有的中国人,不管识不识字,都能进行朴素的论证和推理,而又压根儿没意识到自己竟然一辈子都在论证、推理!"赵元任是要说,汉语在表达逻辑要素的时候有自己的特点,在笔者看来,这些特点跟汉语以对言为本有关。

IF…THEN

怀特海和罗素把 NOT 和 OR(记做"∨")当作原始概念,而 IF…THEN(记做"…⊃…")当作用前者定义的导出概念,即:

$p \supset q = \sim p \vee q$

而在汉语语法中,情况刚好相反,通常不说"p 或者 q"(你来或者我去),喜欢说"不 p,就 q", 你不来我就去,或者不是你来,就是我去,汉语实际上是把怀特海和罗素的定义倒了过来,写作:

$p \vee q = \sim p \supset q$

注意汉语的这种习惯说法是正反对言。汉语实际上没有与英语 or 相对应的语词，<u>或是</u>、<u>或者</u>、<u>或</u>的本义是"某人"或"某些情况"。<u>或是你来，或是我去</u>的意义就是"在某些情况下你来，在某些情况下我去"，也是对言。英语实际使用的时候 if 和 then 很少成对使用，一般用了 if 就不用 then。

汉语以 IF...THEN 为原始概念，运用广泛，这使得所谓的"实质蕴涵怪论"在汉语里显得不那么"怪"。"实质蕴涵怪论"是指，任何命题都蕴涵真命题，而假命题则蕴涵任何命题。貌似怪论的实质蕴涵在汉语里有家喻户晓的表达形式，例如常说<u>假如 p 是真的，我就不姓王</u>（p 是真的，我不姓王对得更整齐），一个对说话人来说为假的命题蕴涵了随便什么事情，甚至包括他"不姓王"这样的事情。

NOT

汉语习惯用"不 p 就 q"表达"p 或 q"，用"X 不 X"表达一般疑问，都是对言式。<u>不</u>和<u>都</u>构成二字对言<u>不都</u>或<u>都不</u>，表达不同的意思，因此英语、法语等语言里 All that glitters are not gold 和 Tou ce qui reluit n'est pas or 这样的歧义现象不会发生。此外还可以补充以下四点。一是习惯用"不……不"的对言形式来表达必要条件的情形（可与英语的表达比较）：

<u>不打不相识</u>。The fight between us just makes us friends.

<u>不是一家人不进一家门</u>。Birds of the same kind live together.

<u>不作不死</u>翻译成洋泾浜英语 No zuo no die 已编入美国网络词典。二是<u>不三不四</u>、<u>不男不女</u>这样的"不不式"对言显现字面以外的意义，英语 neither...nor 表达不出来。三是"不是……而是"的对比

说法使用频繁，如不是我们无能，而是敌军太狡猾。四是有"爱 A 不 B"四字格，如爱来不来、爱理不理、爱答不理表达特定的意义。

汉语没有相当于英语 no 的形容词，No one comes 用汉语来说是没有人来，用没否定动词有，因此西方关于 nothing、nobody 等的那些哲学问题或者笑话很难翻译成汉语，Everybody's business is nobody's business 这个英语句子大概只好翻译成"三个和尚没水喝"。这个现象下面讲 some 的时候再一并说。笔者想补充的是，汉语没这个否定词既否定动词又否定名词（符合"名动包含"），于是很容易形成没车没去、没钱没买这样简短的对言表达。

AND 和 OR

汉语中并不存在与英语 and 对应的真正的合取词。名词之间的并列关系可用跟、同、和，但这些词赵元任都认为是"连介词"，连古汉语的而也是，连接的两个成分不是真正的并列，"A 跟 B"必须解释为 AB 并列的例子相对说来是不多的，表达并列关系的只是语词的并置，如先生太太不在家，他老打人骂人。①

疑问句中的 OR，如英语 Will you eat rice or noodles? 如果用升调是表示"你吃这两样中的一样吗？"属于是非问句，汉语的习惯表达是你不是吃饭就是吃面吗这样的对言形式，英语如果用先升后降调是要求听话人进行选择，是选择问句，汉语的对言表达如你吃饭吃面啊简直就像在朗读菜谱。用和或还是连接两个成分的时候也要受字数对称的制约，例如：编书和出书，*编和出书，*编和出刊物；真还是假，真实还是虚假，*真实还是假，*真还是虚假。（吕

---

① 英语介词后头接名词，连词后头接名词或动词，从这个分布看连词和介词已经不是二分对立。汉语因为动词也是名词，介词后头本可接动词，连词和介词二分就更没有充足的理由了。

叔湘 1963；周韧 2019a）

我们想顺便指出，汉语疑问句的类别也体现汉语以对言为本。英语选择问采用的是跟是非问同样的句法手段（主-谓换位等），差别只在于选择问列举不止一个选择项供选择，所以选择问是是非问的一个小类。汉语的情形不同，是非问或采用正反问，或句尾加吗，选择问不能用吗，却可以跟特指问一样用呢，如<u>你吃米饭还是面条呢？你吃什么呢？</u>所以选择问是独立的一类。汉语反复问（也叫正反问）是选择问的一个小类，即"正反选择问"（刘丹青 2008:2）。选择问在汉语里地位重要，单独成为一大类，这是因为选择问本质上是"对言问"，如<u>你吃饭吃面？</u>

ALL

汉语中没有一个形容词或代词与英语的 all 对应，一般是用副词<u>都</u>、<u>全</u>，有一个貌似形容词的词<u>凡</u>（或者凡是），有人把英语 All men are mortal 翻译成凡人皆有死，其实这是乔装打扮的假设命题，相当于 if...then 句式中 if 的成分经常省略，相当于 then 的成分在后面有另一个副词（这里是皆）的情况下也可以省略，if...then 在汉语里的表达是对言形式，前面已有说明。

汉语另一种表达 ALL 的办法是重叠或重复，方式多样，当然也属于对言形式，除了<u>个个有奖</u>，<u>人人不信</u>等，还有：

人见人爱。（每人见了都爱。）

每家有每家的难事。（每家都有难事。）

一天有一天的事情。（每天都有事情。）

谁有钱谁遭殃。（有钱的都遭殃。）

做一天和尚撞一天钟。（做和尚每天都撞钟。）

有钱出钱有力出力。（大家都出钱出力。）

每和都经常搭配使用，每是分说，都是总括，二者互文。近期有不少讨论都字语义的文章，两种观点争执不下，例如他们（每人）都是老师，一说都表示总括，总括他们具有是老师的特性（或把他们的特性总括为是老师），一说都表示分配，把是老师的特性分配给他们，如果从互文见义着眼，双方就不会那么执着了。

都和不构成二字对言都不和不都，表达不同的意思，不会造成歧义，上面已说明。

SOME

汉语里也没有与英语some相当的形容词，Some men tell the truth一句的正常表达是有人说真话这种兼语式，有相当于has或there is，人兼为有的宾语和说的主语，全句相当于There are men who tell the truth，现代的谓词逻辑把"存在x是φ"符号化为：

$$(\exists x) \blacksquare \phi(x)$$

用英语来解读这个公式通常是There is an x such that...这种较为复杂的说法，而汉语的表达是对公式的直接解读。No one comes在汉语里的表达没有人来也是这样的兼语式。汉语的兼语句式实际是两个对言的链接，这里是有人和人来的链接，赵元任说"这与汉语造句法的精神是完全一致的"，详见第十二章"链接对"。

我们还想指出的是，汉语里没有相当于英语no、all、some的形容词，这跟汉语是"名动包含"有关。汉语的实词是"大名词"，天然具有名词性，这就容易理解为什么汉语的一般名词（非动态名词）本身不受否定（吕叔湘1942/1982：234）。汉语的一般名词都是物质名词（mass noun），没有可数不可数的区分，在中国人的心目中事物的存在天然是物质存在，所以名词本身也不受全称量和部分量的限定。汉语是用否定和量化跟"物"牵连的"事"的办法来否定和量化"物","事"也是"物",一种"动态的物","事物"。正因为汉语的动词也是名词,所谓的主语-谓语在汉语里是一对指称语,即起指-续指对,详见第九章"指语对"。

赵元任(1955)一文特别加注说,斯瓦迪士(M. Swadesh)曾编制过一个"与文化无关的二百词"词表,供调查语言使用。其中按英文字母顺序(因而语义上可以认为是相当随机的)排列的前5个词为:all、and、animal、ashes、at。除 animal 和 ashes 两个,其余三个很难在汉语里找到对等词。就是说,前5个词当中就有3个根本不是与文化无关的,而只能说是英语,至多是印欧语言的特征。

总之,基本逻辑概念在汉语里的习惯表达倾向对言格式,这更能说明汉语"以对为本"。

比喻对言

比喻就是比对说明,以甲事说明乙事,以甲义说明乙义。甲是喻体,乙是本体,喻体-本体成对,叫作"喻对""比对"。中外都认识到比喻的广泛性,不仅君子之德,风也是比喻,下面这些表达也都是比喻:

陈词比喻:电脑染病毒了。│电子围绕原子核转。

死寂比喻:破案没有线索。│把改革开放进行到底。

用典比喻:夫妻举案。│二人鹣鲽。

陈词比喻是除了专家一般老百姓意识不到是比喻;死寂比喻是不加深究想不到原来是比喻;用典是压缩的、简化的比喻,喻者与古人对话,中国人由于历史文化的积淀用得特别多。理查兹(Richards 1965)说比喻是人类语言"无所不在的原理",比喻义和字面义的区别是相对的，说某人有一条木腿，这条腿到底是"真腿"还是"比喻的腿"，说不清，二者兼而有之。

比喻大量用于文学在各个民族是相同的，但是在理论思辨方面，西方从古至今都少用比喻，而中国不同，拿先秦诸子的著作跟古希腊圣哲柏拉图、亚里士多德的著作比较，差别十分明显。《庄子·寓言》说"寓言十九"，寓言指比喻论证，特征是"籍外论之"，如在《逍遥游》中以鲲、鹏之大论证"至人无己，神人无功，圣人无名"。（曾昭式 2015）中国哲学有自己的语言表述特点，牟宗三和唐君毅二人把这种语言定性为"启发式语言"，就是用具体的词语表示抽象概念，例如周易乾卦象传说明乾卦的本性，"云行雨施，品物流形，大明终始，六位时成，时乘六龙以御天"，就是用漫画式的语言将六爻比作六条龙，以此象征自然现象的变化。（牛军 2019）

西方在语法理论上认识比喻的重要性和根本性，毕竟是近来的事情，如认知语言学家雷考夫和约翰逊合著的 *Metaphors We Live By*（Lakoff & Johnson 1980），有人译作《我们赖以生活的比喻》，在西方语言学界引起很大反响，好像是一种突破和创新，然而中国人历来认为不比喻无以见义，往上到语言创造之始，往下到今天日常说话行文，比喻功能是须臾不可离的，难怪认知语言学的比喻理论在中国找到空前多的知音。这跟不同民族的"语言观"有关，中国人对语言的根本看法是"言不尽意"，不管你说得多么精确、多么严密，仍然有模糊不清的地方，而比喻好比烛光，好比照镜子，虽然只能照见事物的一个方面，不周全、不确切，但总能使人对所照对象有所认识，而且引起联想，收言未尽而意无穷之效。

比喻就是对言

比喻和典故溶化在中国人的血液里，融入日常话语中，几乎取之不尽用之不竭,这是几千年文明的积淀,是汉语的魅力所在,这些话已成老生常谈。然而止于这样的认识是不够的,重要的是,在中国人的潜意识里,言说就是比喻,例如,办案的警察说,"终于发现了逃犯,这个兴奋度没法比喻了"(电视节目《一线》),这句话里的"比喻"就是一般"言说",不能翻译成英语 metaphorically speaking。下面第十一章将说明,汉语构词和造句就是通过比喻和比对。

还有更加重要的,比喻在汉语里经常以互文对言的形式出现,比喻的内容和比喻的形式是一体的。"比喻"一词既指内容又指形式,如<u>上有天堂下有苏杭</u>,<u>天要下雨娘要嫁人</u>,<u>物以类聚人以群分</u>,<u>人往高处走</u>,<u>水向低处流</u>,<u>花无百日红</u>,<u>人无千日好</u>等,这在西方语言中是少见的,因此比喻不等同于 metaphor,后者只指意义不指形式。大量的四字语,有的本身就是"喻对"的喻体,如<u>顺风顺水</u>,<u>鱼死网破</u>,<u>鹬蚌相争</u>等,有的是本体-喻体成对、喻体-本体成对,如<u>二人鹬蚌</u>,<u>忠言良药</u>,<u>铁壁江山</u>等,本体和喻体本身又是一一成对,不乏喻对,如铜墙和铁壁,合起来铜墙铁壁就成为互文喻对,<u>金口玉言</u>,<u>街头巷尾</u>,<u>人山人海</u>等都是。两个四字语还是成对,不乏喻对,如<u>甲乙丙丁</u>,<u>开中药铺</u>,<u>无的放矢</u>,<u>不看对象</u>,<u>语言无味</u>,<u>像个瘪三</u>,<u>眼高手低</u>,<u>志大才疏</u>。再放大,<u>老骥伏枥</u>,<u>志在千里</u>;<u>烈士暮年</u>,<u>壮心不已</u>还是喻对,呈现对中有对、无对不成言的情形。商周时期最早出现的明喻(用"如")多为对言形式:

有匪君子,如切如磋,如琢如磨。(《卫风·淇奥》)
手如柔荑,肤如凝脂,领如蝤蛴,齿如瓠犀。(《卫风·硕人》)
有女同车,颜如舜华……有女同车,颜如舜英……(《郑风·有女同车》)

甚至谈论比喻的语言本身也是对言,《文心雕龙·比兴》说比喻是"物虽胡越,合则肝胆",用一对四字语来说明本体和喻体分得愈远则合得愈新颖的道理。讲比兴的异同也是对言,"比者,附也;兴者,起也。附理者,切类以指事;起情者,依微以拟议"。

雷考夫和约翰逊对比喻的认识是,人的概念和概念系统是比喻性,这个认识虽然深刻,但是把语言问题归于概念问题,也遭到质疑,那还要语言学家干什么?比喻是概念问题,更是语言问题,是语言的根本问题。中国人认为,比喻不仅是概念上的,还应该在语言形式上比对而言,比喻就是对言。这使人想到如何翻译他们那本书的书名为好,*Metaphors We Live By* 用对言形式翻译成汉语是"比喻不在,生命不存",简单些"以喻为生"。

构成性比喻

比喻分为实现性比喻和构成性比喻。实现性比喻指,一个抽象概念用一个具体概念来表达的时候,有一个实现的过程或实现的方式;构成性比喻指,抽象概念用对应的具体概念来表达,没有实现的过程或实现的方式,抽象概念本身就是由具体概念构成的。这两种比喻的区别普遍存在于生活中,例如"电脑病毒"这个比喻,对计算机专家来说是实现性的,他们只是借用这个比喻来帮助说明那个抽象概念(破坏电脑运行的某种程序),而对一般老百姓来说这个比喻是构成性的,离开了这个比喻他们根本无法理解那个抽象概念。(Ungerer & Schmid 1996:147-149)

比喻在汉语中的重要性和根本性还表现在构成性比喻上。上篇第二章说明,动词做主语或宾语的时候,在时间中进行的抽象的事被视为空间中的一个具象的物,这就是所谓本体比喻,正因为有这种"以空间喻时间"的比喻存在,所以名词和动词之间才有平行的对应关系。本体比喻在印欧语和汉语里的差异在于，一个是实现性的，一个是构成性的。印欧语"名动分立"，动词做主宾语的时候要名词化，这个名词化就是本体比喻的实现过程和实现方式，如criticize → criticism, explode → explosion。汉语"名动包含"，动词做主宾语的时候无须名词化，如<u>批评</u>、<u>爆炸</u>，因为动词本来也是名词，所以对中国人来说本体比喻是构成性的，动词本来就是由名词"构成"的，抽象的事本来是由具象的物"构成"的。正如<u>云鬓</u>/<u>鬓云</u>，云比鬓时鬓亦云，<u>事物</u>/<u>物事</u>，事比物时物亦事，复合词<u>云鬓</u>和<u>事物</u>都是<u>互文</u>，通过互文，喻体和本体融为一体。

张东荪（1938）以此来说明为什么西方的形式主义哲学（formalistic philosophy）中国人最难理解。他说，西方有主语因而有主体（substance），主体与形式（form）二分对立，形式附于主体而后现，虽不离实体却不是实体。然而对中国人来说，抽象的形式本身是一个实体（entity），中国人只有"实物"的观念，空的抽象的观念离开实在的观念无从理解。

连本体比喻这种最基本的比喻都是构成性的、互文式的，中国人的"比喻观"也就不同于西方了。对西方人来说，比喻主要是实现性的，其功能是帮助明义，对中国人来说，比喻不仅是实现性的，还是构成性的，离开比喻（内容和形式）根本无从明义。中国人的这种语言观和比喻观，深刻影响汉语的语法格局，也影响中国人的思维方式。（见第十五章"对言和对思"）

对言是语法现象

不少人认为，互文骈文是修辞现象，是特殊的诗性语体，不足以证明汉语以对言为本,所以还有必要不惜篇幅来澄清。

诗性语言

雅各布森在《语言学与诗学》(Jakobson 1960)里说:"……倘若一位语言学家对语言的诗学功能不闻不问,或一位文学研究者对语言学问题不予关心,对语言学方法一窍不通,他们就显然过时落伍了。"关于诗性的语言,他认为,语句的构成总是有选择(selection)与组合(combination)两轴,选择轴相当于索绪尔的纵向类聚关系(paradigmatic relation),组合轴相当于索绪尔的横向组合关系(syntagmatic relation)。诗的语言的基本特点就是,把本来在纵向选择轴上的对等词语拉到横向组合轴上,使前后邻接的词语呈现出音与义的整齐和类似,即"把类似性添加在邻接性之上"。例如,俄国的一首婚礼歌,唱新郎现身的情形就是"把类似性添加在邻接性之上"的互文:

Debroj mólodec k séničkam privoráčival,

A brave fellow was going to the porch,

勇敢汉子走向门廊,

Vasilij k téremu prixázival.

Vasilij was walking to the manor.

瓦西里奇步往住宅。

勇敢汉子和瓦西里奇都指新郎,门廊和住宅都指新房,两句表达一个意思,句法、词法,包括时、体、数、性,甚至词干的元音交替形式都一一对应。汉语里这样的"互文见义"举不胜举,而且对得更加整齐,以唐诗一联为例:

桃花细逐杨花落,黄鸟时兼白鸟飞。(杜甫《曲江对酒》)

<u>桃花</u>和<u>杨花</u>、<u>黄鸟</u>和<u>白鸟</u>、<u>逐</u>和<u>落</u>都是有类聚关系、可以互换的对

等词语，桃花杨花和黄鸟白鸟、兼和飞、细逐和时兼、落和飞也是有类聚关系、可供选择的对等词语。钱钟书《谈艺录》里说："律诗之有对仗，乃撮合语言，配成眷属。愈能使不类为类，愈见诗人心手之妙。"所谓"使不类为类"，正是尽量"把类似性添加在邻接性之上"。（转引自张隆溪 1986）罗素的遗憾是："我们无法构建一种用相似性关系表述所有关系的语言，不然的话，我们就不会被曲解的语言误导了"（转引自索萨尼斯 2018：67）。诗性的语言能弥补这种遗憾。

雅各布森关注诗性的语言，但还是认为诗性的语言是偏离日常语言的另一种独特的语言，是反常出奇的语言，尽管叶斯柏森认为原始语言就是诗性的语言（见下）。然而就汉语而言，日常语言就是诗性的语言，因为离开了对言格式它就无法明义完形、表情达意。

不要以为诗性语言就是"非理性的"。康德在《宇宙发展史概论》里说："每当理智缺乏可靠论证的思路时，类比这个方法往往能指引我们前进。"更有人把类比视为"思考之源和思维之火"（侯世达和桑德尔 2018）。究竟什么是理性？是不是只有建立在主谓结构之上的演绎思维才符合理性？Grice（1975）那篇经典文章的题目叫"逻辑与会话"，意味深长，会话有会话的逻辑。如果说演绎逻辑是一种纯粹理性、工具理性，那么会话逻辑是一种实践理性、交往理性，而"实践较智辩为重要"。中国人的"理"与"礼"相通（"理必出于礼也"），"理"始终是伦常之理，与西方讲的物理（physical law）完全不同。西方人引以为傲的理性主义传统到 20 世纪受到西方人自己的猛烈批评，不可不知。（参看张汝伦 2005）还可补充，中国人的"理"始终与"情"相关，常说的"情理"同时指人情之理和事情之理。

对言生活

从语言的起源来说,叶斯柏森(Jespersen 1922:429-432)认为,初民用诗性的语言表达思想,正如文学中诗先于散文一样,诗的语言也先于散文的语言,语言植根于生活的诗性。朱光潜(1981a,1981b)说:"原始人类凡遇值得流传的事迹或学问经验,都用诗的形式来记载,以便于记忆。到后来,因为诗的形式太笨重板滞,才逐渐设法使它活跃流动有弹性,于是散文才逐渐演化出来。散文由诗解放出来,并非一朝夕之故。""形式是自然的,固有的,而不是人为的,附加的。"郭绍虞(1938)引用阮文《文言说》里的话,也说古人以口舌传事、口耳治事,对偶与匀整的词句"易于记诵,无能增减"。这都是从记忆和口头传承的角度讲诗性语言的本源性。

诗性的互文和对言频繁出现在语言生活的方方面面。启功(1997:4)强调,骈文的基本形式有生活语言的基础,并不是某些文人、作家凭空捏造出来的。骈体文通行了近两千年,屡次被打竟自未倒,"十年动乱"大破四旧,但是口中演讲笔下批判,都要在开头说<u>东风万里,红旗飘扬</u>,排比对偶的存在依然如故。韩愈提倡古文、反对骈文,然而《原毁》起笔写的还是古之君子,<u>其责己也重以周,其待人也轻以约。重以周,故不怠;轻以约,故人乐为善</u>。可见"今之汉语,犹古之汉语也"。郭绍虞(1979)强调,古代的诗歌毕竟与当时口语距离不远,在口头语言中活着,四字语从群众中来,从劳动人民活泼生动的谚语中来,到现在还大量滋生,此后也不会断绝,像<u>用眼看看</u>、<u>用心掂掂</u>、心头一热、眼睛一亮的说法都是极顺溜的口语,没有任何矫揉造作。宋元白话小说《快嘴李翠莲记》记翠莲到家堂拜见祖宗说的一段话:

家堂，一家之主；祖宗，满门先贤：今朝我嫁，未敢自专。四时八节，不断香烟。告知神圣，万望垂怜！男婚女嫁，理之自然。有吉有庆，夫妇双全。无灾无难，永保百年。如鱼似水，胜蜜糖甜。五男二女，七子团圆。二个女婿，达礼通贤；五房媳妇，孝顺无边。孙男孙女，代代相传。金珠无数，米麦成仓。蚕桑茂盛，牛马挨肩。鸡鹅鸭鸟，满荡鱼鲜。丈夫惧怕，公婆爱怜。妯娌和气，伯叔忻然。奴仆敬重，小姑有缘。

虽然拜祖宗的仪式用骈体文最合适，但该记中记其他的场合也都是音节上匀称而整齐，虽快而不乱，读来爽然，听来了然。还有唐传奇《霍小玉传》里的例子：

玉乃侧身转面，斜视生良久遂举杯酒酬地曰："我为女子，薄命如斯！君是丈夫，负心如此！韶颜稚齿，饮恨而终。慈母在堂，不能供养。绮罗弦管，从此永休。徵痛黄泉，皆君所致。李君李君，今当永诀！我死之后，必为厉鬼，使君妻妾，终日不安！"

《红楼梦》第三十九回刘姥姥说的"乡言村语"：

我们村庄上，种地种菜，每年每月，春夏秋冬，风里雨里，那里有个坐着的空儿？

再看梁启超《少年中国说》的新白话文：

红日初升，其道大光；河出伏流，一泻汪洋；潜龙腾渊，鳞爪飞扬；乳虎啸谷，百兽震惶；鹰隼试翼，风尘吸张；奇花初胎，于于皇皇；干将发硎，有作其芒；天戴其苍，地履其黄；纵有千古，横有八荒；前途似海，来日方长。美哉，我少年中国，与天不老！壮哉，我中国少年，与国无疆！

陆志韦（1956）统计，杨朔《三千里江山》九万多字，并立四字格的例子六七百个。频繁使用排比对言、打通古今文体也是作家王蒙的语言特色：

老王笑而不答，似痴似智，若诚若伪，如喜如悲。(《尴尬风流》)

路边摊贩，何等肮脏，车过尘起，人言沫飞，手指拨弄……(《只言片语》)

社会如筛，生活似箭，人心是秤，历史无情，任其发展，听其自然吧。(《王朔的挑战》)

生生灭灭，恍恍惚惚，真真幻幻，沉沉浮浮，实实在在，辛辛苦苦，飘飘悠悠，磨磨蹭蹭。冷冷暖暖，炎炎凉凉，轰轰烈烈，叮叮当当，乒乒乓乓……(《生死恋》)

《毛泽东选集》中大量使用四字对言：

看菜吃饭，量体裁衣。│下笔千言，离题万里。│彻头彻尾，彻里彻外。│眼高手低，志大才疏。│空话连篇，言之无物。│装腔作势，借以吓人。│无的放矢，不看对象。│语言无味，像个瘪三。│甲乙丙丁，开中药铺。│不负责任，到处害人。│流毒全党，妨害革命。│传播出去，祸国殃民。│过街老鼠，人人喊打。

(《反对党八股》)

装腔作势，不大自然。│包袱沉重，不易解脱。│呼风唤雨，推涛作浪。│上下串联，八方呼应。│魑魅魍魉，牛鬼蛇神。│大鸣大放，一触即发。│宽大为怀，不予办罪。│惩前毖后，治病救人。│天下大乱，取而代之，逐步实行，终成大业。

(《文汇报的资产阶级方向应当批判》)

赵元任(1969)举例，从前英国人办沪宁铁路时在火车里贴的一则通告为四言八句，底下的英文"翻译"只是一长句：

随处吐痰，最为恶习。既惹人厌，又碍卫生。

车站月台，尤须清洁。倘有违犯，面斥莫怪。

IN THE INEREST OF CLEANLINESS AND PUBLIC HEALTH PASSENGERS ARE REQUESTED TO REFRAIN FROM SPITTING IN THE TRAINS OR WITHIN THE STATION PREMISES.

赵说，这里头固然带有"文明"人教训乡下人的口气，而英文措辞是平等对人，不过通告上用对言在中文的确很多，而英文通告除了故意逗趣多半是用散文。看北京公交车上的买票告示：<u>主动投币，二元起价，分段计价，不设找赎</u>。

对言的使用不分雅俗，钱钟书论宋代为官制度，用对言<u>又宽又滥的科举制度开放了做官的门路，既繁且复的行政机构增添了做官的名额</u>。广告词也大量使用对言：

Good to the last drop.

滴滴香浓，意犹未尽。（麦斯威尔咖啡）

To be the best rather than the largest.

不求最大，但求最好。（光大银行）

The global brings you the world in a single copy.

一册在手，众览全球。（《环球》杂志）

街上随处可见的标语，十有八九是对言，连公共厕所里都是，<u>来也匆匆，去也冲冲</u>，<u>上前一小步，文明一大步</u>，俗中有雅。流行音乐掀起"中国风"，戴荃词曲的一首《嫦娥》，全是对言，而且以四字语为主体。连最严肃的法律文书，我国古代也有很多充满诗意的对言判词，如白居易的《甲乙判》："二性好合，义有时绝；三年生有，恩不可遗。凤虽阻于和鸣，鸟岂忘于反哺。旋观怨偶，遽抵明刑。"当今法官判决离婚案也有用对言的，如"亲要见面，爱要用心。相爱一辈子，争吵一辈子，忍耐一辈子，这就是夫妻"，被网友誉为"最温情判决书"。

从校训也可看出汉语以对言为本。校训是舶来品，中国固有的是书院的对联，如无锡东林书院对联"风声雨声读书声，声声入耳；国事家事天下事，事事关心"。西方校训引自西方经典，如燕京大学英文校训 Freedom through Truth for Service（因真理得自由而服务）源自圣经《约翰福音》，华南女子大学英文校训 Saved for Service（受当施）也源自圣经。西方校训舶来之后也引自中国经典，但都变成中国特有的对言形式，圣约翰大学初定校训 Light and Truth "光和真理"，后改为"学而不思则罔，思而不学则殆"（取自《论语》）。东吴大学英文校训 Unto a Full-grown Man，中文校训则为"养天地正气，法古今完人"（现为苏州大学校训）。当代校训大多是二言八字或四言八字，可说是无对不成训：

清华大学　自强不息，厚德载物
南开大学　允公允能，日新月异
北京大学　爱国，进步，民主，科学
同济大学　严谨，求实，团结，创新

诗性的对言贯通口语和书面语。综观汉语历史，口语和书面语有很大差距，但是二者"并不是独立的，而是经常有互相的影响"（赵元任1916），"相互依赖，通则双美、塞则两败"（李如龙2018a），新的书面语是在旧的书面语的基础上吸收口语而形成的，新的口语是在旧的口语的基础上吸收书面语而形成的，可图示如下：

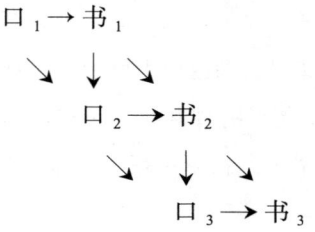

正是诗性的对言造成口语和书面语"通则双美"。总之对言源自生活,贯穿汉语的历史,覆盖汉语的全部,有极大的能产性和变通性,它流淌在中国人的血液中,体现民族的审美心理,渗透在日常生活的方方面面,我们的语言生活是对言生活,生活离不开对言。它是汉语的命脉,如果仅用成语或修辞来解释轻轻带过,那是汉语不能承受的生命之轻。仿照雷考夫和约翰逊说 Metaphors We Live By "比喻不在,生命不存",我们说 "对言不在,生命不存"(*Dui*-speech We Live By)。

与英语 antithesis 比较

英语有所谓 antithesis(对语),在熟语中数量不少,例如:

Men make houses, women make homes.

男人造屋,女人造家。

An idle youth, a needy age.

少时懒,老来穷。

Easy come, easy go.

来得容易去得快。

It was the best of times, it was the worst of times.

那是最美好的时代,那是最糟糕的时代。(狄更斯)

但是总体上说属于修辞手段,属于少数特殊表达,跟汉语对偶有重要差别。(李国男 1998;蒋韬成 2006)英语有 antithesis 这并不能证明汉语不是以对言为本,只能证明对言很可能是所有语言的本源表达方式。顾名思义 antithesis 主要指"正反对",如 They promised freedom and provided slavery(承诺自由,施行奴役),形式上对得远不如汉语那么整齐,即便是诗歌中的"英雄偶句"(heroic couplet)也这样,至少音节数目不对,还常用连词,上面四例中后

二例是对得最整齐的,其余另说,例如:

　　Where there is a will, there is a way.(前联多一个 where)
　　有志者,事竟成。
　　Speech is silver, silence is gold.(双音对单音,单音对双音)
　　雄辩是银,沉默是金。
　　By reading we enrich the mind, by conversation we polish it.(四音对二音,单音对双音)
　　读书益智,交谈博彩。
　　网上有人戏用英语做汉语式对联:
　　吃好睡好开心天天,
　　学硬干硬码银多多。
　　(横批)给力!
　　Eat well sleep well have fun day by day,
　　Study hard work hard make money more and more.
　　Geilivable! (朱晓农 2018b)

音节还是对得不整齐。英语只有宽式对偶,没有汉语的严式对偶,这当然是因为英语词的音节参差不齐。反过来,英语形式上不对称的表达翻译成汉语总是可以采用对称形式:

　　It is easy to open a shop but hard to keep it always open.
　　创业易,守业难。
　　The end of passion is the beginning of repentance.
　　盛怒结束,悔恨开始。
　　Little thieves are hanged, but great ones escape.
　　窃钩者诛,窃国者侯。
　　The coward does it with a kiss, the brave man with a sword.

懦夫借助亲吻，勇士凭借刀剑。

When poverty comes in at the door, love flies out of the window.

贫穷走进门里，爱情飞出窗外。

汉语的互文和对言翻译成英文，大多不采用 antithesis，只用一个单句或一个主从复句：

欲善其终，先善其始。

A good beginning makes a good ending.

良药苦口利于病，忠言逆耳利于行。

A good medicine tastes bitter.

宁为玉碎，不为瓦全。

An honorable death is preferable to a degraded life.

以小人之腹，度君子之心。

Measure the stature of great men by the yardstick of a pretty one.

得道多助，失道寡助。

A just cause enjoys abundant support while an unjust cause finds little help.

兵临城下，将至壕边，岂可束手待毙？（《三国演义》）

Shall we fold our arms and wait to be slain when the enemy is already at the city gate?

最后一例要是翻译成 when the enemy's soldiers are already at the city gate and their generals already by the trench，不仅累赘还曲解了互文的原义。美国"第一女儿"伊万卡在"特金会"前夕发推特，说有一句中国谚语说得好：Those who say it cannot be done, should not interrupt those doing it. 有网友破解其出处或许是"你行你上，不行闭嘴"，中式英语是"You can you up, no can no BB"（BB 是东北话

"乱嚷嚷"的意思)。

总之,汉语的对言不仅是一种修辞手段,不分雅俗,贯通口语和书面语,而且要求形式对称,已经格式化。英语有 antithesis 只是表明,对言作为语言的原始形式仍然留存在各种语言中。

外国人眼中

汉语互文见义、对言明义对外国人来说是难以掌握的。古川裕(2017)说,汉语互文对言日本学生难以理解,翻译成正确的日语相当难,输出更难。<u>左一件右一件</u>是一共两件的意思?<u>里三层外三层</u>是一共六层的意思?都不是。互文见义是 1+1 大于 2,<u>男欢女爱</u>比男女欢爱增添了相互义、谐和义;<u>你挤我我挤你</u>比<u>大家互相挤</u>增强了互动性和生动性;<u>彻头彻尾彻里彻外</u>比单说一个彻头彻尾增强了语气和彻底的程度;<u>鼻子是鼻子眼睛是眼睛</u>描述的标致相当然不限于鼻子和眼睛。① 对汉语这种尚简、对字数特别敏感的语言来说,话不会白说,词不会白用,互文对言一定有言者的用意。

西儒表现出对汉语四字语的极大关注,17 世纪中至 18 世纪初由无名氏耶稣会士编写,后于 1854 年在伦敦出版的《四字文笺注》收录了 1463 条各式各样的四字短语,配以英语和法语解释,既是辞书又是基础汉语教材,反映了清前期北京官话的文白样貌,是西人最早关注汉语文的手稿和出版物。收录的除了成语还有大量的自由词组和四字句,大多属于日常口语(王铭宇 2014):

多大年纪	谁敢不来	甚么官职	怎生开口	就要起身	将我捉住
被人骗了	被他看轻	这个罪名	真个没有	一株老杏	打了十棍
贴在墙上	用手扯住	与你商量	住得安稳	打着火把	越想越恼

---

① 也有 1+1<2 的情形,叫作"复词侧用",如<u>国家</u>侧指国,<u>教学</u>(做好教学工作)侧指<u>教</u>,<u>缓急</u>(以备缓急之需)侧指急。

买件棉衣　止痛的药　进京去了　借个使使　先和我说　事已八九

可见在西人眼里，汉文就是四字文，汉文法是四字文法。

国外的修辞学家发现，《二十四孝图》全是四字语，<u>卧冰求鲤</u>、<u>尝粪忧心</u>、<u>扼虎救父</u>、<u>恣蚊饱血</u>等，他们说作为宽泛的修辞，这种"公式化的格言"有道德教化的社会功能，是中国传统特有的话语形式，欧美人"儿时的印象中几乎没有听过类似的格言"（布鲁梅特 2018）。然而对中国人来说，这算哪门子"发现"呢！

结构性特征

应该说，汉语的结构具有互文性和对言性。认为对言不是语法现象而是修辞现象，这种看法的前提是假设语法和修辞必定二分对立，但是这不符合汉语的实际情形。汉语的语法是音形义用一体、以用为本的"大语法"，不是以主谓结构为主干、限于句子（sentence）的印欧语式的小语法。对汉语来说修辞本身就是语法，是语法不可分割的组成部分。吕叔湘、朱德熙当年写《语法修辞讲话》的时候就发现，语法和修辞在汉语里很难分清楚，许多语法问题"都是修辞上的问题"，只能"参合起来"讲。上面说明的对言明义完形、对言格式化，以及比喻的内容和形式一体，都表明对言不仅是修辞现象而且是语法现象。郭绍虞（1979：80、500）指出，"骈文也是从汉语语法规律中自然产生的"，"在口语中明明有骈语的存在，我们能说这种语言就不合语法规律吗？"从骈文演进为骈体，"决不是违反了汉语的语法规律、凭作者的意图所能突然产生的"。朱晓农（2018b）从语感的角度说，汉语不对言就语感不顺，"语感不顺就是不合语法"，"对仗是语法要求"，是汉语语法决定了对言的合法性并使它流行，在中国对偶训练属于基本教育的范畴，汉文化是一种对偶文化。马清华（2005：360）说，人们把过多注意力集中于单一成分的语法化，忽略了另一个几乎同等重要的问题，即偶举成分的格式化。说得对，对言格式是汉语的语法形式，对言格式化是汉语的语法化。

综上所述，互文和对言突破主谓结构的框架，是汉语重要的结构性特征。陆志韦（1956）问并立四字格"是汉语的什么东西呢"？这是一个"理论性的问题"，"汉语为什么有这种现象呢？""这些格式是从哪里来的呢？它们在现代汉语起什么作用呢？"做深刻的研究"会帮助我们认识汉语是怎样一种语言"。郭绍虞（1979：119）发问：以前的语法学者是不把四字语作为语法上的问题来处理的，为什么大家都不讲骈文的语法，为什么都不肯触及骈文的体制？四字语在古代汉语和现代汉语中究竟起些什么作用？只有说明这个问题才能理解汉语的全貌。我们说，叩问是科学发展的动力，叩问本身比回答还重要。只有揭示汉语对言现象背后结构性的东西，才能认识汉语运作的本质特征。对言是语言的本源，四字语是最基本的对言，现在仍然有强大的生命力，讲汉语语法，不仅要讲四字格，而且要先讲四字格，先研究骈体的结构后研究散体的结构，后者是前者的流变，不然就是本末倒置。

单言不成话，语言就是对话。在西方修辞学史上，古罗马的西塞罗曾提议对对话进行修辞分析，当代语用学家利奇重新提议"讨论日常会话中的修辞"，首先提出了"会话修辞学"这一名称，用它来指一组会话原则，如合作原则、礼貌原则（Leech 1981），从而大大拓展了修辞学的领域。探究对言表达和对话的联系，是一个有待深入和拓展的研究领域，这就进入下一章的主题了。

八 "对"的内涵和所指

这一章主要讲"对言"的另一层意思,即指对话。对言语法植根于语言的对话性,对话性是语言的根本特性。巴赫金(1998:242、340)说:"语言只能存在于使用者之间的对话交际之中。对话交际才是语言的生命真正所在之处。语言的整个生命,不论是在哪一个运用领域里(日常生活、公事交往、科学、文艺等),无不渗透着对话关系。"还说:"一切莫不都归结于对话,归结于对话式的对立,这是一切的中心。一切都是手段,对话才是目的。单一的声音,什么也结束不了,什么也解决不了。两个声音才是生命的最低条件,生存的最低条件。"

要让外国学者认识对言语法和对言格式对汉语以及其他语言的重要性,最好先让他们知道"对"字的内涵和所指。

多义项综合

英语和其他西方语言缺乏一个跟汉语"对"对应的词和概念,《现代汉语词典》在"对"字下列出 15 个义项,这里粗略归并为 6 项,举例并列出对应的英语表达:

1. 对话,对答,应对 dialogue, answer, reply, response

无以为对 do not know how to reply, 对答如流 give fluent replies, 隆中对 the dialogue at Longzhong

2. 相对，对于，反对 to face, against, be directed at, opposite, mutual, with regard to

相向而对 face to face, 对岸 opposite shore, 北京队对上海队 the Shanghai team versus the Beijing team, 对牛弹琴 play the harp to a cow, 对健康不利 be bad for one's health, 一人对一人 one person against another, 对骂 call each other names

3. 对待，对付 treat, cope with, in dealings with

他对我很好 he is very good to me, 你怎么对我我怎么对你 I'll treat you the way you treat me, 对不住 I'm sorry, 对不起他 be less than fair to him

4. 比对，对照，核对，对得上，掺对 compare, suit, match, adjust, check, add

拿译文对原文 compare the translation with the original, 这个榫头对不上 this tenon won't suit, 当门户对 well-matched in social status, 对号码 check numbers, 对表 set one's watch, 茶壶里对点儿开水 add some boiling water to the teapot

5. 正确，对头，正常 correct, right, normal

猜对了 guess right, 你说得很对 what you said is quite true, 如有什么不对 if there is any mistake, 你的脸色不对 you're not looking well

6. 对称，对应，成双成对，一对，对仗，对子 symmetry, parallelism, correspondence, a pair, coupling, couplet

左右不对 not symmetric or balanced on left and right, 一对

耳环 a pair of earrings，一对夫妇 a married couple，配对儿 form couples（in dance etc.），对联 antithetical couplet，对对子 practice of making couplets

一个"对"字，英语的相应表达各种词性都有，包括名词、动词、形容词、介词、副词。重要的是，这些义项构成一个有机的整体，一个综合性概念，不能割裂，割裂就破坏了它的整体性。"对待、对付"跟"对话、应对"紧密相联，主要指社会人际关系，对不起、对不住成了交际时离不开的口头禅。对错的"对"，从"对应、对得上"的意思引申而来，看下例：

不对的人在不对的时间做不对的事，这个最失败；对的人在对的时间做对的事，这是成功典范。生活也是如此。（蔡志忠）

有一篇文章讲食材要与季节气候对得上，标题是"节气对物候对，嘴巴里的滋味才对"，英译是 Only if the solar term was right, the taste in your mouth is right（《南方航空杂志》）。可见在中国人的心目中，right 就是对应，对应才是 right。

中国人在与人对话的时候，同意对方的话就说对，这个对不仅仅指命题内容对，而且指对方说的方式对。大家知道在回答否定式是非问的时候，英语和汉语的用词正好相反，英语用 no 汉语用对，英语用 yes 汉语用不对，如：

	英语	汉语
	Didn't John go there?	张三没有去那儿？
肯定回答	No, he didn't.	对，没有去。
否定回答	Yes, he did.	不对，去了。

中国人同英美人交谈的时候在这个上面常常搞错，引起误解，他们会追问你到底是 yes 还是 no，我们也会迷惑他到底是说对还是

不对。造成这一重大差异的深层原因是什么？回答是：英语语法以主谓结构为主干，应答语 yes 和 no 是针对句子所表达的命题内容表示肯定和否定，而汉语以互动性的对话和对言表达为本，应答语对和不对既是对命题对错的判断，又是对对方的言说行为（speech act）对不对的判断——你这个否定式的提问是对的还是不对的，而且主要是针对言说行为对不对的判断，在对言说行为对不对做出判断的同时，也就对所说的命题内容做出了判断。实际上对经常说成（你）说得对，不对经常说成（你）说得不对：

（你）说得对，老张没有去。

（你）说得不对，老张去了。

因此你说得对实际是"你的言说跟我想的和说的对得上"。（参看沈家煊 2016c）

顺便要指出，汉语的应答方式跟汉语的谓语是指称语（见上篇第二章）这一点有关联。拿上面那个例子来说，老张去了和老张没有去的谓语去了和没有去根本是指称语，指称的是一种事态。中国人判断真假，既对陈述的事（这件事情是真是假？）也对指称的物（这样东西是真是假？），归根结底是针对指称的物，因为事就是抽象的物，是"事物"。我们问"这样东西是真还是假"，但是一般不会问"这样东西是肯定还是否定"，肯定否定一般只对事不对物。西方的逻辑传统认为，只有命题可以谈论真假，然而胡塞尔反其道而行之，说不仅命题可以谈论真假，名称也可以谈论真假，而且名称的真假比命题的真假更为基本，这是胡塞尔与弗雷格对"真"的看法的分歧所在。（参看高松 2013）从这个角度看，英语和汉语在应答方式上的差别在于，英语判断真假的 yes 和 no 是针对主谓结构的陈述性谓语，汉语判断真假的对和不对是针对一个指称语、一个名称,看名与实是否对得上,不管它指称的是物还是事。名称的真假比命题的真假更为基本,这一点在"名词为本"的汉语得到印证。详见第十四章"从对言语法看主谓结构"一节。

言说的方式要对得上,这包括语气也要对,启功(1997)举过一个例子,两位老人见面说:

甲　你的喘好些了吗?　　　甲　你的喘好些了吗?
乙　我的喘还一样呢。　　　乙　没。

左边用整齐的对句回答很自然,如果像右边那样只回一个没字,启功说那准是喘得说不全一句话了,尽管这个应答完全符合事实,我们仍然可以说语气、态度不对,有"怼"的意味,因为"对"的概念包括人际关系的对待义。现在有个网络新词尬聊,很多尬聊就是双方语气对不上。原义为"怨恨"读第四声的怼字变读第三声成为网络流行词,表示"用语言恶待对方",并形成互怼、怼人、怼斥等新词。

再说对仗。对仗是严格的语言对应,《文心雕龙·丽辞》说,"造化赋形,支体必双,神理为用,事不孤立","夫心生文辞,运裁百虑,高下相须,自然成对",这是讲语词对偶跟客观事物成双成对的联系。汉语和汉字的特性造成对仗对偶,"对对子"不是简单的语言游戏,而是中国语境中一种精致的对话活动,具有互动交流、融通情绪、呼应共鸣、获取美感、比试才识等多种功能。即使是所谓的"无情对",如三星白兰地对五月黄梅天,文竹对武松,胡适之对孙行者,看似字字相对而意意相离,但妙趣横生,回味无穷,是互动和会心,是呼应和共享,无情对也是"有情对"。

总之,"对"的概念以对话义为基点(下图中黑点表示),由此扩展衍生,形成一个辐射型的纵横交错的语义网络:

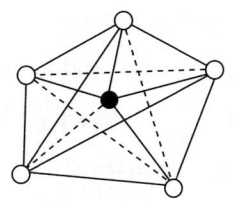

义项之间都有联结，联结有强有弱、有直接有间接（用实线虚线区分），但是无法互相割裂。印欧语里找不到一个跟对相对应的词，没有这个综合性的"对"概念，我们只能称之为对（duì），就像"阴阳"的概念只能称之为阴阳（yīnyáng）一样。"对"的概念把人、自然、社会、语言四个元素融为一体，构筑不同于西方语言的运作模式，实现对主谓结构的超越。

对话是根本

"对"的概念虽然是多项综合体，但是对话、对答一项是根本、是源头。按《说文解字》对字是"䧹无方也"，即应答、回应不拘方式，"听言则对，诵言如醉"（《诗经·大雅·桑柔》），这是对字的本义，其他都是从这个本义引申而来。汉语以对言为本，而对言以对话为本。

追根溯源，原始人劳动过程中形成的一反一复的动作节奏，是民歌的原始节奏，从《诗经·国风》中可以看出民歌的原始风格与劳动的关系十分密切。劳动号子的呼与应就是对话，嗨哟对嗨哟，形成情绪上的交流共鸣，有如"好鸟相鸣，嘤嘤成韵"（吴均《与宋元思书》）。急呼、急应产生强烈的感染力，在抒情性较强的慢号中，呼与应经常以问与答的形式出现。对歌合唱是原始民族必有的风格,直到今天彝族在婚丧嫁娶的集会场合,能即兴吟诵诗歌的人还要进行一问一答的博弈对唱(吉狄马加 2018),现在水上的疍民、山居的客家人也都盛行着这种风气。"对山歌因问作答,非复沓不可",造成许多章段重叠的歌谣,看《诗经·芣苢》的复沓:

采采芣苢,薄言采之。

采采芣苢,薄言有之。

采采芣苢,薄言掇之。

采采芣苢,薄言捋之。

对于歌谣来说,对称和重复是最基础的形式和布局原则(见苗晶 2002:69、171),以采茶调"对花"为例:

第一段	第二段
(女)丢下一粒籽	(男)丢下一粒籽
(男)发了一颗芽	(女)发了一颗芽
(女)么杆子么叶	(男)红杆子绿叶
(男)开的什么花	(女)开的是白花
(女)结的什么籽	(男)结的是黑籽
(男)磨的什么粉	(女)磨的是白粉
(女)做的什么粑	(男)做的是黑粑
此花叫作	此花叫作

(合)呀得呀得喂呀得儿喂呀得儿喂呀得儿喂呀得儿喂的喂尚喂

段内和段间都是男女反复对唱。下面是钟敬文(1925)收集的海丰中部多为妇女所唱的邪歌一首:

鸡仔出世咱咱呼,呼到大路是俺姑;

俺姑行路我都识,花花裙带结葫芦。

鸡仔出世咱咱啼,啼到大路是俺姨;

俺姨行路我都识，花花裙带结锁匙。

上篇已经说明：汉语主谓齐全的整句由一问一答组成，一问一答是最典型的对话形式，对话形式又多种多样，可以概括为引发-应答。对话通过自问自答变为独白，引发成为起说，应答成为续说。起说是说话的起点，接近于韩礼德所定义的主位。主位有很大一部分是人际性的（interpersonal），表达说话人的语气或态度。下面的例子（出自小说《繁花》）逗号前的部分都包含人际主位：

沪生原来呢，还算正派。｜让阿妹预先，也有个准备。｜这我到底，哪能办呢。｜夫妻大概，也真是天天吵。｜我恐怕，撑不牢了。｜就算我，老酒吃多了。｜但我总算呢，又要做娘了。｜我以为昨晚，陶陶会来。

逗号前后大致等长，前为起说，后为续说，构成起说-续说对，听上去有对称的韵律感，体现语气也要对得上这一对话特性。

对话包括人与人对话、人与自然对话。人与人对话不限于直接对话者之间，还有言者与旁观者之间的对话，处处是对话。中国戏曲的特点是既入戏又出戏，表现在语言上，就是叙述和对话融为一体。张伯江（2017）以京剧《四进士》中杨素贞和杨春的对话为例：

杨素贞：客官哪！我公爹在世之时，留下金镯一对，命我夫妻各戴一只，言道：夫死妻不嫁，妻死夫不娶。如今我那丈夫被田氏害死，望求客官将此镯收下，放我回去，好与我那屈死的丈夫报仇雪恨哪……

杨　春：唉！听她说得实在可怜，我放她回去，也就是了。待我对她说明。这一娘行，银子我也不要了，放你回去了。

杨春对杨素贞说的话中夹着独白叙述，行话叫"打背躬"，是角色在跟观众对话，演员在戏中又在戏外。剧中杨素贞和万氏的对话：

杨素贞：听妈妈之言，我这满腹含冤，就不能申诉了哇……
（杨素贞哭）
万　氏：别哭，别哭！哎哟！<u>她</u>这一哭呀，真怪可怜的。可惜我跟<u>她</u>不沾亲，我要跟<u>她</u>沾这么一点儿亲哪！这场官司我就替<u>她</u>打啦！
杨素贞：如此干娘请上，受干女儿一拜。（杨素贞跪拜）

万氏对杨素贞说的话中也夹着独白叙述，不仅是跟观众对话，从杨素贞的回应可看出，万氏同时也是在跟角色对话，<u>她</u>同时指她和你。中国戏曲就是通过多层套叠对话"把角色和观众沟通起来"。张文还指出，京剧这种既入戏又出戏的特征还内化在汉语极常用的同位短语里，例如：

<u>我宋士杰</u>打的也是抱不平。

<u>老汉宋士杰</u>，在前任道台衙门，当过一名刑房书吏。

<u>小人宋士杰</u>，在前任道台衙门当过一名刑房书吏。

<u>宋士杰</u>是角色自报姓名，<u>我</u>是相对你和他而言，<u>老汉</u>是观众和其他角色眼中的形象，<u>小人</u>是官员角色和观众眼中他的社会地位，一一与<u>宋士杰</u>构成一对同位语，突出了角色与观众、角色与角色之间的互动对话。西方戏剧的布莱希特体系，也主张演员要随时进入角色、随时跳出角色，面对观众，形成"双重形象"，不过这在西方是一种创新，而中国戏剧历来如此、普遍如此。还有说书，不管南方的弹词还是北方的评书，跟京剧的语言特色一样，说书人既在书中又在书外。

中国传统的话本样式，对话不用引号，就是因为叙述本身也是对话。话本样式按现在的学术名称叫"自由间接引语体"，举例说：

小吴就这么倔强而艰难地活着。不管什么时候看到她，都是一副雄赳赳勇往直前的样子。厂里旧人见了都说她开朗乐观,换别人早哭个十回八回了,她笑,有啥哭的,哭就好过了?再说,<u>我哭给谁看呢</u>?

是呀,<u>她哭给谁看呢</u>?她不是电视剧中的罗子君,没有有情有义、有钱有能力的闺蜜,没有随时救困急于危难的蓝颜知己……(杨莹《是呀,哭给谁看呢》)

<u>我哭给谁看呢</u>就是自由间接引语,不加引号。这种文学语言的好处是,克服叙述者单一视角的局限性,把不同角色的不同视角和主观印象同时表现出来。(Brinton 1995)汉语的话本样式至今不变,获茅盾文学奖的长篇小说《繁花》就通篇对话不用引号。

Lyons(1982)说,"英美的语言学……一直受制于唯理智论者的偏见,以为语言只是或基本上是表达命题思维的工具",但是调查发现,即使物理学家的学术讨论也超越命题思维,例如会说 I am in the domain state(我现在处在磁畴状态),主语 I 既指言者自己又指某个物理实体,这就加强了与讨论对方的对话和沟通。(Stein & Wright 1995:6)须知这样的说法在汉语里是常态,用不着去调查发现,如<u>我是两毛钱</u>、<u>他是个日本女人</u>。20世纪神经科学的重要发现是,人类的理性决策并不仅仅是逻辑思维的产物,它离不开对身体情绪状态的感受,这个发现颠覆了身心二元论的主流观点。(达马西奥 2007)

对话不仅是人与人对话,还是人与自然对话。中国传统的地理类书籍有一个特色和强项,不是客观记述地理风貌,而是著述者要与山水对话,不仅要让人周知天下地貌,还要凭借江山抒发观感、激励文采。据唐晓峰(2018)所述,南宋时期编写的《舆地纪胜》和《方舆胜览》中都设立了"题咏"和"四六(骈文)"这类项目,对各个地方的地理撮要描述,例如:

军饷转输舟运自此邦而出,

户租充羡仓储亦它郡所无。(《方舆胜览》卷二)

这是形容平江府(苏州)的经济地理特色,形容成都府的交通地理特色是:

扪参历井遂登蜀道之天,

就日望云不竟长安之远。(《方舆胜览》卷五十一)

北宋的《梦溪笔谈》谈到用绘画和骈文点评风景的记录,早期最著名的一组八景为:平沙雁落,远浦帆归,山市晴岚,江天暮雪,洞庭秋月,潇湘夜雨,烟寺晚钟,渔村落照。以后其他地方都跟着造出"八大名胜",仿佛成了每个地区特有的地理要素,记录在地方志里。北京"燕京八景"的名单是:

太液秋风　琼岛春阴　金台夕照　蓟门烟树

西山晴雪　玉泉趵突　卢沟晓月　居庸叠翠

为什么写物与咏物联系在一起?人的情感是心灵"应"外物"感"而产生的自然反应,也就是人与外物对话的自然结果。按王国维的境界论,写景是"无我之境,以物观物",而造景是"有我之境,以我观物",这二者并不矛盾,因为按照中国传统的天人合一观,人也是自然的一部分,"人与天不相胜"。(黄键 2018)西方天文学的模式是上帝的视角,站在宇宙的外面看,从日心体系到现在的宇宙大爆炸,都是站在天的外面看。中国的模式,人是站在天地之间,"仰观天文,俯察地理",我们传统天文学的理念,是要恢复大地的意义。(肖军 2018)20 世纪伟大的科学家海森堡对量子物理学深入思考后说,自然科学不单单是描述和解释自然,它也是自然和我们自身之间相互作用的一部分,它描述那个为我们探索问题使用的方法所揭示的自然,"因为测量仪器是由观测者创造出来的,而我们必须记得,我们所观察的不是自然的本身,而是由我们用来探索问题的方法所揭示的自然"(海森堡 1999:24、42)。物理学家行文有自己的风格,风格最独特的要数同样伟大的狄拉克,"非从自己的胸臆流出,不肯下笔"(杨振宁 1998)。

需要叩问:为什么咏物多用骈文对言,造景多造"八"景?回答是:一一成双,二二成四,四四成八,对言形式来自综合性概念"对",以对话为根本,对话有主体我的参与,对言形式不必有主谓结构,可以没有语法主语,但是总是有一个主体我存在。一句话,对言形式象征人与人、人与自然的对话,表达感应而生的情感。讲到情感,这就牵涉"什么是意义"的问题了。

什么是意义?

印欧语是主语加谓语表达一个完整的意义,汉语是互文对言表达一个完整的意义。这关涉"何为意义"的问题。

意图和对话

格莱斯(Grice 1975)的意义理论首先将意义(meaning)分为"自然意义"和"非自然意义",自然意义如乌云意味着有雨,非自然意义的定义则是:

言者 S 说出语句 U 而意谓 z,当且仅当:

(i)S 意图使 U 对听者 H 产生某种影响 z,

(ii)S 意图仅由 H 意识到意图(i)而实现(i)。

(转引自 Levinson 1983:16)

这个定义显然是基于言者与听者之间的对话,在格莱斯看来,人类语言表达的是非自然意义,是以对话为基础的。意义跟意图(intention)密切关联,表达意义就是把言者的意图传递给对方,理解意义就是理解对方言语的意图。格莱斯进一步提出,对话总是遵循"合作原则","言外之意"据此而产生,这已经成为语用学的常识。

意义存在于语言的实际运用之中,意义来自互动性的合作对话,这就突破了主谓结构表达一个完整意义的传统观念。这个意义理论对汉语特别适用,跟认知语言学一样,由格莱斯奠基的语用学理论也在中国语言学界找到空前多的知音。

传情达意一体

传递意图的一般手段是情感表达。我欲让你吃了这只苹果,一般是这样说:"这只苹果又红又大、可脆可甜了!"我的这种情感就是我劝你吃的理由。从语言起源的角度看,表情很可能比达意更为根本,Jespersen(1922:432-433)讲,思想不是原始语言"最渴望表达的","情感和本能才更为原始也更加强大"。

中国人习惯说语言"表情达意",这个四字语本身就是互文,表情和达意是你中有我、我中有你,分不开的。金岳霖《知识论》用"意义"和"意味"说明表情达意一体,字词既有意义又有意味,"情感上的寄托"就是字词的意味,中国人常讲"意味深长"。(转引自刘梁剑2018)王阳明说"天下无心外之物",《传习录》记载著名的"山中观花"事:

先生游南镇,一友指岩中花树问曰:"天下无心外之物,如此花树在深山中自开自落,于我心亦何相关?"先生曰:"你未看此花时,此花与汝心同归于寂。你来看此花时,则此花颜色一时明白起来。便知此花不在你心外。"

陈来(1991:58)对这段记载的解读是,阳明不是在说花自开自落的存在问题,"寂"对"感"而言,心未为花所感时未动此意,未进入知觉结构,在意象上处于"寂"的状态,但不等于花不存在,阳明要表达的因此是"应感而动者谓之意"。"意"包含意义和意味、意象、意图,就是传情达意一体。

人融入大自然,与山水草木对话,应感而动,产生意义和意味。国画大师傅抱石的儿子学的是西洋画,有一次当着父亲的面,按西方透视的那套方法,用双手取镜头。傅抱石见后很生气,说"什么叫取镜头,这么一取,不把整个世界都分割开了嘛。我们中国画,是要把所有的景都融进来呀"(傅益瑶 2018)。美学家宗白华(2005)引诗句<u>山月临窗近,天河入户低</u>(唐·沈佺期)说,中国人不是不懂得勾股法、透视法,而是认为这种方法无法达到"饮吸无穷时空于自我、网罗山川大地于门户"的境界。过去有人用"散点透视"来讲中国画不同于西洋画的特点,忽视了画家融入自然、跳进画内这一根本点。融入自然就是画家与山水对话,跳进画内就是画家与观众对话。画画是这样,说话也是这样。现场对话,把应感而动的情意在语言上反映出来,就是重言互文的对言形式。光说<u>青</u>、<u>花草</u>、<u>山水</u>只是达意,说<u>青青</u>、<u>花花草草</u>、<u>山山水水</u>才是表情达意。因此中国画不是仅仅在那儿画山水,是画山山水水、山山水水地画。对言<u>山山水水</u>这个重言形式很形象地表示"我在山水中,山水在我心中"。表情达意一体,这样来理解对言和意义,汉语没有西方语言的系词 BE,也没有语法主语 IT,但是离不开重言叠词和互文见义,这就很好解释了。

会话分析

既然意义来自对话,汉语对言表达以对话为本,那就有必要重视对话的分析研究。近年来会话分析，简称 CA（conversational analysis），已经发展成为语言学的一个分支"互动语言学"（Couper-Kuhlen & Selting 2018；方梅等 2018）。CA 不接受以往任何语法理论所假设的语法范畴，对会话的实际情形做实事求是的细致分析。吕叔湘（2002）说，汉语语法研究要大破特破，要把句子、主语、宾语、动词、形容词这些概念都暂且放弃，CA 的做法正可以借鉴。这里重点介绍 CA 的几个基本概念，跟论述的对言语法有直接的关系。

邻接对

分析语言的结构必须先确定大大小小的单位，如语素、词、短语、句子、段落等，从事 CA 的研究者将邻接对（adjacency pair）作为对话的一种基本单位。抛开对话的具体内容，从形式着眼，邻接对由甲的引发和乙的接续两个话轮（turn）紧邻组成。最典型的是一问一答，如问<u>几点了</u>? 答<u>五点</u>；问<u>钱呢</u>? 答<u>丢了</u>。常见的邻接对有：

提议—认可/拒绝	买一件吧！——好吧。／不买。
抱怨—道歉	踩我脚了。——对不起。
道歉—抚慰	对不起。——没关系。
问候—问候	同学们好。——老师好。
招呼—答应	小王！——欸。
告知—承认收妥	七点钟了。——知道了。

最常见、最简单的邻接对是互打招呼，如 Hi <u>嗨</u>——Hi <u>嗨</u>，Bye <u>拜</u>——Bye <u>拜</u>，单纯重复但是共鸣力度强；还有劳动号子，（起）<u>嗨哟</u>——（应）<u>嗨哟</u>。重言如关关（雎鸠）、<u>拜拜</u>、<u>哎嘿哎哟</u>植根于这种对话。

对话的一个显著特点是常用非言语的举动代替语言或伴随语言。比如，甲问乙几点了，乙伸出五个手指，其效果与回答<u>五点了</u>一样，在噪声干扰的环境里效果更佳。接受命令也往往无须用语言表达，遵命行事就是回答。身势、眼神甚至沉默都可以起到一个话轮的作用，因此有的研究者建议将话轮改称"举动"，用语言实施的举动是言语举动（speech act）。托马塞洛（2012）根据实证推论，人类今日的语言沟通始于手势沟通。

邻接对之间的语义联系只能概括为宽泛的"相关"。具体怎么相关，这要靠语境、对话双方共有的知识加上推理来定，而且不管一方对另一方的引发做出什么样的回应，双方总认为是相关的。例如甲说<u>屋里有点冷</u>，乙接说<u>窗关着呢</u>。决定独白句的起说和续说的语义联系也是靠这种性质的相关，例如<u>这场大火，幸亏消防队来得早</u>。

话　轮

邻接对由两个紧邻的话轮组成，话轮是最小的对话结构单位。话轮的构建方式多种多样，绝不限于主谓结构，大多是主谓不齐全的零句。除了手势眼神代替言语，还有以下几种情形值得注意。

一种是沉默。研究发现，对话中超过一定时长的不正常沉默，经常是一个传递意义的话轮。例如：

  A: Is there something bothering you or not?

→（1.0）

  A: Yes or no?

→（1.5）

  A: Eh?

  B: No.

（转引自 Levinson 1983：300）

A 问 B 是否遇到了麻烦，B 有两个沉默话轮（1.0 秒和 1.5 秒），显然是有难言之隐，在 A 一再追问下才回答不。

长篇小说《繁花》采用传统的话本样式，人物对话都不用引号，对话和叙述融为一体，例如第 16 章讲阿宝和李李一起责问汪小姐偷情怀孕的三人对话：

李李说，……具体真相是啥。<u>汪小姐不响</u>。阿宝说，吃了交杯酒，发了脾气，最后吃瘫了，挽进楼上的房间里。汪小姐说，就算我怀孕，有啥呢，我有老公，正常呀。<u>阿宝不响</u>。李李说，这天下午，大家集中到天井里听弹词，有两个人，一男一女，为啥不露面。汪小姐说，男女坐到楼上，关紧房门，一定就是做呀。<u>李李不响</u>。汪小姐一笑说，老实讲，这天我呢，最多让徐总抱了一抱，香了几记，这就怀孕了，笑话。<u>李李不响</u>。阿宝说，后来呢。汪小姐说，我现在我再一次声明，我怀孕，我私人事体，我本来就想生一个。<u>李李不响</u>。汪小姐说……

其中一连用了五个某某不响的叙述语，但都是对话的一部分，此处无声胜有声，不响（不吭声）都传递微妙的意义。

第二种值得注意的情形是重复。乙的话轮重复或部分重复甲的话轮，这种情形在汉语对话里特别常见，例如：

甲　回来了。　　　甲　再说吧。　　　甲　再等等。
乙　回来了。　　　乙　再说吧。　　　乙　再等等吧。

跟英语不同，汉语里针对是非问的回答一般是重复或部分重复问话：

甲　不带啥？　　　甲　她要走了吧？　　甲　两块电池吗？
乙　不带啥。　　　乙　她要走了吧。　　乙　两块。

独白中的重言式对言，如<u>不带啥不带啥也捆了个大行李</u>、<u>要走了要</u>

走了还是出了个大岔子、再等等再等等一个小时就过去了就是这么来的。

反问式重复造就汉语常见的一种独白句式，前后疑问词重复对举：

甲　谁请客？　　　　甲　你为什么讨厌她？

乙　谁有钱？　　　　乙　你为什么喜欢她？

→谁有钱谁请客。　　→你为什么喜欢她，我为什么讨厌她。

有一种部分重复叫"接话头"，也是汉语常见，很重要，例如：

甲　他是研究生呢。　　甲　老王他病了。

乙　研究生怎么啦？　　乙　病了也该请个假呀。

语篇中的"链式话题结构"（上篇第三章），如他是研究生，（研究生）也不怎么样，老王病了，（病了）也该请个假呀就是这么直接生成的。接话头其实是"引用"对方刚说的话，对话充满引语，甲的话一出口，就成为乙引用的话题，由此形成汉语常见的多种重复型话题句：

a. 抱怨也抱怨得对。｜坏也坏不到哪里去。

b. 演技演技不行，口碑口碑不行。

c. 躲什么躲！｜好什么好！

语言中表示负面评价，包括反问，有许多规约化的表达方式（方梅 2017；李宇凤 2010），也来自引用性的回应，例如高兴什么呀、还研究生呢、怎么不好啦等。方言中这种表达程式十分丰富，如湖南永州方言：

甲　你女崽(女儿)蛮听话。　　甲　我认得他。

乙　听话的话。　　　　　　　乙　你认得蛮多。

X 的话和 X 蛮多是否定格式，其中 X 是引语，都做否定性应答，听话的话是一点不听话的意思，你认得蛮多是你根本不认得的意思。为什么好容易=好不容易，好不热闹=好热闹？双音否定副词好不是如何形成的？这也跟引用重复有关，甲说"很不容易"，乙引用并反说"好不容易呀"。（沈家煊1999a：7.2节）近年频繁出现的"被自杀"之类的说法，就来自对话的引语，是对话的引用重复引起强烈情感共振的好例子：

　　警察　你父亲是自杀的。
　　某女　我父亲是被自杀。

还有一个实例（于晖提供），妻子见丈夫老在挥手驱赶什么，对他说："你是蚊子吧？"丈夫回答："我不是蚊子。"于是二人相视大笑。

第三种值得注意的情形是续补。乙的接续话轮是对甲话轮的简短补充，汉语比英语自由得多，例如：

　　甲　他简直没规矩。　　　　甲　累死了。
　　乙　越来越。　　　　　　　乙　我也是。
　　→他简直没规矩，越来越。　→累死了，我也是。

合成一个整句后，如果按西方语法的主谓结构来分析就成了"倒装句"，然而对话中的话轮大多是零句，汉语以零句为根本，谈不上什么倒装。陆镜光（2004）从对话的话轮交替着眼，将这类句子定性为"延伸句"，延伸句就是汉语的流水句（见上篇第三章）。

第四种值得注意的情形是共建。甲好像一句话没有说完，或者是一时想不起下面的言辞，或者是一口气接不上来，由乙帮着甲说完，Lerner（1991）称之为"行进中的句子"（sentence-in-progress），也有它的"句法"，例如：

　　甲　演三妹的那个演员叫，　甲　我当时实在是气得，
　　乙　叫练素梅。　　　　　　乙　你就动手打人了？

甲 对,演三妹的那个叫练素梅。 甲 对,我实在是气得就动手了。

甲可以在乙的接续语之后回应一个对,意思是"对接上了"。这种情形各种语言都有,英语的例子:

Marsha: hh It's just(0.8)这根本就

Madeline: no:t possible.=h.uh? 不可能吗?

（转引自 Couper-Kuhlen & Selting 2018:38,有简化）

有的 CA 研究者说,这是 Marsha 和 Madeline 二人共建一个话轮,这一说法是囿于英语的句子观念,认定 It's just not possible 才构成一个主谓齐全的句子。就汉语而言,零句是根本,所以不是二人合成一个话轮,是一人一个话轮,合成的独白句<u>这根本就,不可能吗</u>逗号在中间也就不足为怪。汉语话轮的构建不是以小句（clause）为基本单位,而是以零句为基本单位,参看完权（2018a）。然而"共建"这个概念确实十分重要,对话本来是一种合作活动,双方共建的不是话轮,也不是句子或小句,而是话轮的交替、对话的顺畅进行。Aure（1992）也发现在英语口语中划分句子很困难,因为实际口语是不断向右延伸的,可称之为"永不结束的句子"（nev-erending sentence）,因此提出从韵律角度,如语调组、呼吸群出发来界定句子更具可行性。"永不结束的句子"在汉语里就是流水句,重要的是,流水句不仅是汉语口语的型式,而且是汉语书面语的型式。流水句的断连性跟话轮的动态共建是一致的。

话轮形式的多样性超出想象,单个副词（如都）就可以构成一个话轮:

甲 你们去不去? 甲 到什么时候了,

乙 去。 乙 [都],

甲 都? 甲 [还]说这种话!（[]表示时间交叠）

可见汉语的断句方式,如他们每年都,选他当主席,或者选他当主席,他们每年都,并不特殊,是上面说的延伸句。应对话轮的多样性就是许慎说的"对,䉖无方也",应对的方式只能讲可能性不能讲必然性。

三联组

进一步观察有一个重要发现,实际对话经常出现由三个话轮合成的三联组,头和尾当中的那个话轮有应答和引发的双重作用。例如:

⎡ 甲₁ 老师:这个字(落)怎么念？　　⎡ 甲₁ 访客:有人在家吗?
⎨ 乙₁/₂ 学生:念là。　　　　　　　　⎨ 乙₁/₂ 主人:(开门)
⎣ 甲₂ 老师:回答得对。　　　　　　　⎣ 甲₂ 访客:哦,在家呢。

左边的对话,学生对提问的回答又引发老师对回答的反馈,这个反馈不可缺失,学生期待这个反馈。右边的对话,主人来开门,访客甲₂的话似乎多余,其实不然,呼唤理应说明呼唤的原因,答应呼唤的人期待这样的说明。有一种常见的三联组是反馈语重复开头的引发语,例如:

⎡ 甲₁ 小贩:七块钱一斤。　　⎡ 甲₁ 主:喝点儿。
⎨ 乙₁/₂ 顾客:多少钱一斤？　　⎨ 乙₁/₂ 客:啤酒吧?
⎣ 甲₂ 小贩:七块。　　　　　⎣ 甲₂ 主:喝点儿。(倒酒)

左边的对话,顾客也许没有听清,也许对报价有疑惑,乙的话既是对甲₁的接续反应,又是在要求对方重复报价,由此引发甲₂的反馈;如果不做这个反馈,买卖必定告吹。右边的对话,主对客的提问的反馈甲₂也是重复甲₁,也许是肯定答复,也许是不管啤酒白酒都喝点儿的意思。这种对话重复直接造成语篇中的首尾重复句:

喝点儿啤酒,喝点儿。

雾霾,不跑了,雾霾。

漂亮,你干的,真漂亮。

大量的实例表明,对话中应答人往往跟引发人一样期待对方对自己的应答做出反应,期待得到反馈信息。吕叔湘(1979:54)曾说:"在两个人或几个人对话的时候,除第一个说话的人的第一句话一定是始发句外,别人的话即使是第一句也不一定是始发句,也可能是接着别人的话说的。问话不一定是始发句,答话却一定是后续句。"总之应答一出现,引发就开始,应答语也是引发语。基于这个发现,从事 CA 的研究者转而认为,对话结构的常见单元不是上下两个话轮组成的邻接对,而是由三个话轮"引发—应答—反馈"构成的三联组,应答既是引发的结果,本身又引发下一个应答。(Goffman 1976;Coulthard 1977)

对话的这个结构特性对认识独白语篇的结构很重要。汉语流水句的链接性(上篇第三章)就是源自对话的三联组,例如剧本《龙须沟》中的一个三联组:

甲$_1$ 巡长:总得抓剂药吃!……

乙$_{1/2}$ 二春:不要紧,有我伺候他呢!

甲$_2$ 巡长:那也耽误做活呀!

注意中间二春话轮的句末助词呢,它有承上和启下双重作用,针对巡长甲$_1$ 的话指明事实"有我伺候他",同时发问"那还要看病抓药吗"。这个对话三联组变换成独白的流水句就是:

总得抓剂药吃,有我伺候他呢,那也耽误作活呀!

中间小句也有承上和启下的双重作用,三联组实为两个邻接对的叠连,下面第十二章"链接对"将进一步阐述。

套嵌对

还有一种套嵌对值得注意。例如:

```
┌ 甲₁  顾  客：醋多少钱一瓶？
│ ┌ 乙₂  售货员：你是零打还是换瓶？
│ └ 甲₂  顾  客：换瓶。
└ 乙₁  售货员：四毛三一瓶。

┌ 甲₁  女儿：我看会儿电视行吗？
│ ┌ 乙₂  爸爸：作业都做完了？
│ │ ┌ 甲₃  女儿：做完了能看吗？
│ │ └ 乙₃  爸爸：能看一会儿。
│ └ 甲₂  女儿：还有口算。
└ 乙₁  爸爸：练完口算再看。
```

层层内嵌，一个对套一个对，（甲₁（乙₂（甲₃……乙₃）甲₂）乙₁），可看作邻接对的对称放大。当然中间的邻接对以及每个话轮仍然起承上启下的链接作用。这也表明对话确实是双方意图的传递和理解，如果不从意图出发去分析，是看不出这个结构型式的。更重要的是，这种对话邻接对的套嵌也是一种结构的递归（recursion），但属于"非线性的结构递归"。（见第十四章）

对话句法

近年来"认知语言学"把研究的重点转向社会认知，与"互动语言学"交汇，共同关注在对话和互动的情景中如何协同行动和相互理解。认知语言学杂志 *Cognitive Linguistics* 2014 年刊发一个专号，主题是"对话共鸣：激活跨语句的相似性"，其中有主持者之一 Du Bois 的 Towards a dialogic syntax（走向对话句法）一文。文中提出的核心概念"平行结构"（parallelism）和"共鸣"（resonance），是指对话中乙方有选择地重复甲方刚说过的话，催化激活双方话语之间的亲和性（affinity），当甲方意识到双方话语的对应或平行后，就会推导其中的含义，不仅实现相互理解，还产生情绪上的和谐共振，"将心比心，心心相印"。对话的模仿重复也是儿童习得语言、成人学习外语时最基本最常见的方法，叫作"对话自展"（dialogic bootstrapping），即从日常对话中提炼重复样本，从而建立模型，帮助学习。

对话的重复和对应不仅是词汇的、句式的，还是韵律的、语调的，都起到增进互动、引发共鸣的作用。对话的"共鸣原则"与"合作原则""礼貌原则"一样都是普遍适用的语用原则。对话的选择性重复还是影响语言系统演变的一个关键驱动力（如上举双音副词好不的产生）。总之"对话句法"超越"线性句法"，试图揭示一种更高层次的对称耦合结构（structural coupling）。下面二例均转引自 Du Bois（2014）。

妻子 Joanne 在批评自己的母亲后转向自己的丈夫 Ken 说：

Joanne: It's a kind of like ^ you Ken.（0.8）有点儿像ˈ你呢，凯恩。

Ken: That's not ^ all like me Joanne. 不ˈ完全像我，裘娜。

双方说的话有一种"镜式结构映射"，代词主语对代词主语，系词谓语对系词谓语，副词性成分对副词性成分，代词宾语对代词宾语，称呼对称呼，甚至连句末的语调也对应，这种形式对应象征意义对应，从而产生夫妻之间的情感共鸣。

J 和 L 谈起某人的健康状况（[ ] 表示时间上交叠）：

J: yet he's still ^healthy.

　　He reminds me [of my ^ brother].

→ L:　　　　　　[He's still walking] ^ around.

　　I don't know how ^healthy he is.

L 说的 he's still walking around（他还能走动）跟 J 说的 he's

still healthy(他还挺硬朗)虽然用词有别,但保持结构对应,意义不相悖。Du Bois(2014)根据这类实例说"形式上的平行很可能意义上也平行"。

这个研究方向突破西方传统的句法研究,意义重大,但是"对话句法"的构建还处于起步阶段(刘兴兵 2015)。从上面所举的例子可以看出,这种"对话句法"对平行结构的分析主要依靠英语语料,还没有完全超越主谓结构,也没有深入考察对话的平行结构跟独白语篇之间的内在联系,因此有它的局限性。从汉语来看,"对"这个概念既指对话又指对偶,对话的平行对称直接反映在语篇的平行对称上,而且大大超出主谓结构的范围,因此研究汉语的"对言语法"和"对言格式"有广阔的前景和更加重要的意义。就拿汉语语篇的流水句来说,其"可断可连"的特性(第三章)也必须从对话中话轮的共建和接续来考察。例如:甲问"怎么了?"乙答"丽丽买了一对玉镯。"这个中间没有停顿的回答,如布龙菲尔德所言,相当于一个独词句,在有的语言里它由一个词根加若干词缀组成。还有下面多种可能的问答方式,形成流水句多种可能的断连方式,断为两段的情形有三种:

甲　丽丽呢?　　　　　　　甲　丽丽买了?
乙　买了一对玉镯。　　　　乙　一对玉镯。
→丽丽,买了一对玉镯。　　→丽丽买了,一对玉镯。
甲　丽丽买了一对?
乙　玉镯。
→丽丽买了一对,玉镯。

其中两种是字数不等的"偏对",一种是字数相等的"正对"。断为三段的情形也有三种:

甲₁ 丽丽买了？　　　　　　甲₁ 丽丽呢？
乙₁ 一对。　　　　　　　　乙₁ 买了一对。
甲₂ 一对？　　　　　　　　甲₂ 买了一对？
乙₂ 玉镯。　　　　　　　　乙₂ 玉镯。
→丽丽买了，一对，玉镯。　→丽丽，买了一对，玉镯。

甲₁ 丽丽呢？
乙₁ 买了。
甲₂ 买了？
乙₂ 一对玉镯。
→丽丽，买了，一对玉镯。

还有一种是断为四段（正对）：

甲₁ 丽丽呢？
乙₁ 买了。
甲₂ 买了？
乙₂ 一对。
甲₃ 一对？
乙₃ 玉镯。

→丽丽，买了，一对，玉镯。

如果再考虑半断（逗号）和全断（句号）的区别，可能性就更多了。可见按印欧语语法确立的主谓句"丽丽，买了一对玉镯"只是多种可能性中的一种而已。不同的断连方式形成不同的"意义画面"（picture of meaning）。流水句的每一个片段对应于对话流中的一个话轮，它是一个"信息-韵律单元"，对话流的构建和流水句的构建都遵循"一次一个信息-韵律单元"的规律。第十二章"链接对"还将继续阐述。

这一章论述的要点是:"对"在汉语里是一个综合性概念,既指对话也指对应对称的表达以及其他,但以对话义为根本。对话包括人与人对话、人与自然对话。意义产生于对话,是意图和意味的传递,传情和达意一体。会话的结构分析有助于认识语篇的组织特性。在汉语里,正如整句是由一问一答直接构成,语篇的组织特性是对话的结构特性的直接反映,语篇中的对言表达象征对话的合作互动和情感共鸣。单言站不住的,通过对答、对言表达或加语气词都能达到"完形"站住的效果(上一章),就在于语言以互动性的对话为本。

下面将逐章展开对汉语"对言语法"和"对言格式"的具体论述。

九　指语对

　　中国自身的传统对语言的论述没有提出主谓结构、定中结构、动宾结构这样的名目和概念。如果说汉语有这些结构，这只能是一种比附印欧语的说法，是指有类似这些结构表达的语义关系，而这些语义关系没有在形式上固定下来，要依靠上下文来表达和理解，而且不那么确定。上篇举过狗叫和叫狗的例子，再比如，<u>商铺出租</u>有主谓、定中、状中（以商铺出租）三种关系，<u>出租商铺</u>有动宾、定中、主谓三种关系。特定的结构要有特定的形式，汉语没有确定这些结构的形式，所以讲汉语语法应该避免"结构"一词的泛化，使用主谓短语、定中短语、动宾短语的名称为好。

　　超越主谓结构的第一步，是论证汉语里所谓的主语和谓语，用布龙菲尔德的名称，是两个"对等项"（上篇小结），用本书的名称，是"一对指称语"。不仅如此，定语和中心语、动词和宾语（补语）从根本上讲也是一对指称语，统称"指语对"，两个指称语并置成对，在前的叫起指语，在后的叫续指语，指语对是"起指–续指对"。

主谓短语是指语对

　　上篇讲流水句的时候已经指出，虽然主谓结构套不住流水句，但是流水句可以接纳主谓句或主谓短语。流水句的指称性和并置性决定了主语和谓语可以化约为一，二者都是指称语，是一对指称语的并置。

"柴爿－番饼"对

语言以指称语为本，这符合语言起源于"指"（pointing）这一理论假说。晚清时来到中国的西方传教士中，有一位来自美国海外传教团的叫丁韪良（1827—1916），在中国生活60多年，他在《花甲记忆》中回忆他学习汉语的经历。初到宁波，厨子拿来一根柴火棍，指着说 zaban "柴爿"，又用手指形成一个圈比作铜钿，嘴说 fanbing "番饼"，这就是他最初学到的两句宁波话。将柴爿和铜钿展示在对方的直接视线上，是"指物"的一种方式。这两个指称语前后相连，教士马上明白是厨子跟他要钱买柴火：

柴爿者，番饼也。

这不是逻辑上的判断，而是<u>柴爿</u>和<u>番饼</u>一对指称语并置，靠语境、常识或经验推导二者之间的意义联系（买柴爿要铜钿）。如果先指铜钿，后指柴爿，<u>番饼者，柴爿也</u>（要铜钿买柴爿），那只是表意的侧重点不同。重要的是，只有当教士摸出铜钿给厨子，才算双方成功传递和理解了"指"的意图，完成一次交流，使这次交流有了意义。此后的交流，厨子只需展示柴爿或口说<u>柴爿</u>一词，教士就会给出铜钿或口说<u>番饼</u>（在这里），这种情况下厨子指说的<u>柴爿</u>转指"买柴爿"或"买柴爿的番饼"，这种概念转指是名词可以活用做动词的认知基础，也是二词并置<u>柴爿番饼</u>可以推衍定中关系（用于买柴爿的番饼）的认知基础。

当然也不妨说<u>柴爿者，番饼也</u>或者<u>番饼者，柴爿也</u>是主谓句（名词做谓语），重要的是主语和谓语根本是起指－续指对。正因为汉语的谓语也是指称语，所以谓语不排除由一般的名词充当。就下面三例（出自小说《繁花》）而言：

上门维修的青年，留短头发，梳飞机头，小裤脚管。

梅瑞情绪不高，一身名牌，眼圈发暗。

我娘有气无力，闷声不响，拿起衣裳，看我穿，一把眼泪，一把鼻涕……

谓语都是名词短语和动词短语混排，但都是续指，名词短语<u>小裤脚管</u>、<u>一身名牌</u>、<u>一把眼泪</u>等固然是指称语，动词短语<u>留短头发</u>、<u>眼圈发暗</u>、<u>有气无力</u>等也是指称语，是指称事态的指称语。

作家陈村的《日出·印象》中一则故事，<u>女人的脸</u>是起指，后面的续指是一连串的并列名词：

女人的脸。

番茄皮，黄瓜头，牛奶，面膜，眼影粉，假睫毛，口红，粉底霜，胭脂，洗面膏，粉饼，眼线笔，眉笔，睫毛钳，穿耳器，香水，脱毛剂。暗疮蜜，增白剂，防晒霜，土豆片，蛋清，羊肝泥，鱼血，按摩器，整容手术。镜子。

谓语为名词的句子口语色彩浓，在熟语中普遍存在，熟语是老百姓生产劳动和日常生活积累起来的固定表达形式。陈满华（2007）列举的大量实例中，除了<u>一箭双雕</u>、<u>一日三秋</u>、<u>三个女人一台戏</u>、<u>一个篱笆三个桩</u>、<u>一个好汉三个帮</u>等等，还有许多主语为动词、谓语为名词的：

乘船走马三分险。｜出门千条路。｜伤筋动骨一百天。｜无风三尺浪。｜是药三分毒。｜吃饭千口，主事一人。｜迎梅一寸，送梅一尺。｜船载千斤，掌舵一人。｜砌屋三石米，拆屋一顿饭。｜大吵三六九，小吵天天有。

最后一例天天有（动）和三六九（名）对举，还有冬雪丰年，春雪讨嫌，讨嫌（动）和丰年（名）对举，更说明问题。因此概括起来讲，下面四个主谓句：

他，骗子。

他，骗人。

逃，傻头。

逃，可耻。

不管主语是他还是逃，谓语是骗子、傻头还是骗人、可耻，都是起指-续指对，根据信息排序的原理（旧信息在前，新信息在后）自然推导话题-评说关系，评说作为新信息是对话题的补充说明。

要知道谓语是指称语的语言不止汉语，这样的语言叫"名词为本"的语言。Broschart（1997）论证了汤加语以名词为本，简单说，汤加语有跟汉语类似的名词谓语句，如这只鹦鹉又圆又大的蓝脑袋（类似汉语小王黄头发），那天肖纳的麦克白斯（类似汉语昨晚马连良的诸葛亮），而且有形态表明，通常用指称性的名词短语来陈述事件和状态，例如：

现有肖纳的去城里。（表达"肖纳正在往城里去"的意思）

曾有教堂的那些教师。（表达"教堂曾经有那些教师"的意思）

据 Kaufman（2009），他加禄语也属于名词为本的语言。受印欧语"动词中心论"的影响，学界过去以为这种语言也以动词为中心，动词带四种语态词缀，然而从历史语言学、语言类型学、生成语言学三个方面综合考察，这些所谓的语态词缀其实应该分析为名词的词缀，这样才能对共时和历时的语言事实做出简单合理的说明。也是长话短说，这种语言是用两个名词短语并置的判断句来陈述一个事件，相当于古汉语的如下表达方式（判断句）：

始食鼠者，猫也。（表达"猫开始吃耗子"的意思）

猫所始食者，鼠也。（表达"耗子开始被猫吃"的意思）

猫所在始食鼠者，盘也。（表达"猫开始在盘子上吃耗子"的意思）

猫为之始食鼠者，犬也。（表达"猫开始替狗吃耗子"的意思）

详细请参看沈家煊（2016a：116-120）。这样看来，汉语以名词为本在语言世界里并不是孤立现象。语言类型学的考察发现，许多语言，特别是语序为动词-主语-宾语的 VSO 型语言，不存在充当谓语的动词短语（动宾组合）。① 既然动词短语都不存在，那就没有核心动词，谈不上以动词为中心。

都是判断句

汉语的主谓句其实都是如下的判断句，X 和 Y 是"对等项"（均为指称语）：

X，Y 也。（古代汉语）

彼，骗子也。｜彼，骗人也。｜逃，儒头也。｜逃，可耻也。

X 是 Y。（现代汉语）

他是骗子。｜他是骗人。｜逃是儒头。｜逃是可耻的。

<u>是</u>字在古代汉语是指示词，在现代汉语仍然带有指示的功用，不同于英语的系词 be，不限于表示等同或类属关系，是一个意义宽泛的判断词，起加强判断的作用。重要的是，陈述句在汉语里也是隐蔽的判断句。上篇第二章说明，陈述性谓语前都隐含一个<u>是</u>字，汉语是用判断的方式来陈述。在做出判断他是骗<u>了</u>你的时候，<u>他骗了你</u>这个陈述也就在其中了。除了谓语前那个隐而不显而又无处不在的<u>是</u>字，还有一个证据是，带<u>了</u>的陈述句都可以在句末加个<u>的</u>字

---

① 这是陆丙甫提供的信息。

成为明显的判断句:

信他写了。　　上个星期他来了。　　瓦特发明了蒸汽机。

信他写了的。　　上个星期他来了的。　　瓦特发明了蒸汽机的。

<u>的</u>跟<u>是</u>一样起加强判断的作用,不加的时候句子仍然是判断,只是没有强调而已。按照Sweetser(1990)对"行域"和"知域"的区分,陈述句在行域,判断句在知域,汉语的知域和行域是包含关系,句子都在知域,都是判断句,行域是知域的一个子域。句子都在知域,这也是汉语可以没有语法主语但是有一个断言主体(speaking subject)"我"无处不在的原因。

没有倒装

汉语的主谓句是起指-续指对,起指和续指交换位置,当然引起信息侧重点变化,甚至意义重组,但是交换不受形式的限制,例如:

中国梦,富强梦。　　富强梦,中国梦。

偻头,逃。　　逃,偻头。

我的国,厉害了。　　厉害了,我的国。

雾霾,不跑了。　　不跑了,雾霾。

说右列的句子是倒装句,那是印欧语的眼光。英语主谓关系锁定,确有主谓倒装,要受许多形式上的限制(Swan 1980):

1)限于旧式文学体裁中以how和what起头的感叹句,而且顺装有形式限制(不能加be):

How beautiful are flowers!　　Flowers, (*are) how beautiful!

What a peaceful place is 　　Skegness, (*is) what a peaceful
　Skegness!　　　　　　　　　　　place!

2)限于文学和描写性文体中地点状语之后,动词只限come、lie、stand等少数几个不及物动词。如果是口头语,状语只限here

和 there，而且限于简单现在时和过去时，主语不能是代词：

On the bed lay a beautiful young girl.

Round the corner came a milk-van.

There stands our friend. *There is standing our friend. *There stands he.

3）限于书面体直接引语之后 said John、answered Henry 等，代词主语不行：

'What do you mean?' asked Henry.

'What do you mean?' he asked（*asked he）.

4）限于 neither、nor 和 so 之后表示跟刚才提到的相同，没有顺装式：

'My mother's ill this week.' 'So's my sister.' '*My sister's so.'

吕叔湘（1979：68）反对汉语有倒装一说：" '顺装'和'倒装'，把句子成分的位置绝对化了，而一种句子成分如果有不同的几个位置，大概都有一定的条件，合于哪个条件就出现在哪个位置上，这就无所谓'顺'和'倒'了。"启功（1997：10）也说，汉语少有真正的倒装句，语序颠倒只是侧重点不同而已，放在头里的是要说的突出点。

汉语按信息结构"起说－续说"断句排序的情形还有：

我们都，累死了。　　累死了，我们都。

啤酒吧，喝点儿。　　喝点儿，啤酒吧。

我猜想啊，两人离了。　　两人离了，我猜想啊。

这种情形也只能称为易位句（陆俭明 1980），不能叫倒装句。有人说倒装部分在形式上不重读，意义上表示追补，因此倒装顺装还是可以区别开来。然而追补也是一种续补，二者的界限并不清晰，一般的续补句在一定条件下也可以不重读，追补句在一定条件下也可以重读，张籍的诗句<u>恨不相识未嫁时</u>，未嫁时是追补而重读。杜甫诗一联<u>香稻啄余鹦鹉粒，碧梧栖老凤凰枝</u>（《秋兴》八首）因为明显违背"主－动－宾"结构所以讨论最多，有人说<u>香稻</u>、<u>碧梧</u>是从宾语香稻粒和碧梧枝里脱离出来移到了主语位置，但是生成语法的移位条件（孤岛限制）却明确禁止这种移位，主语<u>鹦鹉</u>、<u>凤凰</u>怎么又后移成为<u>粒</u>、<u>枝</u>的定语，更是说不清。然而从起说－续说或话题－评说着眼就很好理解（曹逢甫 2004）：

> 香稻啄余者，鹦鹉之粒也；碧梧栖老者，凤凰之枝也。

夏晓虹（1987）将这种语序看作一种主观感知过程的表现，诗人"按照人们接触事物的反应顺序安排语序"，叶嘉莹（1997：41）也说"其安排、组织全以感受之重点为主，而并不以文法通顺为主"。口头常说的<u>热热的沏了一壶茶</u>之类的话也是证明。

> 莲动下渔舟，竹喧归浣女。（王维《山居秋暝》）

自然的语序似为"渔舟下而莲动，浣女归而竹喧"，但曹逢甫指出，莲和竹是诗人在这首诗里最关心的主题，山上有竹，秋天有莲。早在先秦时期，国人已经认识到，汉语的语序是感触的先后顺序：

> 春，王正月戊申朔，陨石于宋五。是月，六鹢退飞，过宋都。（《春秋·僖公十六年》）

《公羊传》解释说："曷为先言陨而后言石？陨石记闻，闻其磌然，视之则石，察之则五。……曷为先言六而后言鹢？六鹢退飞，记见也，视之则六，察之则鹢，徐而察之则退飞。"金兆梓（1955：19）和龚千炎（1997：5）都说这是古人朦胧的语法意识，不是我们现在有的句法观念。汉语的语序就是感触的顺序，古人的这个语法意识是切合汉语实际的清醒认识，倒是现代的欧化语法把本来简单的事情讲复杂了。（见下一章"有序对"）

总之，主谓短语在汉语里是起指-续指对，按感触顺序排列。在对言语法里，主谓短语叫主谓对。

定中短语是指语对

柴火-番饼这个指语对，自然得出解读"柴火者，番饼也"，从这个主谓关系的解读又可推衍"用于买柴火的番饼"的解读，形成定中关系的柴火番饼（柴火钱），因此定中短语的定语和中心语根本也是起指-续指对。在对言语法里，定中短语叫定中对。

朱德熙（1956）发现，汉语里名词做定语比形容词做定语更加自由。单音性质形容词做定语经常受限制，例如不大说白手而说雪白的手，不大说重箱子而说很重的箱子；但名词做定语，如肉手、纸箱子相对自由。名词做定语的时候，当然是两个指称语并置，形容词做定语和动词做定语（如躺椅、出租汽车）其实也是，按照"名动包含说"形容词是属性名词，动词是动态名词。在律诗中形容词、动词和名词对仗做定语的情形比比皆是：

青枫江上秋帆远，白帝城边古木疏。（高适《送李少府贬峡中王少府贬长沙》）

千寻铁锁沉江底，一片降幡出石头。（刘禹锡《西塞山怀古》）

衡岳啼猿里，巴州鸟道边。（杜甫《寄岳州贾司马六丈、巴州严八使君两阁老五十韵》）

江流天地外，山色有无中。（王维《汉江临眺》）

去矣英雄事，荒哉割据心。（杜甫《峡口二首》）

Larson（2009）论证汉语里做定语的形容词和动词都属于名词，简要说就是：

木马　木的马
老马　老的马
死马　死的马

对以上平行现象最简单概括的说明是，木、老、死三者都属于大名词（super-noun category），的字的功能统一，起两个名词之间"格协调"的作用。这是继朱德熙之后理论上跨出的重要一步。朱德熙（1961）论证，木的、老的、死的三者都是名词性成分，但是还没有承认木、老、死三者本身都是名词，究其原因还是没有摆脱印欧语"名动分立"观念的束缚。既然尊老爱幼、救死扶伤的说法表明老、死可以指称老者、死者，就完全可以摆脱那个束缚。未能摆脱束缚的后果是一个的字要分为两个，老的、死的里的的是名词性成分的标记，而木的里的的是定语的标记，这就不如 Larson 将的功能统一具有概括性。Larson 的"大名词"观念跟笔者的"名动包含说"一致。

并置实现理解

有一种误解，以为只有确认老骥为定中偏正结构才能理解它的意思和所指。其实老骥的理解有两条路子并行不悖，一条路子是以骥为结构中心，老修饰或限定骥，老骥为定中偏正结构，老骥理解为"骥"的一个次集。还有一条路子是不设中心，老和骥并置，老骥是"老"和"骥"的交集，同样实现语义理解。我们既不能用后一条路子否定前一条，也不能用前一条路子否定后一条，两条道路都通罗马。

两条路子不仅并行不悖，且进一步说，按并置理解的路子是"源"，按偏正理解的路子是"流"，前者可以容纳和推导后者，图示如下：

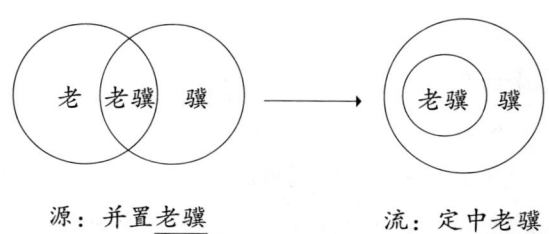

源：并置老骥　　　　　流：定中老骥

老骥原本是老和骥并置，骥是对老的续补说明：老者，骥也。然后才推衍定中关系的老骥，骥的中心词地位是后来形成的，不是先在的。定中老骥是流，并置老骥才是源。以上是二项式，扩展到多项式的理解也一样，比如四项式大型白色自动洗衣机：

A.［大型［白色［自动［洗衣机］］］］

B. 大型-白色-自动-洗衣机

A 是以洗衣机为中心，定语层层套叠，B 不设中心，四个词平铺接续，洗衣机不是中心而是终点。B 的理解过程是：大型和白色先形成一个交集，这个交集再与自动形成一个交集，这个交集再与洗衣机形成一个交集。B 和 A 一样实现对这个复杂名词短语的理解，而且 B 的理解顺序更符合实时的心理处理过程。猜谜就是这样，比如我说一样东西，你猜猜是什么：挺大的，立体的，电动的，能清洁衣服的。听到这里猜的人会脱口而出，是洗衣机。平时说话也一样，一般不是想好一句话、一段话再说，而是先想到什么先说什么，一边说一边想接下去怎么说。汉语由于没有形态的束缚，容易顺应这个自然的心理处理过程。按照陆丙甫（2005）的研究，先想到先说的是"指别度"较高的成分（见下一章），而指别度这个概念的成立，前提是承认这些串连的成分都是指称语。

A 代表层次分析法，B 代表并置分析法，两种分析法是相容的，这一点很重要。赵元任讲汉语逻辑的两篇文章（赵元任 1955；Chao 1959）举下面的例子：

剑桥（a）八月二十三日（b）国际东方学者会议（c）宣读论文（d）。
他说逻辑上有两种相容的分析法，一种是 A，一种是 B：

A. [a–P [b–P' [c–P"]]]
B. R（a，b，c，d）

A 法是按亚里士多德命题逻辑来分析，但承认汉语里主谓结构可以充当谓语，先是剑桥为主语 a，其余为谓语 P，这个 P 又包含一个主语 b 八月二十三日，其余为谓语 P'，这个 P' 又包含一个主语 c 国际东方学者会议，其余是谓语 P"（由动词加宾语组成）。这是基于主谓结构的层次分析法。B 法是现代谓词逻辑的分析法，这种分析法从亚氏的命题逻辑中解放出来，把动词宣读视为一个 R 函式，a、b、c、d 是这个函式的四个匀称的（symmetric）自变项，主谓关系只是这种函式关系的一个特例。当然 d 项的地位跟 a、b、c 不那么对等，这是因为汉语的语序要求宾语必须置于动词之后，但至少就 a、b、c 三项而言，其地位是完全对等的，三项是并置关系。赵先生强调说，由于汉语的主语-谓语其实是话题-评说，所以不仅 B 法与 A 法不冲突，而且 B 法更加适合汉语。

因此要说"语言共性"的话，不是层次结构是语言共性，上面那个源流关系，并置为源偏正为流，才是可能的语言共性。语言之间的类型差别可以这样来说明：一种语言如果像英语那样，首先名词动词二分对立，确立主谓结构的主干地位，然后在下一个层次名词做动词的宾语，再下一个层次形容词修饰名词，副词修饰动词，这样主谓关系、动宾关系、定中关系、状中关系就都在形态上锁定了。例如 old 是形容词只能修饰名词，那么 old horse 的定中关系就锁定了，如果要反过来表示"马的老"这一概念，old 就要名词化，变成 oldness。这种类型的语言就倾向于依循 A 路子实现理解。一种语言如果像汉语那样，动词和形容词都属于名词，老是 oldness 或 the old one，尊老跟尊师是平行的，老骥只是老和骥两个指称语并置，虽然也能推衍定中关系，但是定中关系并未锁定，那么这种类型的语言就倾向于依循 B 路子实现理解。赵元任举例啼莺舞燕，小桥流水飞红可以倒过来说成燕舞莺啼，红飞水流桥小（赵元任1968a：丁译本 64 页）也是想说明定中关系并未锁定。

　　状语加中心语的状中偏正结构，来源也是一对指称语并置，因为中心动词也属于名词，形容词既做定语又做状语。张汝舟（1952）举例，吾甚衰、吾衰甚、甚矣吾衰也三种说法，区别只在着重点，吾甚衰重在衰，吾衰甚重在甚，甚矣吾衰也更为着重甚。北方话说你先去，粤语说你去先，有人就说粤语是状语倒置的特殊语序，但是赵元任（1970a）不这么认为，而是将去先分析为二字并置，按话题-评说理解，去是话题，先是续补说明，粤语和北方话的差别只是哪个先说和侧重哪个的差别。乘公交车说先下后上，不讲平仄也可以说下先上后。这种情形在粤语里不少见，邓思颖（2018）认为都应这样分析，而且许多句末语气助词就是从后续语压缩而成的，如落雨定啦（必定要下雨了），佢话嚟噃，都！（你也说来的）里的定啦和都。过去把甚、先、都等分析为紧贴于动词前的副词，那是受制于主谓结构以动词为中心的传统观念。不用中心语和状中结构的概念，我们照样能把甚衰和衰甚、先去和去先两种说法表达的意思及其差别讲清楚，谈不上什么状语的顺装倒装。看鲁迅《伤逝》中的二例：

　　我还期待着新的东西的到来，无名的，意外的。
　　如果我能够，我将写下我的悔恨和悲哀，为子君，为自己。

汉语只是不习惯用长的修饰语,所谓倒装的定语或状语是续补的流水小句。

连名式

学界注意到汉语有别于英语的一个现象,名词有多项定语的时候,指示词那(个)的位置很灵活,例如:

那只重的箱子　　　that heavy suitcase

重的那只箱子　　　*heavy that suitcase

这是英汉两种语言名词短语构造上的重要差异,应该引起足够的重视。究其原因,汉语重的和那只就是两个指称语并置,交换位置只是信息的侧重点不同,侧重哪一个哪一个在前,形式上不受限制。朱德熙(1961)的洞见是,重的是一个名词性成分,它不是相当于英语的形容词 heavy,而是相当于 the heavy one。同样富的爸爸,富的不是 rich,而是 the rich。但要注意的不是名词化标记,因为重和富本来是名词,可以指重的东西和富的人,如避重就轻、杀富济贫,的字的作用是强调指称对象,不强调的时候不出现,所以说重箱子、富爸爸的重、富也是指称语。现代英语一般不说 *this my son,要说 this son of mine,汉语说这个我的儿子和我的这个儿子都不成问题,也是因为我的是一个名词性成分,相当于英语 mine 而不是 my。

汉语名词短语的构造特点,除了那(个)位置游移,还表现在多项同位指称语并置,刘探宙(2016:273)发现,并置项有时多达五个六个,甚至七八个,例如:

我老师王林他老人家(五项)

局长老人家他自己一个人(六项)

父母家长他们这种监护人自己本身(七项)

人家 他们 李华 王明 夫妇 这两人 彼此 双方（八项）

可见汉语不仅有连动式，还有连名式。连动式是多个动词的并置和接续，如<u>花钱买来搁着不用当摆设</u>，已经得到重视，连名式是多个名词的并置和接续，除了上面那种同位并置，还有<u>小桥流水人家</u>、<u>古树老藤昏鸦</u>的类型，<u>我们老家村里宅基地那五间祖传瓦房</u>的类型，都还没有得到应有的重视。生成语法处理连动式，总要设法将其分析为主从式，连名式也是难以处理，因为是并置的扁平结构，不是分主从的层次结构。按照"名动包含说"，连动式和连名式都是指称语的并连式。

动补短语是指语对

宾语也是补语

先要从宾语和补语的分合说起。现行的汉语语法将动词后的成分分为宾语和补语两类，但是从形式上看这两类并没有非此即彼的区别。例如：

图个快　吃个新鲜　比个高低　得个名扬天下　跑了个一身汗

跑个快　吃个痛快　比个不停　打个名扬天下　跑了个大汗淋漓

过去说上一行动词后是宾语，下一行动词后是补语，然而朱德熙（1985：51-53）指出，这两类短语在结构上是完全平行的，形式上并没有真正的区别，把宾语补语分开的唯一理由，是说补语在意义上是补充前边动词的，但是这个理由站不住，因为宾语也是在意义上补充前边动词的。同样，把<u>买一本</u>、<u>吃一块</u>叫动宾短语，把<u>洗一次</u>、<u>念一遍</u>叫动补短语，也缺乏形式依据。把动作的对象叫宾语，把动作的结果叫补语，这也不合理，<u>撕了一块布</u>、<u>换了印度装</u>、<u>推出一张白板等都是对象和结果两解的，汉语不重视对象和结果的区分。说宾语是名词性的，补语是动词性的，这更说不通，汉语的宾语也可以是动词性的，这早已是不争的事实。因此吕叔湘（1979）主张取消宾语的名称，统称补语，沈家煊（2016a：262）基于"名动包含说"也把宾语看作"大补语"的一种。

英语语法早已放弃 verb-object（动-宾）的名称，改叫 verb-complement（动-补），因为动词后的词语不限于动作的对象（object）。这种情形在汉语里更加突出，如动词吃的宾语有吃食堂、吃大碗、吃小灶、吃父母、吃老本、吃贫困、吃大牌等，动词和宾语的语义关系多得说不完、说不清，它们在形式上跟吃痛快、吃不停并没有区别，因此汉语更应该把动词后的词语统称补语，即对动词的续补说明语。补语在形式上不分动作的对象和结果，也不分事物和状态，动词-补语就是"A 者 B 也"这样的起指-续指对。在对言语法里，动补短语叫动补对。例如：

	动作对象	动作结果
指事物	拆房子	盖房子
	拆者，房子也。	盖者，房子也。
指状态	保持干净	打扫干净
	保持者，干净也。	打扫者，干净也。

起指-续指是并置关系而不是主从关系，《牛津简明英语词典》parataxis（并置）条下举的例子 Tell me, how are you? 就是 tell me 和 how are you 两个成分并置。如果不是并置而是主从关系，必定是 Tell me how you are，补语从句的形式不是 how are you。汉语没有这样的形式区别，告诉我，你好吗一句当然就是并置。拿老骥伏枥一句来说，不仅老骥是一对指称语（见上一节），伏枥也是一对指

称语，老骥-伏枥还是一对指称语。这不是要否认汉语在语义上有定中和动宾关系的存在，也不是要否认它们之间的区别，而是强调这两种关系都是次生的，是"流"不是"源"，源是统一的并置关系，并置的二项可以化约为一（都是指称语）。

从历史来源看，动结式来自并列式和连动式，<u>割裂</u>、<u>遏止</u>、<u>刷清</u>等本来是并列式，是从并列式演化而来的，《尔雅》云："割，裂也；遏，止也；刷，清也。"并列结构是语言中最原始最基本的结构，其他各种结构都是后起的，并列式在汉语里一般不用并列连词，最接近并置式（见下"并置是根本"一节）。

这样来看所谓"动词拷贝句"的构式意义就清楚了。<u>喝酒喝醉了</u>，<u>骑马骑累了</u>，<u>去天津去了三次</u>，<u>教汉语教了三十年</u>，过去对重复动词的解释是"宾补争动"，即句法结构上动词后不允许同时跟宾语和补语，这个解释既不完全符合事实，如可以说<u>教汉语三十年了</u>，流水句可断可连，<u>放了一些书，在桌子上</u>，中间断开后更不成问题（见第三章"韵致性"一节），另外也没有说清<u>教汉语教了三十年</u>跟<u>教汉语三十年了</u>在表意上究竟有何区别。产生动词拷贝表达式的真正动因是，句法成分的线性与语义结构的非线性及语义成分的多重性之间有矛盾（施春宏2018:228），而动词拷贝式就是通过对称的"互文"（见第七章"对言明义"一节）来化解这一矛盾，在中国人的心目中动作的对象和动作的结果可以化约为一，这一互文构式的表意效果因此是把动作的对象和动作的结果融为一体。

关于及物性

既然动补（含动宾）短语是一对指称语并置，就应该重新思考动词的及物性（transitivity），这个概念是西方语法的舶来品。有一种现象引起关注，原来在动词前用介词引出的成分变成动词的及物宾语，如在北京相见→相见北京，向柏林进军→进军柏林。类似的例子很多：

扎根山村　献身事业　免考外语　担心小孩　服务人民
（别）刻薄人家　投资房地产　让位中青年

甚至听到一位女士对她的女同事说"你怎么不紧张他"，意思是"你怎么不为他紧张（不怕他被别的女人夺去）"，不及物的紧张变成及物的。生成语法为了概括说明及物和不及物两种说法，为谓语假设一个共同的底层，它是一个层次结构，包含一个抽象的核心，大致如下（根据蔡维天2017）：

[**谓语核心**[北京[在[相见]]]]

越包含在里面的越处在层次结构的下层，相见在结构的最下层，句法操作是：如果在字上升到谓语核心的位置，留下的虚迹删除，就生成在北京相见；如果在字是隐性的，相见就先上升到在字的位置，再上升到谓语核心的位置，生成相见北京。这样的分析处理十分复杂，要设许多语类标签和多个层次，要两次上升移位，要删除虚迹，而且还有问题不好解决。实际还存在相见在北京（还有扎根在山村、献身为事业、让位给中青年等）的说法，它的生成就成了问题，因为在字显现，相见就无法一路上移到核心的位置。

只要我们摆脱层次结构、谓语核心这一观念的束缚，不拘泥于动宾及物关系，要概括说明两种形式的生成很简单：两个指称语并置，先想到哪个就先说哪个。

（在）北京者，相见也。　　相见者，（在）北京也。
（对）小孩者，担心也。　　担心者，（对）小孩也。
（为）事业者，献身也。　　献身者，（为）事业也。
（向）柏林者，进军也。　　进军者，（向）柏林也。

从这个角度看，可以说汉语动词后接宾语的及物性很低，宾语一般可以悬空。过去说汉语动词都是及物动词，那是着眼于动词都可以带宾语（只是宾语的种类不同），如果以必须带宾语为标准（这才是判定及物动词的严格标准），那么应该说汉语的动词用法大多是不及物用法，或以不及物用法为主，见上篇第四章"施格型"一节。

中国人学英语，分不清动词的及物与不及物是常犯的错误，例如：

People often complain*(about)high prices. 人们经常抱怨物价太高。

He did not consent*(to)his daughter's marriage. 他不同意女儿的婚事。

We discussed(*about)the problem far into the night. 我们讨论问题直到深夜。

I suggested(*to you)that you should do the whole thing over again. 我建议你整个重新做一次。

前二例把不及物当及物，后二例把及物当不及物。郭绍虞（1979：32）认为，汉语以名词为本，不以动词为中心，所以不必太强调宾语。强调宾语，必然会有顺用倒装的看法，变得复杂起来，汉语是无所谓顺用倒装的，这个意思也是淡化动词及物性概念。高名凯（1948：214）认为汉语动词在及物不及物这一方面"都是中性的"，"本无及物和不及物之分别，当它存在于具体的命题或句子里头的时候，它既可以是及物的，也可以是不及物的，完全视实际的情形如何而定。同样的词在汉语中往往可以两用"。这倒不是说汉语不能接纳及物性这个概念，而是说"起指－续指对"已经能简单地说明一切。例如喝点儿啤酒，如果不强调啤酒是喝的宾语，而是从对话三联组来看（第八章"会话分析"），那么下面两句就只是起指和续指的差别，无所谓动宾短语的顺装倒装：

喝点儿，啤酒吧？

啤酒吧？喝点儿。

经常提到的所谓"不合逻辑"的动宾组合，如<u>逃生</u>和<u>恢复疲劳</u>等，用指语对说明最简单自然：

逃<u>生</u>　　逃者，（为）生也。　　（为表目的，不必出现）
打扫<u>卫生</u>　打扫者，（为）卫生也。（同上）
救<u>灾</u>　　救者，（为）灾也。　　（为表原因，不必出现）
恢复<u>疲劳</u>　恢复者，（为）疲劳也。（同上）

宾语可以表目的或原因，汉语自古如此：

伯夷<u>死</u>名于首阳山下。（《庄子·外篇》）（为名而死）

伯氏苟出而<u>图</u>吾君，申生受赐而死。（《礼记·檀弓上》）（为吾君而图）

<u>争</u>一言以相杀，是贵义于其身也。（《墨子·贵义》）（为一言而争）

郭绍虞（1997：466、496）举元曲的一例，动词和宾语之间可以插入一个"也"使语气缓和：

俺父亲啊，待明朝早晨便拜辞也禁门，待明朝早晨便来到也水滨，待明朝早晨便开始也动身。（元无名氏《冯玉兰》剧）

以此说明汉语动词和宾语的联系并不紧密，动词的及物性不强，然后进一步认为，汉语的"动宾结构以宾语为主体"而不是以动词为主体，例证是四音节的动宾词组如<u>挖掘地洞</u>、<u>打扫街道</u>压缩成三音节，是单加双的<u>挖地洞</u>、<u>扫街道</u>，不是双加单的<u>挖掘洞</u>、<u>打扫街</u>，除非要特别强调动词，如<u>深挖洞</u>、<u>勤扫街</u>。这跟端木三（Duanmu 1997）提出的"辅重原则"一致。

施受同辞性

汉语动词及物性低，这与"施受同辞"相关。施受同辞也叫反宾为主,是指一个动词既表示主动又表示被动,动词前的语词既可以是施事又可以是受事的现象。要强调的是,这种现象是汉语的普遍现象,像买卖、受授这种语音或词形已经分化施受的动词只占少数,大多数动词是同音同形的:

吾欲伐卫十年矣,而卫不伐。(《吕氏春秋·期贤》)

使之治城,城治而后攻之。(《淮南子·道应训》)

大国之攻小国,攻者农夫不得耕,妇人不得织,以守为事;攻人者亦农夫不得耕,妇人不得织,以攻为事。(《墨子·耕柱篇》)

魏弱,则割河外;韩弱,则效宜阳。宜阳效,则上郡绝;河外割,则道不通。(《史记·苏秦列传》)

人固不易知,知人亦未易也。(《史记·范雎蔡泽列传》)

天被尔禄。(《诗·大雅·既醉》) | 信而见疑,忠而被谤。(《史记·屈原列传》)

天乃锡(赐)禹洪范九鼎。(《尚书·洪范》) | 臣愿令朔复射,朔中之,臣榜百;不能中,臣锡帛。(《汉书·东方朔传》)

果若人言,狡兔死,良狗烹;高鸟尽,良弓藏;敌国破,谋臣亡。(《史记·淮阴侯列传》)

最后一例烹、藏、破这些所谓及物动词跟不及物的死、尽、亡在句式上平行。高迎泽(2010)综合前人的研究后指出,这种情形在古汉语里太普遍了,几乎所有的及物动词都可以这样用,并非一种特殊的现象。但是高文又认为不把动词的这种普遍性用法看作施受同辞比较妥当,他按自设的严格标准将古汉语的施受同辞只限定在赐、被、受三个。这么做显然是用印欧语主谓结构的框架来框汉语,在这个框架里施受同辞当然只能被视为一种特殊现象,应该尽量缩小范围。

词义从"给予"变为"被动",是近代汉语研究中经常讨论的一个问题,之所以有这种演变,在于施受同辞。例如小红给小王梳头发一句,可以理解为小红是施事、小王是受事(受益者),给表示抽象的"给予"(主动),也可以理解为小红是受事、小王是施事,给表示"使让"(被动)。

英语也有施受同辞的情形,例如乔姆斯基举的一对例子:

John is eager to please.　约翰急于取悦。

John is easy to please.　约翰易于取悦。

John 在上句是动词 please 的施事,在下句是同一动词的受事,按照生成语法,两个句子有不同的底层结构。这种情形在英语中显然是特例,不是常态,所以引起特别的关注。要是尊重汉语的事实,超越主谓结构的观念,那么应该说施受同辞是汉语的一种常态,不只是"初民之遗习"(杨树达 1956),而是从古代到现代一脉相承。现代汉语的情形一样,赵元任(1976)说"汉语动词的方向既可以是主动的又可以是被动的"并举真实会话中的两个例子,例一,句(0)是说的,句(1)是意指的,句(2)是实际上理解的,句(3)是可以这样理解的:

(0)这　鱼给　他们吃一点儿　啊?

(1)这金鱼给　他们吃一点儿食啊?

(2)这猫鱼给(猫)他们吃一点儿　啊?

(3)这鱼给客人他们吃一点儿　啊?

例二,有人说"法国委员会十六对十五票通过了,德国还不知道呢",听话人把它理解成:法国委员会已通过(加入北约),但是德国还不知道这事儿。所以他说"怎么会呢?这事儿报纸上早已登了!"事实上,说话人的意思是:德国方面的投票结果还不知道呢。动词本身不分施受，现代汉语的例子举不胜举：

我不吃河鱼。　河鱼我不吃。

部队攻击301高地。　高地攻击不下。

政府治理环境。　环境治理后面貌大改。

他掀开被子，看见一具尸体。　被子掀开，他看见一具尸体。

我送小王一对枕套。　小王结婚送一对枕套。

皇帝赏了一件黄马褂。　小太监赏了一件黄马褂。

前妻将我扫地出门。　我扫地出门，等于民工。(《繁花》例)

你老实交代你偷车的事情。　作文你就写你偷车的事。(赵元任例)

最后赵元任的那个例子是指"你被偷车"的事。程砚秋是周恩来的介绍人，是周恩来介绍程砚秋，还是程砚秋介绍周恩来，不知背景不知道。还有，眼睛瞪圆、身子乱转，眼睛和身子是施事还是受事说不清。《北京晚报》载一篇文章"欲学生减负，先减家长"，是要家长先减心理负担的意思，先减家长可以倒过来说先家长减(负)，意义侧重不同，但仍是施受同辞。应该说，汉语的结构具有施受同辞性。这不是否认语义上有施受区分，而是强调对中国人来说这种区分不重要。正因为施受同辞，动词的及物性低，所以汉语没有被动句只有被字句(见上篇第四章"中动式")。也因为习惯于施受同辞，棚屋容易搭盖和棚屋容易着火两句在形式上一样，中国人学英语只知英语能说 The hut is easy to put up，不知不能说 *The hut is easy to catch fire，哪怕是英语水平很高的也免不了犯这类错误。反过来，有人深受英语语法的影响，不把 John is easy to please 翻译成约翰易于取悦(形式上同约翰急于取悦)，却偏偏译成约翰容易让他高兴，实在不高明。

汉语施受同辞的原因归根结底是，动词-宾语和主语-谓语一样都是起指-续指对。师行而粮食，饥者弗食（《孟子·梁惠王》）是最早用来说明施受同辞的一例（俞敏 1999），粮食是主谓关系（受事主语），粮者，食也，食粮是动宾关系（宾语可悬空），食者，粮也，意义当然不同，但都是起指-续指对，食粮倒过来就是粮食，无所谓顺装倒装。同样，按曹操《龟虽寿》开头老骥伏枥和烈士暮年的文意，可以仿照上例把伏枥倒过来说成枥伏：

师行而粮食，饥者弗食。

骥老而枥伏，烈士弗伏。

苏北民歌《拔根芦柴花》里唱秧啊来栽而不唱来啊栽秧，唱桑啊来采而不唱来啊采桑，唱网啊来抬而不唱来啊抬网，只是因为全曲押的开来韵。这说明动宾的栽秧、采桑、抬网和主谓（主为话题）的秧栽、桑采、网抬只有韵律引起的词序差别。

赵元任（1955）讲汉语的逻辑接近谓词逻辑，谓词逻辑以谓词为中心，消解了主谓和动宾的对立。汉语有人和下雨这种常见句型，只由谓语构成，当作动词宾语的人和雨，在逻辑上成了函式的自变项，比如，不管下雨、下雪、下雹子、下猫、下狗……我都会来，这句话在逻辑上表示为（x）■Sx∩C，其中（x）表示"对于（x）的所有取值，S（ ）表示"下"（其语法宾语为自变项），C 表示"我会来"。只要我们关心的是函式 S，那么不管 x 在语法上是主语（雨下）还是宾语（下雨），其真值都不受影响。因此从汉语的实际出发，不应该把下雨看作易位的主谓结构。从汉语"名动包含"着眼，下也属于名词，更应视下雨为指语对。

这一节的要点是，不管是食粮还是粮食，是伏枥还是枥伏，是减家长还是家长减，也不管是栽秧还是秧栽，是下雨还是雨下，根本都是一对指称语的并置，是指语对，差别只在哪个是起指哪个是续指。

指语对是本源

指语对是所有结构关系的本源，这可以从回文和词序讲起。

可回文性

上面三节关注的现象属于"回文"，跟施受同辞一样，回文也是汉语的普遍现象。过去把回文看作一种修辞格，指调换语词的排列次序，顺读倒读都可成文，常见于诗词赋曲。诗有回文体，以王安石《碧芜》诗为例：

碧芜平野旷，黄菊晚村深。

客倦留甘饮，身闲累苦吟。

全诗倒过来从吟开始到最后一个碧字，依然成一诗：

吟苦累闲身，饮甘留倦客。

深村晚菊黄，旷野平芜碧。

这种通体字字回文是严式回文，更常见的是宽式回文，严式宽式都不限于诗词赋曲：

色非形，形非色也。（《公孙龙子·迹府》）

仕而优则学，学而优则仕。（《论语·子张》）

宽以济猛，猛以济宽，政是以和。（《左传·昭公元年》）

信言不美，美言不信。善者不辩，辩者不善。知者不博，博者不知。（《老子》第八十一章》

故生不知死，死不知生；来不知去，去不知来。坏与不坏，吾何容心哉？（《列子·天瑞篇》）

从这些用例可以看出，回文经常和互文、对言交织在一起。早有诗评家指出，回文诗反复成章有不同的诗意，不应该只当成一种文字游戏，以小道而轻之。当代作家王蒙自称喜好回文游戏，在

《重组的诱惑》一文里说，回文是意义的解构与重组，"可能是对原文本的奥秘的探寻和发现"，"不必一听到游戏就发神经"，游戏"可能是高雅的"。过去以为只有单音节为主的古代汉语适宜回文，其实不然。现代汉语双音节词占优势，反而拓宽了回文的运用范围，推动了回环的发展，回文出现在多种语体和体裁中（宗廷虎、陈光磊2007:1279）。例如：

上海自来水来自海上

中山落叶松叶落山中

这是现代"回文对"。曲艺唱词：

三小好，好三小，我们高歌颂三小。（快板词）

忆江南，江南忆，最忆是杭州。（歌曲词）

金陵塔，塔金陵，金陵宝塔十三层。（说唱词）

当代文学、影视作品：

鸿渐道："给你说得结婚那么可怕，真是众叛亲离了。"辛楣笑道："不是众叛亲离，是你们自己离亲叛众。"（钱钟书《围城》）

现在却只好来动笔，仍如旧日的文人的无聊，无聊的文人一模一样。（鲁迅《三闲集·"醉眼"中的朦胧》）

他们忘却了纪念，纪念也忘却了他们。（鲁迅《呐喊·头发的故事》）

我中也有你，你中也有我。我便是你，你便是我。火便是凤，凤便是火。（郭沫若《凤凰涅槃》）

满天紫雾哟，紫雾满天……一片黄沙哟，黄沙一片……（郭小川《昆仑行》）

前方吃紧，后方紧吃。（电影《一江春水向东流》）

李先生不得了，了不得啊。（电视剧《围城》）

还有万家乐、乐万家、你不理财，财不理你这样的广告词。下面这些活跃在大众口头的说法何不都是回文：

吃了睡，睡了吃。｜针连线，线连针。｜开水不响，响水不开。｜革命不怕死，怕死不革命。｜爱情是什么，什么是爱情。｜英雄造时势，时势造英雄。

回文不仅有句内回文、双句回文、通篇回文，而且不受词性的限制，主谓短语、偏正短语、动补（宾）短语都可以颠倒位置实现"意义的重组"。

轮渡-渡轮　虫害-害虫　白雪-雪白　羊头-头羊　进行-行进　发出-出发　犟脾气-脾气犟　死心眼儿-心眼儿死　一条死路-死路一条　发展经济-经济发展　住皇城根-皇城根住　跳在马背上-在马背上跳　火车通西康-西康通火车　肉末夹烧饼-烧饼夹肉末　许三观是谁-谁是许三观　美元换人民币-人民币换美元　你淋着雨没有-雨淋着你没有　太阳晒老头-老头晒太阳

回文是汉语不受形态束缚、词序灵活而重要的体现，是汉语结构的一种重要特性，称作"可回文性"。写诗和快板词，写菲菲飘零泪数行还是菲菲飘零数行泪，写飞针走线绣荷包还是飞针走线荷包绣，就看想押哪个的韵。一韵到底是汉语诗歌的一个特色，连散文和流行语也讲究押韵，如清华北大，不怕不怕，三本稳拿，一样伟大，除了因为同音字多容易找到替换字，可回文性也是一个原因。俞樾《古书疑义举例》里讲到错综成文例，如《论语》迅雷风列，《楚辞》吉日兮辰良，《夏小正》剥枣栗零，风列与列风，辰良与良辰，栗零与零栗是故意"错综其辞以见文法之变"。

英语也有回文（palindrome），但是远不如汉语普遍，主要见于词内字母排列（如 madam），属于修辞格，例如狄更斯的语言：

The jail might have been the infirmary, the infirmary might have been the jail. 监狱可以成为病房，病房可以成为监狱。
这不能成为否定汉语结构具有可回文性的理由，只能证明原始语言的回文性在现代各种语言中都还多多少少存在。

词序灵活而重要

过去有人认为，一方面说汉语词序重要，一方面说汉语词序灵活，两种说法是矛盾的。拉丁语表达"保罗看见了玛丽"的意思，词序颠来倒去一共有六种说法，词序似比汉语还灵活（朱德熙 1985：3）：

Paulus vidit Mariam.　Mariam vidit Paulus.
Paulus Mariam vidit.　Mariam Paulus vidit.
Vidit Paulus Mariam.　Vidit Mariam Paulus.

词序灵活说明词序不重要，词序重要说明词序不能灵活。那么汉语的词序到底是重要还是灵活呢？

仔细想来，说拉丁语词序灵活而不重要，那是指词序不会改变词与词在主谓结构里的关系，不涉及意义的重组，意思是"保罗看见了玛丽"还是"保罗看见了玛丽"，不会变成"玛丽看见了保罗"。汉语根本无视主谓框架的存在，词序灵活变化引起关系的变化和意义的重组，所以词序既灵活又重要，并不矛盾。从意义的重组是否自由看，拉丁语的词序显然不如汉语灵活。过去不这么去理解，那是在主谓结构的框架内看问题。汉语词序如此灵活，根本在于可回文的语词都是对等的指称语。启功（1997：16-17）以王维诗中的一个五言句<u>长河落日圆</u>为例，说明汉语词序既灵活又重要。这个五言句颠来倒去意义重组，可以生出约十种词序，举四种如下：

巨潭悬古瀑，长日落圆河。

西无远山遮，河长日圆落。

瀑边观夕照，河日落长圆。

潭瀑不曾枯，圆河长日落。

陆志韦（1982：155）把这种现象比作语词的随意洗牌（shuffling of words）。英语跟拉丁语比形态已经消失不少，Paul saw Mary 可以回文说成 Mary saw Paul，但是跟汉语比形态还存在并起重要作用，主谓结构锁定，They like her 就无法回文。汉语回文<u>无聊的文人</u>-<u>文人的无聊</u>，英语里也行不通，silly scholars 的形容词 silly 必须名词化，变为 silliness 才能表达"文人的无聊"。这给我们启示，讲汉语语法，重点不应放在表述方式的必然性上（这个必能说那个必不能说），而应放在可能性上（这个情况下可能这么说，那个情况下可能那么说）。

指示衬字"那（个）"

现举一个例子来概括上面所述。江苏民歌《拔根芦柴花》和《杨柳青》（江淮官话）、《无锡景》和《姑苏风光》（苏南吴语）中那（个）的用法值得注意。那（个）有指示和衬字的双重作用，加在主语和谓语之间居多，跟谓语连在一起：

鸳鸯-那个戏水　蝴蝶-那个恋花　山歌-那个唱呀　情郎-那个胜姐姐郎-那个劳动　金黄麦-那个割下　泼辣鱼-那个飞跳　早啊晨-那个下田　清风啊-那个吹来　采桑-那个哪怕露水湿青苔

还可以加在偏正之间、动补之间、并连之间，也跟后面的成分连在一起：

偏正之间：清香-那个玫瑰　黄昏-那个后　点点-那个露水　幸福-那个生活　热闹-那个市面　满园-那个梅树　十月那个芙蓉　细细-那个道道

动补之间：洗好–那个衣服　姐胜–那个情郎　水连–那个山来

　　　　新造–那一座　锡山相对–那惠泉山

　　并连之间：姐姐–那个妹妹　牵姐–那个看呀

同样的情形见于歌剧《白毛女·北风吹》（北方话）：

　　北风那个吹（主谓），雪花那个飘（主谓），雪花那个飘飘（主谓），年来到。爹出门去躲账，整七那个天（偏正），三十那个晚上（偏正）还没回还。大婶给了玉交子面，我盼我的爹爹回家过年。风卷那个雪花（动补），在门那个外（偏正），风打着门来门自开。

　　对以上事实最简单的概括说明是，那（个）虽然有衬字作用但是根本上是个指示词，其他词语不管什么词性，不管什么关系类型，整个短语都是"A，那个B"，都是起指–续指对。这个说明还有助于全面认识"是"字的性质。汉语的谓语前总是可以加一个动词是，如他（是）在打猎，而是在古汉语里是一个指示词，如必死是间，余收尔骨焉（《左传·僖公三十二年》），子于是日哭，则不歌（《论语·述而》），是的指示功能在现代汉语依然存在，如老舍一生爱好是天然一句可以分析为一对指称语：老舍一生爱好者，那个天然也。是也可以加在其他位置，老舍是一生爱好天然，老舍一生是爱好天然，加在谓语前只是一种可能而已。

　　总之，"无所谓顺装倒装"的原则虽然常提及，但是在分析的时候却常被忽视。应该将这条原则贯彻到底，所有的关系类型都溯源到指语对。老骥成对，骥老成对；伏枥成对，枥伏成对；老骥伏枥成对，伏枥老骥成对；老骥伏枥志在千里成对；志在千里老骥伏枥成对：统统都是起指–续指对。这意味着，老、骥、伏、枥四字不仅在语音和语义上是等价的，在语法上（基于用法的大语法）也是等价的，都是指称语，这个认识十分重要，是下面进一步论述缩放对、链接对、多重对的基础。指语对的排序原理见下一章"有序对"。

结构关系的不确定性

用印欧语语法的眼光来分析汉语，以为汉语语法的结构关系也是确定不变的，主谓、偏正、动宾、联合，是哪种就是哪种。然而汉语的事实是，语法结构关系是不那么确定的，汉语具有结构关系的不确定性，前面已经举过<u>狗叫</u>和<u>叫狗</u>和<u>出租商铺</u>、<u>商铺出租</u>的例子。再例如，<u>拍手拥护</u>就是拍手和拥护二词并置，是偏正关系还是连动关系说不清楚，中间稍有个停顿也可以按主谓关系理解，<u>拍手，拥护也</u>。养殖对虾，味道不佳，<u>养殖对虾</u>是动宾关系还是偏正关系无关紧要，不影响理解。马路上有一则公益广告，劝行人注意安全不做玩手机的"低头族"，文字是"滑动打开危险"，<u>滑动打开</u>和<u>危险</u>之间是主谓还是动宾关系不确定，两者都是，滑动打开的如果是危险，那么滑动打开这个动作就是危险的，理解只需知道危险是对滑动打开的补充说明。

上例也可按滑动-打开危险的主谓关系理解，可见结构的切分也是不那么确定的，例如<u>老骥伏枥</u>是主谓式，切分为老骥｜伏枥，<u>志在千里</u>按主谓切分，好像只能是志｜在千里，其实也可以切分为志在｜千里，前文说过，动词短语做主语、名词短语做谓语是汉语语法所允许的。

唐诗对偶有所谓的"结构假平行"，引起研究者的注意，例如：

<u>独立</u>三边静，<u>轻生</u>一剑知。（刘长卿《送李中丞归汉阳别业》）

翠屏<u>遮</u>竹影，红袖<u>下</u>帘声。（白居易《人定》）

波漂菰米沉云黑，露冷莲房坠粉红。（杜甫《秋兴八首》）

画线部分的结构看似不一致，如<u>独立</u>是偏正式，<u>轻生</u>是动宾式，有人就说这是韵律对仗压倒了结构。其实不然，<u>轻生</u>也可以跟独立一样分析为偏正式，被轻视的生命当然是轻贱的生命，人人都理解。看似遮｜竹影（动宾）跟下帘｜声（偏正）结构不平行，遮竹影按偏正的遮竹｜影分析未尝不可，屏扇上的竹影是遮挡竹子的影。坠粉红看似坠｜粉红（动宾），按坠粉｜红（主谓）理解也讲得通，粉指零落的花瓣，跟沉云｜黑还是对得上。所以唐诗的对仗主要是字字相对，同时满足声音上平仄相对、意义上同类相对，而所谓的结构"假平行"大多是"假不平行"（沈家煊 2016b）。这样看来，只要我们对语法结构的看法突破主谓结构的成见，就可以认为汉语的韵律结构和语法结构在总体上高度一致。

重要的问题是，为什么定中的出租汽车和动宾的出租汽车居然可以同形？轻重读不能消除歧解：

我们'出租汽车，不销售汽车。（出租重读仍可理解为动宾关系）

不是一架出租飞机，只是一辆出租'汽车。（汽车重读仍可理解为定中关系）

这只能解释为，在中国人的心目中定中和动宾的区别不重要，出租汽车就是两个词并置，① 关系放到上下文里去解读。

第七章指出，对言格式是汉语的语法形式，对言格式化是汉语的语法化。从结构关系来看，印欧语实现了基于主谓结构的各类结构关系的语法化，汉语没有朝这个方向实现这样的语法化。

英语的谓语

如果我们不是一味从英语出发来看汉语，而是也反过来从汉语出发看英语，那么可以发现英语主谓结构的谓语也有潜在的指称性，指称语并置成对是主谓结构的本源。

---

① 英语由于形态的逐渐消失，也出现这种情形，例如 rewrite rules（重写规则）。但是 rewrote rules 肯定不是定中，rewritten rules 肯定不是动宾。

他（是）在打猎。

He is hunting.

汉语谓语在打猎可以看作动词是的指称性宾语，指称一种事态，现代英语语法是不会把谓语中的 hunting 看作指称语的，hunting 是动词的现在分词形式，但是 is hunting 的历史来源是：

is on hunting → is a-hunting → is hunting

hunting 原是介词 on 的指称性宾语，正如汉语打猎是动词在的指称性宾语。美国民谣歌手 Bob Dylan 因他诗歌的古风和音乐性获得 2016 年诺贝尔文学奖，他的一个专辑就叫 The times they are a-changing（时代在变）。叶斯柏森（Jespersen 1924：277-281）因此认为 on V-ing 本质上是个名词结构，他称之为"带介词 on 的动性名词结构"。这样看来，说英语动词的现在分词形式 V-ing 是 is 的"准指称性"宾语并不过分，它跟动名词 V-ing 形式相同也就不是偶然的了。

他（有）杀过一个人。

He has killed a man.

在汉语里把杀过一个人看作动词有的指称性宾语是很自然的，只是当有隐而不显的时候这个谓语的指称性不明显而已。Jespersen 认为，英语句子也不妨这样分析，把 killed a man 看作领有动词 has 的指称性宾语，也就是语义上把他过去做的一件事看作他现在稳定持有的一种结果状态。这样看来，说英语动词的过去分词形式 V-ed 是"潜在指称语"也不为过，它和过去时的 V-ed 同形这一现象也能因此得到合理的解释。那么要问主流的英语语法为什么不采纳叶氏的分析法，那是因为英语已经形成名动分立、主谓对立的大格局，做 is 和 has 宾语的只能是 NP 不能是 VP。详见沈家煊（2016a：6.5 节）。

还可以从英语后置关系从句看指称语并置成对的根本性，the mouse that ate the cheese，如果把 that 看作指示词（口语里说快了可以吞掉），那么就跟《拔根芦柴花》里的蝴蝶-那个恋花是一样的，都是两个指称语的并置。

上文提到书名 *Metaphors We Live By*，它是英语里十分接近"指$_1$+指$_2$"的表达，有一个 that 隐而未现，暗示它后头的 We Live By 是一个指称语，所以一个两全其美的汉语译名是对偶的"比喻不在，生命不存"。

并置是根本

两个指语并置成对，各种语法关系都是推衍，这一点张东荪（1936）早已指出，如人语就是一个二字并置对，看作主谓关系 man says 还是偏正关系 human speech，就看你如何解释。由于语言的线性排列，并置对首先自然推出起说-续说关系（通常为话题-评说关系），然后再推衍偏正或动补等主从关系。推衍要依靠对话双方的互享知识（mutual knowledge），即双方互相知道对方知道的信息。例如养殖对虾本是二词并置，如果双方知道对方知道对虾有养殖和野生之别，就推出定中关系，如果双方知道对方知道养殖能培养生物，就推出动补关系。单音双音、重读轻读的配置是帮助推导的线索（见下第十三章"多重对"）。总之，偏正关系和动补（宾）关系都不排斥从并置的指语对自然得出的起说-续说关系。

并置是一切语法关系的源头，这才是可能的语言共性。Matthews（1981：223）论述，并置关系是最基本的，其他结构关系，偏正、动补、并列等都从并置推衍出来，他用一个四面体图来表示（稍有改动）：

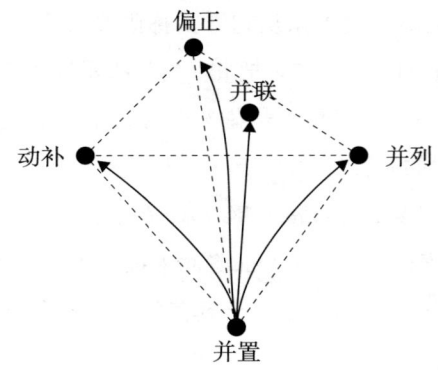

这个四面体的底部黑点是并置，并置是本源，箭头表示顶部平面的四个黑点（并联、并列、偏正、动补）都是这个本源的推衍。并置（parataxis）按布龙菲尔德的定义，指两个形式只靠语调连接在一起，例如英语 Four legs good, two legs bad "四腿好，两腿坏"（奥威尔《动物庄园》里绵羊的吟唱词）。按 Matthews 的定义，并联（juxtaposition）包括同位和关联，同位如 John Smith the secretary，关联指使用关联成分的并联，例如 More haste, less speed。并联（特别是同位）比并列（使用连词 and, or）、偏正、动补三者更接近并置这个本源，所以用直线跟并置连接。

说到这里 Matthews 提出一个重要而难解的问题，按照布龙菲尔德对并置的定义，下面这个英语形式也应该属于并置：

It's a fine day, are you playing tennis? 天气很好，你在打网球？

逗号表示语气未完。但是这样的话，并置的概念会变得难以捉摸，范围无法限定，成为一个有问题的概念，因为语调的差别（停顿长短、抑扬）是连续性的，用不用逗号、用逗号还是句号往往难以确定。而其他结构关系都是确定的：一是语序固定，偏正关系的 fine day 不能变为 day fine，动补关系的 play tennis 不能变为 tennis play；二是形态锁定，主语和谓语要形态一致，it 要用 is，you 要用 are。固定语序和形态一致都是说一不二的。正是这种形式的说一不二性使得英语的句子得以用 S → NP+VP，NP → the+N，VP → V+NP 这三条规则来生成，分别生成主谓结构、定中结构、动补结构。Matthews 没有把主谓关系放在由并置推衍的各种关系里，大概是认为主谓结构作为句子的主干是默认的，无须说明。他这样的提问和论述反过来表明，如果没有锁定的形式，是没有理由不把主谓、偏正、动补等关系统统归结为并置关系的。

生成语法坚持认为，语言以层次结构为本，线性序列是派生的，往往有歧义，要消除歧义必须依靠层次结构。（程工 2018）例如：

a. [咬死了 [猎人的狗]]

b. [[咬死了猎人的] 狗]

两句层次切分不同，意义也就不同。层次结构建立在不对称成分统制关系的基础上：a 是咬死了为中心，统制猎人的狗；b 是狗为中心，统制咬死了猎人的。然而从指语对的并置来看，无须依靠层次结构同样能消除歧义，实际对话中，停顿才是方便实用的消歧办法，层次分析来自停顿：

a'. 咬死了，猎人的狗。

b'. 咬死了猎人的，狗。

a' 是动词短语和补语并置成对，b' 是定语和受饰名词并置成对，逗号前后都是指称语，是两个"对等项"（见上篇第六章"布龙菲尔德说"），都是起指-续指对，续指是对起指的补充说明，没有不对称的主从之分和统制关系。再说，靠层次结构不是总能消除歧义，如反对的是他，施受同辞，他可以指反对者也可以指被反对者，但没有层次切分的差别。这样看来，并置结构才是初始的结构，层次结构是派生的。并置在汉语里的根本性还可参看张伯江（2018）。

　　汉语的对言格式以并置为本，更接近语言的本源，而且从古至今活跃不衰，照样能传情达意，这就是汉语对于语言演化和语言类型研究的价值所在。说到这里，笔者倒是对本书的书名有了点想法：是主张"超越"主谓结构的成见好呢，还是主张对主谓结构的认识"回归"它的本源好呢？

十　有序对

对于汉语，词序灵活而重要，上一章侧重于灵活，这一章侧重于重要，"搜句忌于颠倒，裁章贵于顺序"（《文心雕龙·章句》）。成对的 A 和 B 有接续关系，是 A 续 B 还是 B 续 A，这是起续对的顺序问题。汉语以对为本，对而有续；不仅对而有续，而且对而有序，指语对是有序对。

对而有续

语言是单向的时间线性序列，对于空间相对的物体，也不得不用字词的先后顺序来表述，如天安门对前门楼子，"对"要用"续"来表达：

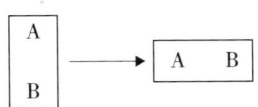

因此语言最适宜描述事情的前后关系，要描述"共此时"的情形，困难就出现了。如向朋友介绍房子的结构：一共 150 平方米，进门左转是卫生间，再右转是客厅，客厅右边对着厨房，客厅左边向里是书房，书房右边是主卧……，这样讲一会儿就晕了，说觉得

没说清，听也听不明白，地图的出现就是为了弥补语言的这一缺陷。中国人对语言的这种局限性有充分的认识，汉语表达大量采用互文和对言，就是试图在线性序列中最大限度地体现造化赋形成双成对的情形，如<u>男男女女</u>、<u>高一脚底一脚</u>、<u>左耳进右耳出</u>、<u>一手软一手硬</u>，更重要的，是最大限度体现对话双方的对等关系和互动关系。另一方面对言形式又不可避免要受单向线性的支配，一对词语并置，例如下面的对言俗语，人们倾向于理解为前后有接续关系：

一个好汉三个帮。

一辈鸡儿一辈鸣。

人前一笑，背后一刀。

说曹操到，曹操就到。

上面一句话，下面忙不停。

以小人之心，度君子之腹。

嘴里尧舜禹汤，做事男盗女娼。

天有不测风云，人有旦夕祸福。

对而无续、纯粹并列的情形极少，<u>屡战屡败</u>和<u>屡败屡战</u>的差别，<u>查无实据，事出有因</u>和<u>事出有因，查无实据</u>的差别，大家熟知，所以前面说一对指称语并置，自然得出起指-续指的释解。对话也是在时间中进行，轮着说是对话的基本条件，总是一人先说一人接着说，极少出现同时开始说的情形（但有一人未说完一人就开始说的）。主语加谓语来自一问一答的对话，对话的"续对性"决定了主语-谓语是起说-续说关系。

上下句

起说-续说关系不限于句内，汉语历来有"上下句"的说法，以李白《静夜思》一诗为例：

床前明月光，
疑是地上霜。
举头望明月，
低头思故乡。

这里有两对上下句，上一对有明显的主-谓接续关系，用启功（1997：12）的话说是"上下挤出谓语"，下句<u>疑是地上霜</u>顺势理解为对上句<u>床前明月光</u>的评说。下一对也是上下挤出谓语，挤出的谓语评说性显得弱一些，但<u>低头思故乡</u>仍然顺势理解为<u>举头望明月</u>的续说。郭绍虞（1979：161）表达了同样的意思，举例<u>不信由他不信，事实总是事实</u>，说二言依顺序排列，变成一句话，前半部是主语，后半部是谓语，一看便知。

一首词分上下阕，这本书分上下篇，是上下句的概念和形式扩大到语篇。上下本来是空间概念，引申为起续的时间概念，上下句是起说-续说对，对而有续。

流水对

律诗对仗有所谓"流水对"，王力（2005：183）、蒋绍愚（1990：75）都有论述，例如：

即从巴峡穿巫峡，便下襄阳向洛阳。（杜甫《闻官军收河南河北》）
唯将终夜常开眼，报答平生未展眉。（元稹《遣悲怀》）
鸿雁不堪愁里听，云山况是客中过。（李颀《送魏万之京》）
人怜巧语情虽重，鸟忆高飞意不同。（白居易《鹦鹉》）
塞上长城空自许，镜中衰鬓已先斑。（陆游《书愤五首·其一》）

上句独立起来没有意义或意义不全，两句一意相承，次序一般不能颠倒，这是流水对的解释。大量成对的四字语是流水对：

百尺竿头，更进一步。　　差以毫厘，失之千里。

道高一尺，魔高一丈。　一言既出，驷马难追。
城门失火，殃及鱼池。　万事俱备，只欠东风。

流水对还是"对"，不是"不对"，只是对而有续的"续"十分强而已。续的强弱毕竟是个程度问题，次序绝对不能颠倒的情形不多。<u>不信由他不信，事实总是事实</u>可以倒过来说，<u>事实总是事实，不信由他不信</u>，起续调换，表意的侧重点不同。

对流水对的认识不应该止于律诗对仗，应该从流水句的角度，着眼于篇章组织的规律，见上篇"流水句"一章和下面第十二章"链接对"。

对而有序

三个序律

按照赵元任（1968a）的看法，汉语的语序，以简驭繁，可以概括为三条序律：

序律一　主语一律位于谓语之前

序律二　补语一律位于动词之后

序律三　修饰语一律位于受饰语之前

这三条序律是在印欧语"主–动–宾"的句子框架里叙说的，但是已经根据汉语的实际情形，对主语、谓语、补语这些范畴做了重要的变更。按照上一章的论述，第一条主语一律位于谓语之前，这个主语已经不是印欧语的那个主语，而是指广义的话题，接近于韩礼德定义的主位，确切说是"起说"，谓语是"续说"，对主语做续补说明。谓语是续为主还是补为主，难以分清，例如，跟以续为主的<u>我的国，厉害了</u>相比，以补为主的<u>厉害了，我的国</u>中间的停顿稍长一点，谓语读得轻一点，但是长短轻重只是程度有差别，不是绝对的，重要的是语序差别。主语和谓语是一对指称语的前后并置，是起指-续指对，谈不上什么主谓倒装。语序变化，意义重组，侧重点不同，但维持起指-续指关系。

第二条补语一律位于动词之后，这个补语的范围很广，不分词性，就是指对前面动词的续补说明。过去宾语和补语对立二分，是基于"名动分立"的观念，宾语是名词，补语是动词形容词，没有认识到动词形容词也是指称语。动词-补语也是起指-续指对，没有什么顺装倒装，喝点儿啤酒变为啤酒喝点儿，结构关系重组，意义也重组，但维持起指-续指关系。曾经有一种观点，说汉语的语序从古代到现代经历由"主-动-宾"到"主-宾-动"的演变，这是拿印欧语主谓结构的框架来套汉语，现在很少有人再持这种看法了。

第三条修饰语一律位于受饰语之前，这个修饰语包括印欧语的定语和状语。慢车和慢跑是同一个慢字，不像英语一个是 slow 一个是 slowly，按照"名动包含说"慢跑的慢也是定语，是动态定语，因为跑是动态名词。（沈家煊 2016a：276）汉语没有修饰语居后的语序，方言有公鸡叫鸡公的说法，现在很少再有人说它是定语居后了，既然老公是公为中心名词，为什么鸡公就是定语后置呢？说饼干、面糊、脸蛋、茶砖、肚兜是定语后置同样没有道理。定语-中心语同样是一对指称语的前后并置，谈不上顺装倒装，红花变花红，流水变水流，先去变去先，甚衰变衰甚，结构关系重组，意义重组，但维持起指-续指关系。

以简驭繁

三个序律的表述都是"一律"如何，这增强了语法的概括性。细分不是语法研究的目的，跟其他的科学研究一样，语法研究的目的是追求单纯,以简驭繁。启功(1997:31、56、65)反复强调,讲语法要"以简驭繁",不要"稍有一点差别,即当作另一类问题去处理"。

以简驭繁遵循"奥卡姆剃刀"原则,"如无必要,勿增实体"。大道至简,科学的道理一定是单纯的、简单的。冯友兰(2013:320、325)从哲学的角度说,清晰的思想是每个哲学家不可缺少的训练,但是并不是哲学研究的目的,哲学的性质决定了它一定是简单的,不然就是另一种坏科学,哲学研究的目的是达到单纯。对许多杰出的科学家来说,追求单纯不仅是科学信念,而且是他们认识物理世界的指导原则和从事研究的方法论准则。爱因斯坦说,理论应该"尽可能简单,但却不能再行简化"。有人写了一篇论文向他请教,他看后只是说,这个方程式怎么这么难看、这么复杂。看爱氏自己的相对论方程式那是何等的简雅!(张一鸣、张增一 2012)中国魏晋时代,玄学名士反对谶纬迷信,重视"理性",析理时都遵循"易简""要约"的规范,主张"约而能周""举一反三""触类旁通",反对"多喻","远引繁言"。深受这种思想氛围的影响,被誉为古代世界数学泰斗的刘徽,作《九章筭术注》,析数学之理,就是以"易简"为治学方法。(郭书春 2009:29-31)

语言的科学研究,以简驭繁既是追求的目标,又是凌驾于不同学派之上的方法论原则。(沈家煊 2017e)

统一的自然序

信息传递原理

从信息传递看,对于没有形态手段(标识词类的词缀、主格宾格等格标记、动词的限定非限定形式等)区分不同语法关系(主谓、偏正、动补）的语言来说，以上三条序律形成的语序格局，是语言通过"自组织"形成的最简单有效的语序格局，汉语形成这个语序格局不是偶然的。

主谓关系取主前谓后序，如<u>花开</u>、<u>姿势端正</u>，符合信息传递的自然顺序，旧信息在前、续补的新信息在后，无须赘述。

动补关系取动前补后序，如<u>开花</u>、<u>端正姿势</u>，也是为了信息的有效传递。有心理实验证明，对于没有形态的语言来说，"主-动-补"语序的抗噪声干扰性能强于"主-补-动"语序。<u>狗咬小红</u>这种不可逆语境（只能是狗咬人）的句子，动-补和补-动两种语序都能实现信息的有效传递，但是<u>小明踢小红</u>这种可逆语境（可逆为小红踢小明）的句子，由于信息传递通道存在噪声干扰，某些信息传递的缺失使得听者难以确定动作的发出者和接受者。按照"噪声通道理论"的假设，如果词汇标识不能有效降低信息传递的模糊性，人们偏好"主-动-补"语序。（孟乐、张积家 2018）汉语的词没有形态，所以取动-补语序是很自然的选择。

修饰语位于受饰语之前，对于词无形态的语言，这符合人借助参照体来定位目标的认知方式。例如"大水塔旁边那座平房"，要给目标平房定位，先指出那个显眼的大水塔做参照，因此修饰语-受饰语顺序从认知处理上讲是"参照体-目标"顺序，修饰语是识别目标的一个参照体。这个参照体一定比目标显著，容易识别和处理，这就是为什么一般说<u>靠墙的那辆自行车</u>，不说<u>靠自行车的那面墙</u>。（参看沈家煊、完权 2009；完权 2018b：92-97）

语言类型学的调查发现，一个普遍的语序现象是，在名词短语中定语后置比定语前置需要更多的形态标识，形态是前少后多，相反在动词短语中补语前置比补语后置需要更多的形态标识，形态是前多后少。（陆丙甫、应学凤 2013）这意味着，对无形态的语言来说，自然的语序是定语前置于名词，补语后置于动词，这背后的理据是信息传递的简捷有效性。

汉语的三条序律互相关联，相依相存。汉语要是反过来像日语那样采取补语前置语序，<u>开花说成花开</u>，那就无法跟主谓关系区分开来。要是定语像法语那样采取定语后置语序，<u>红花说成花红</u>，也无法跟主谓关系区分。定语居前，补语居后，修饰关系和动补关系也得以区分。所以说三条序律合在一起形成最简单有效的语序格局，汉语的语序是遵循信息传递原理的自然顺序。

"先易后难"律

为追求单纯，三条序律可以归并为一条更简单的自然律，就像走路用脚、吃饭用手一样简单自然，叫作"先易后难"的认知加工律。

认知处理一般总是容易处理的在先，难处理的在后。谓语是对主语的续补说明，主语表达已知信息，容易处理，谓语表达新增信息，处理的负担重。同样，补语是对动词的续补说明，动词表达已知信息，补语表达新增信息。定语是认知上帮助定位目标的参照体，参照体显著、容易处理。

主谓、动补、定中都是起指－续指对，从这个角度看，先易后难的排列次序是按照起指续指"指别度"的大小，指别度大的（容易处理）在前、指别度小的（难处理）在后。指别度这个概念由陆丙甫（2005）提出，当然就指称语而言，是指一种"广义的指称性"，包含多个相似因素。"高指别度"的因素有定指、旧信息、数量大、生命度高等，指别度高的词语就是感知度高、熟悉的、易识别的指称语。他提出的"指别度领先原理"是：

在其他条件相同的情形下，如果 X 的指别度高于 Y，则优势语序为 XY。

陆文指出，这条原理本质上反映了信息结构优化的需要，这个顺序是符合信息结构优化的顺序，是临摹信息流方向由易到难的自然顺序。最明显的例子是<u>客人来了</u>（客人定指）和来了<u>客人</u>（客人不定指）。这条原理起初用来说明多项定语的排序规律，如<u>大型白色自动洗衣机</u>，后来发现可以上升为适用多种结构类型的一般规律。马庆株（1991）注意到主谓结构为一对名词的排序：

处所词　下一站故宫。　首都马尼拉。
时间词　今天星期一。　明天中秋节。

不大会倒过来说<u>故宫</u>下一站、<u>星期一</u>今天、<u>马尼拉</u>首都、<u>中秋节</u>明天，遵循的规律是相对词在前，绝对词在后。下一站是相对处所词，<u>故宫</u>是绝对处所词；今天是相对时间词，<u>星期一</u>是绝对时间词。所谓相对绝对，从信息论讲是指对比项的多少，对比项少的，简单、易处理，是相对词，对比项多的，复杂、难处理，是绝对词。例如下一站只跟<u>这一站</u>或<u>上一站</u>对比，今天只跟<u>昨天</u>、<u>明天</u>对比，对比项少，而故宫是众多站名中的一个，<u>星期一</u>是七天中的一天，对比项多。还可以举出更多的例子，<u>那人</u>傻瓜 /* 傻瓜<u>那人</u>（指示词的指别度高），<u>一把椅子</u>四条腿 /* <u>四条腿</u>一把椅子（整体的指别度高于部分）。

袁毓林（1999）把"容易加工的成分前于不易加工的成分"上升为涵盖所有结构类型的一般语序规律，并用以解释部分主谓结构、同位结构、能愿动词连用，以及汉语和英语中姓名等的语序问题。

指别度领先原理在其他语言中也起作用，看下一对英语例子：
They loaded the truck with the hay. 卡车（满）装干草。

They loaded the hay onto the truck. 干草（全）装卡车。陆丙甫说这对句子中，动词 loaded "装"可以用消除公因数的办法消除，变成两个指称语的先后并置，卡车－干草和干草－卡车，就像前面举过的传教士丁韪良学宁波话的例子柴爿－番饼和番饼－柴爿，哪个的指别度高就哪个在前。这里决定卡车和干草指别度高低因而决定语序先后的因素是，整体的指别度高于部分，上句是卡车整个装满，下句是干草全部装车。不过在形态发达的语言中，这条原理明显的作用范围大大收缩，收缩到并列成分的排序，例如英语：

Max and any girl friend he might have

*any girl friend Max might have and Max himself

这是简短的居前，还有 judge and jury（重要的居前），friend and foe（正面的居前），father and son（本源居前）等。汉语并列成分的排序当然更是如此，如老人和抱孩子的妇女、太阳月亮、干部群众、这样那样、亲戚朋友、叔叔阿姨、长处短处等。（马清华 2005：134）

指别度到底是客观性的还是主观性的？回答是主客观的统一。指别度高低有客观评判标准，如定指度、生命度、数量大小等，但是又离不开人的感知和主观意识。例如，那本厚的书，客观上可以说指示词那本的指别度高于厚的，这是一般采用的语序，然而说厚的那本书的时候，就是言者当时觉得厚的指别度高。专门用于指别的指示词这和那，是言者作为主体在使用，"指"是带主观意图的。这个道理跟"美"是主客观的统一相似，美女有客观标准，但是情人眼里出西施。（朱光潜 1980）

先易后难律也是主客观的统一，不是纯客观的，因为语言以对话为本，对话是主体间的互动，具有主体间性（inter-subjectivity）。汉语可以没有语法主语，但是总有一个断言主体"我"存在，语序因此是感触的先后顺序。对汉语这种以对为本、传情达意一体的语言，这个认识尤为重要。

先易后难这条排序原则对汉语的重要性还表现在音序上。字音的声韵调三者，起主要作用的是调序，中古时期表现为"平＞上＞去＞入"的顺序，如：深浅（平上）、中外（平去）、今昔（平入）、主次（上去）、涨落（上入）等，现代则表现为"阴＞阳＞上＞去"的顺序。崔希亮（1993）对三千余条四字成语的统计表明，存在"平起仄收"的趋势。丁邦新（1969）解释说，这是遵循先易后难的原则，是说话人不自觉说出的自然顺序，因为无变化的调比有变化的调顺口省力。说得在理。

并列项字数少的在前多的在后，例如当今流行语且行且珍惜、很黄很暴力，单音在前双音在后。这不仅仅是音序，还涉及意义的轻重。音和义在顺序上的对应协调见第十三章"音义象对"一节。

用　序

汉语的语序遵循默认的、底伏的（default）信息传递原理，可简单归纳为一条先易后难律，举一反三，得出三条自然的信息排序律，这表明汉语的语序本质上是"用序"，以用为本，自然语序一定是方便使用的语序。参与排序的单位是语用单位起指语和续指语，排列而成的"句"是"用句"（第三章）。这跟汉语大语法本质上是用法、以用为本（详见第十三章"用法和语法"一节）是一致的。

仍然以对为本

汉语对而有续、对而有序，这个"序"是统摄主谓、定中、动补、并列等各种结构的一条自然序，先易后难，人人下意识遵循，因此在中国人的心目中，要讲汉语语法，这个自然序是无须多加阐释的，续和序的根本还是"对"，是对话和对言，各种对言的方式，包括四字格、上下句、互文回文、重言叠词、对仗对称等，才值得特别加以阐释。这里用三个例子来说明中国人的语言和心理，虽然对而有续、对而有序，但是仍然以对为本：

三天打鱼，两天晒网。

垃圾分类，从我做起。

奉献他人，提升自己。

三天打鱼，两天晒网的意思是打鱼的三天当中有两天在晒网，前后意思接续，但是人们却容易误解为并列的对举，以为跟倒过来说的两天晒网，三天打鱼意思一样。垃圾分类，从我做起，如果只按接续关系理解，我就成了垃圾的一部分，当然是荒唐的，这个口号重在对举对言。奉献他人，提升自己是一条流传甚广的宣传语，两个小句如果分开单独说没毛病，一并置问题来了，难道不该奉献自己，提升他人吗？奉献他人可以理解为将他人奉献出去，但是人们不会这么理解，因为它跟提升自己是互文见义，利人利己是统一的。①

中国人学英语，容易误解连接成分的非对称用法，例如 as well as 意思是 not only（不但），She's clever as well as beautiful 是"她不但漂亮而且聪明"的意思，She sings as well as playing the piano 是"她不但会弹钢琴而且会唱歌"的意思，中国学生却按对称用法理解为"她又聪明又漂亮""她又会唱又会弹"。汉语里的"驴子句"也说明问题。先看英语的"驴子句"：

If a farmer owns a donkey, he always beats it.

农夫，谁有驴谁打驴。

后句的 he 和 it 回指的对象不是前头的 a farmer 和 a donkey，而是

---

① 这三个例子分别是由张伯江、朱晓农、魏钢强提供的。

指任何一个有驴子的农夫和任何一头为农夫所有的驴子。这种情形引起西方语法学家特别的研究兴趣,并把这类句子称作驴子句。汉语表达驴子句的意思采用很简单的对言式,"谁有驴谁打驴"。对言生义,"总是"或"全体"的意思是对言对出来的。又例如:

Whatever it is, he does it very well.

他干什么精什么。

Whoever is tired may rest.

谁累了谁休息。

假设一个集体相亲会,规则是谁亲吻了谁,谁就得娶谁。"谁亲谁,谁娶谁"这句话会有两个意思:

谁 a 亲谁 b,谁 a 娶谁 b。(a 是男方,b 是女方。)

谁 a 亲谁 b,谁 b 娶谁 a。(a 是女方,b 是男方。)

前一个意思是,哪个男的亲了哪个女的,那个男的就要娶那个女的。后一个意思是哪个女的亲了哪个男的,那个男的就要娶那个女的。前者是 abab 式,以对为主,后者为 abba 式,以续为主。语感和实验都表明,如果不加特别重读,听到"谁亲谁,谁娶谁"这句话,中国人首先按 abab 理解,其次才想到还有 abba 的理解,理解为后者比理解为前者花费的时间长。(详见蔡维天 2018)

日语也没有汉语这种对言式驴子句,可比较:

谁先回家谁做饭。

先に家に掃った者が食事を作ろ。

你喜欢吃什么就吃什么。

好きなものを食べなさい。

汉语式驴子句引起日本语言学家的特别兴趣,池田晋(2018)称之为"疑问词连锁句",将其分析为一系列条件句前件和后件一对一的关系：

$P_1 \rightarrow Q_1$　（甲先回家则甲先做饭）

$P_2 \rightarrow Q_2$　（乙先回家则乙先做饭）

$P_3 \rightarrow Q_3$　（丙先回家则丙先做饭）

⋮

$P_n \rightarrow Q_n$　（谁先回家则谁先做饭）

汉语式驴子句是互文对言式。总之，汉语以互文对言为本，突破了印欧语以续为本的语法格局。

十一　缩放对

第九章论述，各种语法关系的短语，不论主谓、偏正、动补、联合，根本都是起指-续指的指语对，第十章进而说明指语对的排序原理。这一章论述，各种大小的语言片段，大到语篇和段落，小到词组和合成词，都是指语对，只是放大缩小的尺寸不同而已。

缩放型的对称格式

"夫人之立言，因字而生句，积句而成章，积章而成篇。"（《文心雕龙·章句》）汉语生句成篇的方式一是通过放大，一是通过链接。这一章主要讲放大，下一章主要讲链接。

曹操《龟虽寿》头四句<u>老骥伏枥，志在千里；烈士暮年，壮心不已</u>，它的生成是一个最小的二字对的逐步放大：两个二字对合成一个四字对，两个四字对合成一个八字对，两个八字对合成一个十六字对，每一对都是起指-续指对：

老　　骥

起指　续指

老骥　伏枥

起指　续指

老骥　伏枥　志在　千里

起指　续指

老骥伏枥　志在千里　烈士暮年　壮心不已

起指　续指

老骥伏枥 志在千里和烈士暮年 壮心不已是明显的"喻对"（第七章"比喻对言"），为 A:B :: C:D 形式：

老骥伏枥—志在千里
　　｜　　　　｜
烈士暮年—壮心不已

不仅烈士暮年和壮心不已的关系必须通过比对老骥伏枥和志在千里的关系才得以表达和理解，反过来也一样，不然老骥怎么谈得上志在呢，因此这四句是互文见义。

缩放型的对言格式，基础是二字对，其中对偶性最强的是双声叠韵型的，如关关、雎鸠、窈窕：

关　关

关关　雎鸠

关关雎鸠　在河之洲

关关雎鸠　在河之洲　窈窕淑女　君子好逑

《诗经》和《龟虽寿》的语言都十分接近当时的口语，在结构上跟现代汉语没有本质的区别，只要弄懂词义现代人理解没有障碍。现代的缩放对：

上　有

上有　父母

上有父母　下有儿女

上有父母　下有儿女　挣钱糊口　不问远方

缩放型对称格式以二二式的四字格为主干，衍生出三言五言七言等，形成对称中有变化、整齐中有参差的局面。由于汉语词可以单双音弹性变换、虚字的用与不用不具强制性、流水句可断可连，这种衍生十分容易，例如，志在千里→志向在千里，烈士暮年→烈士已暮年，老骥伏枥，志在千里→老骥伏于枥，志千里。虽然有各种各样的复杂变化，仍然以对为本。用老子"一生二，二生三，三生万物"来讲语言的生成，可以解读为：单言生二言，二言生三言，有了三言，就能生成无穷变化的语言；更可以解读为：单言放大为二言，是为一生二，二言放大为四言，是为二生三，有了四言，就能生成变化无穷的语言。

四句式

汉语有四字格，还有四句式。老骥伏枥，志在千里；烈士暮年，壮心不已就是四句式，四句式是四字格的放大，四字格和四句式都是二二式。西方语言主谓结构一锁定，就封闭了句子的大门。汉语没有形态锁定，小到二字组，大到语篇，结构都是对言性的。起承转合的四句式是汉语特有的复句样式，如上面三例所示。它是汉语语篇结构的主干，一首绝句就是二二式的起承－转合：（起）白日依山尽（承）黄河入海流－（转）欲穷千里目（合）更上一层楼（王之涣《登鹳雀楼》）。四句一绝，这个观念是自然形成的。《诗经》大多数是四言四句，古人称为"一章"，汉魏时代虽然四句一绝还没有成为规格，但在较长的诗篇里，这种创作方法已自然形成。到晋宋以后，诗人喜欢模仿四句的民歌，就大量出现了五言四句的小诗。齐梁以后，四句一绝成为诗的规格，给以"绝"的名称。

诗与歌同源，在远古时代，号子和语言很可能同时产生，二者很难区分。一个民族的音乐特色反映这个民族的语言特色，关于汉族民歌的曲式布局，苗晶（2002:74）指出，与中国古代传统建筑结构有近似之处，讲究左右对称，首尾呼应，层层递进，平衡发展，"四平八稳"是理想的布局。曲式着重于对句式，有的乐曲的标题就指这种曲式布局，如《上下联》《小二番》等。曲式变化种类很多，但基本结构相似，主要有两种，两句式与四句式，四句式从两句式发展而来。从山歌来看，北方以二句式为主，如河北的《大青山乌啦啦山套山》"大青山乌啦啦山套山，绵绵呀哎河套套川"，江西的《新打铰剪不要磨》"新打铰剪不要磨，新交朋友不要多喂"；南方多以四句式为主，从小调、秧歌、灯歌、茶歌、花鼓调等体裁看，四句结构更具有普遍性和基本结构意义。二句式是"对应"在曲式上的反映，四句式的产生实际是双对应，对应的重复。典型的四句式是起承转合的 A+B+C+D 式，如果有重复句就明显是二句式的扩展，为 A+B+C+B 式，如江西波阳的《打石号子》：

（领）齐努力吧（合）嗨也嘿嚄呀（领）争先进喏（合）嗨也嚄呀。

二句半的结构，是在上下句的中间或下句后边加一个半句，三句式也是由二句扩充，结构多为"上上下"或"上下下"形式，也可以看作四句式的压缩；四句半和五句是四句式的扩充。

汉语语篇的结构方式跟汉族民歌乐句的结构方式一致，都是缩放型对称格式，以二句式为基础，四句式为主干，多种多样的语篇形式是从这个基础和主干生发出来的。郭绍虞（1979:163、563）引《左传·隐公三年》的一段话为例，说"汉语特有的复句"是这样的排比句，也可称为取骈偶并列形式的"双线复合句"，不同于西洋语法所讲的"单线复合句"：

涧溪沼沚之毛，苹蘩蕴藻之菜，筐筥锜釜之器，潢汙行潦之水，可荐于鬼神，可羞于王公。

这是在二二式基础上的变化，前二扩展为四。郭著引述严复在《英文汉诂》里对这段话的分析：初步分出平列8句，前4×后2=8，包括涧溪沼沚之菜，可荐于鬼神，苹蘩蕰藻之菜，可羞于王公等。涧溪沼沚等四字语逐字分开，进一步分出32句，如涧之毛，可荐于鬼神，苹之菜，可羞于王公等。偶字语鬼神、王公逐字分开，又可以分出64句，如涧之毛，可荐于鬼，苹之菜，可羞于王等。

在笔者看来这样的分析还不彻底，因为涧溪沼沚等四字语都是二二式，所以还可以分出涧溪之毛，可荐于鬼神，沼沚之菜，可羞于王公等，那就分出128句了。还可以分出涧溪沼沚之毛，苹蘩蕰藻之菜，可荐于鬼，筐筥锜釜之器，潢汙行潦之水，可羞于王等，那就远远不止128句了。再说荐和羞都是"进献"的意思，可荐于鬼神，可羞于王公是互文见义，表达一个意思"进献于鬼神王公"，只是鬼神王公按照二二式分开了，但是不能拆分开来理解。

严复的这种分析法显然是仿照印欧语主谓结构的分析法，而中国人对这段话的理解绝对不是靠这样烦琐复杂的分析。这其中真正具有结构性的东西，是简单的通体互文对言。从大到小看：前四句跟后两句构成一个起说-续说指语对（推衍主谓关系）；前四句二二并列成对，后两句一一并列成对；前四句的每一句都是能推衍定中关系的指语对，其中的之字相当于《拔根芦柴花》等民歌里的指示衬字那（见第九章）；后两句每句都是能推衍动补关系的指语对；定语涧溪沼沚等每个四字语二二并列成对，补语鬼神和王公各自并列成对。整段话是对言的层层叠套，通体对言明义。

八股四比

八股是一种文章形式的名称，它本身并无善恶可言。启功

（1997:103、114）举例说明，八股的基本形式是起承转合，主要部分是"四比"，每两股必须相衬对比，叫作"一比"，一共是四比。四比要求对偶，实字对实字，虚字对虚字，平声对仄声，仄声对平声，可视为扩大了的律诗的对句。四比散语较多，或骈散兼行，但两边的长短要凑合，而且长短凑合不避字词重复，如<u>或者讼未至而为之弭，或者讼已至而为之讳</u>（八股文《必也使无讼乎》）。

八股文又称"四书"之文，因为要从《论语》《孟子》《大学》《中庸》等四部儒家经典中出题，而四书体式就是八股文篇章结构形式的最早渊源。金克木通过对《论语·季氏》篇章结构的解剖，得出结论说它就是原始的八股文。因此八股文的格式是继承了两千年的书面汉语的文章结构，不是任何一个人所能定下来的，即便是皇帝也不成。（启功、张中行、金克木 1994:129—139）

宗廷虎、陈光磊（2007:1940）进一步指出，《论语》《孟子》等多为对话体，将对话转换成独白，八股文的体式就很清楚了。以《孟子·梁惠王下》首章一篇为例：

⎡曰：独乐乐，与人乐乐，孰乐？
⎣曰：不若与人。

⎡曰：与少乐乐，与众乐乐，孰乐？
⎣曰：不若与众。

孟子与王之间的对话，转换成孟子的叙述语言，就是<u>独乐乐，与人乐乐，不若与人；与少乐乐，与众乐乐，不若与众</u>。这就是八股文的起讲。

启功（1997:105）还强调，今人有准备的长篇话语仍然遵循八股四比的格式，以一段导游向游客的介绍为例：

今天游燕京八景（破）。八景是本市的名胜古迹，已有几百年的历史（承），它们有的在市内，有的在近郊，游起来都很方便（讲）。a景，b景（提比），太液秋风不易见，金台夕照已迷失（小比），c景，d景（中比），卢沟加了新桥，蓟门换了碑址（后比），今天天气很好，六景全都看了（收）。

哪个游客会向这位导游抗议说他做了八股呢？

汉语对言表达贯通书面语和口语，刘姥姥的"乡言村语"也充满四字语，从这个角度看，要说书面语与口语的差异，英语的差异其实大于（至少不亚于）汉语。现在从事会话分析的人发现，英语书面语以主谓结构为主干，而口语充满主谓不齐全的零句。（Lerner 1991；Aure 1992）

从匀称到参差

由不对称而求对称，由对称而生不对称，这是人的正常心理和行为，也是语言的一般规律，是语言演化的一个重要原因。作为一个系统，对称中有不对称，才能保持活力和生命力。（沈家煊 1999a；石毓智 2017）汉语以匀称整齐的对言为本，但也匀称中求变化，整齐中带参差。各种散体表达都在对言格式的基础上生发形成，比如<u>冷冷清清</u>早见宋词，元曲再有<u>冷清清</u>之语，由<u>宽宽绰绰</u>而得<u>宽绰绰</u>，由<u>絮絮叨叨</u>而得<u>絮叨叨</u>，不匀称的三音组可以是一个双音古词之衍，也可以是一个四言成语之缩，是衍是缩不必多加推究。

由于汉语在表达的时候字词的单音和双音具有弹性，可以互相变换使用（郭绍虞 1938），连接成分的使用不具有强制性（赵元任 1968a：350），特多的流水句具有"可断可连"的特性（吕叔湘 1979：27；沈家煊 2012a），这三个因素加合，造成一个重要的事实：骈散交错或散语为主的行文总是可以改写为通篇四字语。例如下面《红楼梦》里两段骈散交错的话（方括号里是笔者的改写）：

第十二回叙述贾瑞受凤姐捉弄羞愤成病:

不觉就得了一病[不知不觉,得了一病]:心内发膨胀[心内发胀],口中无滋味[口无滋味];脚下如绵,眼中似醋;黑夜作烧,白昼常倦;下溺连精,嗽痰带血。诸如此症,不上一年都添全了[不上一年,都添全了]。

第六十五回叙述尤三姐捉弄贾珍、贾琏:

尤三姐天天挑拣穿吃[三姐儿天天,挑拣穿吃],打了银的,又要金的;有了珠子,又要宝石;吃的肥鹅,又宰肥鸭。或不趁心,连桌一推;衣裳不如意[衣不如意],不论绫缎新整[绫缎新整],便用剪子铰碎[剪子铰碎],撕一条,骂一句[边撕一条,边骂一句]。

改写后就成了四言文。启功(1997:4)用下面的例子来说明平常说话也分上下句(逗号分隔),也有抑扬顿挫:

今天我来谈一个问题,就是汉语语法方面的事。汉语语法的范围太广了,从何说起呢?我要说的,只是古代汉语中的一部分语法问题。

这里也试将其改写为四言文:

今天我来,谈个问题。什么问题?汉语语法。汉语语法,范围太广,从何说起?我要说的,只是关于,古代汉语,而且只是,部分问题。

当然这样一改写就过于匀称,显得呆板了。将一些较长的常用语压缩成二二式四字语,是中国人的语言习惯,如<u>房子是用来住的,不是用来炒的压缩成房住不炒</u>。网络四字语流行,走到极端出现<u>人艰不拆</u>、<u>不明觉厉</u>、<u>细思极恐</u>等,不宜提倡,但也说明四字格的力量。赵元任(1975)指出,近期还有人用一成不变的四字一句来写叙实性主题的散文，如章炳麟的（白话文），就好像葬礼上的悼词，找到一例写汽车的如下：

摩托车箴

穆穆乘舆，五路有制。黄屋虽崇，厥心犹厉。彼摩托何？青盖赤茷。小人所乘，君子之器。上慢下暴，陵轹无艺。兼国与鉤，而窃载以逝。盗思夺之，两寇交弊。走马司粪，敢告在势。（《章太炎全集》第五集）

赵说他并不是赞成他们，只是说明"这样的事情可能发生，并且一直在发生"。为什么可能发生并且一直在发生，值得从学理上深思探究。过去大家认为从骈体变为散体是很自然的变化，没有反过来想一想，为什么散体总可以改写为骈体？这个问题才是触及汉语本质的问题。

比对构词造句

第七章曾说明比喻对言（内容和形式）在汉语里的重要地位，比喻就是比对而言。这一节说明，从构词到造句，汉语都离不开比喻对言。

比对构词

汉语构词以成对语素的复合为主，而不是印欧语那样以派生为主，派生词的词干和词缀不对称、不成对。尽管英语也有复合构词，汉语也有类似的派生构词，但是总体上看两种语言构词方式的差别是十分明显的。讲英语构词法如果以讲复合为主，讲汉语构词法如果以讲派生为主，这都是本末倒置、主次不分的做法，效果必然不佳。第七章已经指出，复合构词就是互文见义、对言生义，整体的意义不等于两个组成部分的简单相加，大多是 1+1＞2，如<u>长短</u>＞长＋短，<u>出入</u>＞出＋人，<u>轮椅</u>＞轮＋椅，<u>大车</u>＞大＋车，<u>讲理</u>＞讲＋理等，也有 1+1＜2 的，如<u>国家</u>＜国＋家，<u>教学</u>＜教＋学，不一而足。

举例来说，<u>墙脚</u>和<u>的姐</u>二词的生成方式都是通过 A:B :: C:D 的比对：

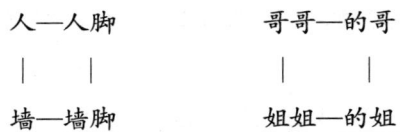

概念上墙体与墙脚的关系类同于人体与人脚的关系，姐姐与的姐的关系类同于哥哥与的哥的关系。通过这样的比对，<u>墙</u>与<u>人脚</u>糅合生成墙脚，<u>姐姐</u>与的哥糅合生成的姐。其他例子：<u>电车</u>（比对<u>水车</u>），<u>法盲</u>（比对<u>文盲</u>），<u>睡莲</u>（比对<u>睡女</u>）。比对构词还利用语音对应（象征意义对应），有一个网络新词织围脖，"写微博"的意思，<u>围脖</u>和微博音相近，语义上织和围脖的关系类同写和微博的关系：

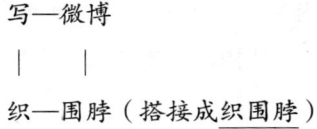

如果说语言的生成根本是通过计算，那么 A:B :: C:D 的比对方式正是数学里的等比式，如 $\frac{1}{2}=\frac{2}{4}$。

比对造句

汉语造句的方式也是通过这样的比对糅合，例如语法学界讨论很多的一种句式王冕死了父亲，不及物动词死居然带一个施事性宾语，它的生成方式其实跟<u>墙脚</u>、<u>的姐</u>的生成方式是一致的，只是单位放大了而已：

塞翁的马丢失了——塞翁丢失了马

王冕的父亲死了——王冕死了父亲

"生成语法"认为左右两句之间的相似度大,有共同的底层结构,通过成分移位的句法操作联系起来,强调左右之间横向的转换关系。移位操作的问题很多,难以解决。"认知语法"则认为左右属于两种不同的句式,相似度很小,而上下两句之间的相似度大,可以通过比喻投射的认知操作联系起来,具体说是比照塞翁丢失了马将它与王冕的父亲死了糅合,结果得出王冕死了父亲,因此比对操作是强调纵向的对应关系,这是认知语言学提倡的句式研究的要义。可见生成语法是"以续为主"的思路,通过词语在线性结构上的移位来生成句子,这对以主谓结构(以续为本)为主干的印欧语比较适用,对于以对为本的汉语不怎么适用。沈家煊(2006,2009b)二文用句式的"比喻糅合"来说明上面这类句子的生成过程,十分简单,无须设置底层结构,无须移位。再看他是昨儿出的医院一句,按照赵元任(1956),是通过比照他是昨儿来的人类推生成的:

他是昨儿来的——他是昨儿来的人

他是昨儿出的——他是昨儿出的医院

还可以再照此类推生成他是去年生的孩子("他太太生小孩是在去年"的意思)。之所以可以这样比照类推,是因为汉语的主语就是话题,如我是医院不是救济所,我是一个男孩一个女孩,一般不会引起误解。

你静你的坐,我念我的书。其中你静你的坐的生成经过两次比对糅合的操作：

你做事——做（一会儿）事——你做你的事
　　｜　　　　　｜　　　　　｜
你静坐——静（一会儿）坐——你静你的坐

做事是动补关系，静坐是偏正关系，但这并不妨碍静坐比照做（一会儿）事生成动补关系的静（一会儿）坐（因为静坐和做事都是二字并置，见第九章），然后第二步动补关系的静坐又比照你做你的事生成你静你的坐。比喻造句的例子还很多，如他看了三天的书，我不买他的账，是你引诱的我等。

这个比喻糅合模型比 Fauconnier & Turner（2003）的"概念整合"模型还简单些（刘探宙 2018：127-133），既然概念都是比喻性质的，那么概念整合应该都是比喻整合。上述两种积字生句的模型，基于接续关系和基于对应关系，究竟哪一种更适合汉语，我们只能根据语言事实，用"严谨"和"简单"两条标准来评判，这两条标准凌驾于不同的学派之上。

最后，简要说一下汉字的构造也离不开比对法。象形字是形-义比对，而占大多数的形声字，构造法跟复合构词法原理一致，例如恸字取动之声加形旁忄，跟复合词心动的构造法简直一样；遁字表示逃隐，取逃之形旁辶加上盾之声及其转义"隐"，跟复合词逃隐的构造法基本相同。又如：

山边曰"崖"，水边曰"涯"。

肋骨相连曰"骈"，两马并驾曰"骈"。

两力相交曰"拼"，男女和合曰"姘"。

这是汉字不仅是表示语言的符号，它本身也是一种语言（索绪尔称为"第二语言"①）的原因。20世纪法国最杰出的语言学家本维尼斯特对文字特别是汉字的思考是：文字将言语转化为图像，是手与言语的结合，与言说者"内在的言语活动"和独特的"体验"相关联，而且能催生其他言语活动，②因此文字"组织"了言语活动本身，是一种"二级形式的言语"，文字中所发现的一切也应在语言中寻找。（克里斯蒂娃2018）

缩放对的成因

在讲八股四比的时候，启功叩问，为什么以"八"为标准？只知八数在民族习惯中十分常见，但是要问为什么八数习见又不好回答。这是缩放对的成因问题。八是四的倍数，四字格是缩放对的基干，所以先要问四字格是如何形成的，为什么以"四"为标准。弄清了四字格的成因，也就弄清了通体缩放型四言格的成因。

四字格二二式

四字格之所以是"四"，这跟人的记忆或注意的跨度有关。已有研究表明，短时记忆的容量限度一般为七加减二，注意的跨度一般为四加减一（参看 Miller 1956；Cowan 2001；陆丙甫、蔡振光 2009），而七加减二可大致看作四加减一的翻倍（与陆丙甫通讯）。例如19位银行卡号的报念法 0200｜2145｜0103｜4069｜806，一

---

① 《普通语言学教程》（Saussure 1916:24）："对汉人来说，表意字和口说的词都是观念的符号；在他们看来，文字就是第二语言。"
② 汉语特有的修辞格"析字格"最能说明，如黄庭坚《两同心》词，<u>你共人，女边着子</u>；<u>争知我，门里挑心</u>，<u>女边着子</u>合为好，<u>门里挑心</u>组成闷，含蓄表达"你和别人相好，怎知我内心愁闷"的缠绵幽怨的情绪。

般是四个数字一报,如果报不长的电话号码,二字一报也常见。这个规律是一般的认知心理规律,不单单适用于语言组块。

专就语言而言,四字格有它的结构特点。一是难分词和词组,不论语法关系,二是二二成对,是均匀的"2+2"式。四字格为二二式,看似平常,意义重大。这个特点最早由张洵如(1948)指出,后人一再提及。两段总是结构平行、意思对称,即使结构和意思不平行不对称的,声韵上还是平行对称。郭绍虞(1979:250、654)也强调这一点,举《诗经》<u>抑罄控忌</u>、<u>抑纵送忌</u>的例子,<u>罄控</u>、<u>纵送</u>是双音词,但四字仍读成2+2。现代汉语保持这个特点,如<u>一衣-带水</u>、<u>无肺-病牛</u>(赵元任例)等,已是老生常谈。第七章举《四字文笺注》里大量的四字自由词组,也大多为二二式,如<u>多大-年纪</u>、<u>被人-骗了</u>、<u>谁敢-不来</u>等。

有的在语法结构上看似不像二二式,那是受印欧语语法观念的支配所致,例如<u>买件棉衣</u>,语法结构好像是一三式<u>买-件棉衣</u>,其实不然,也可以分析为二二式<u>买件-棉衣</u>(棉衣,买一件),因为汉语的主语其实是话题,允许由动词充当,而谓语又可以是名词,主语-谓语是指语对。又例如<u>就辞去了</u>和<u>谁敢不来</u>,语法结构不一定非得是就|辞去了和谁|敢不来,也可以分析为就辞|去了(就辞而去了)和谁敢|不来(不来,谁敢呢),同样志在千里的语法结构也可以是二二式<u>志在-千里</u>,第二章和第九章已有详细说明,另见沈家煊(2018)。

赵元任(1968a:223—224)通过多种复合词的考察,说明2+2的节奏压力十分强大。在3+1的复合词之中,3为2+1比1+2可能多些,例如:

自来水笔　九龙山人　萝卜丝_儿饼　(3为2+1)

红十字会　染指甲草　（3 为 1+2）

赵说这是因为（2+1）+1 的节奏比（1+2）+1 近乎 2+2，以致 3+1 的复合词被理解为 2+2，只要多少有点讲得通，例如无肺病｜牛被理解为无肺｜病牛，这种向 2+2 靠的压力还表现在把 1+3 改说成 2+2：

支｜编辑部 → 编辑｜支部　　北｜中山路 → 中山｜北路
二｜毛纺厂 → 毛纺二厂　　　新｜秋之歌 → 新秋｜之歌

五音节的复合词当中，2+3 的例子（<u>公共汽车站</u>、<u>螺丝推进器</u>）要多于 3+2 的例子（<u>无政府主义</u>、<u>降落伞部队</u>）。我们分析，这也是出于 2+2 的压力：2+3 分解为 2+2+1 自然，而 3+2 分解为 2+1+2 不自然，五言诗的节奏为 2+3 也是这个道理。① 甚至七言诗为 4+3（而不是 3+4）也是这个道理：4+3 分解为 2+2+2+1 比 3+4 分解为 2+1+2+2 更自然。

神经语言学通过 ERP 实验发现，四字格成语和非成语，当按照 2+2 韵律模式朗读时，无论句法结构如何，被试都感到很正常，反之，不按照 2+2 模式朗读，被试会在加工时感到困难，加工非成语词组比加工成语花费更多时间。（张辉 2016：第 8 章）为什么是这样，应该有一个解释，纯从记忆上看，对称的比不对称的便于记忆，大概是一个原因。但是为什么汉语及其他一些语言有四字格，还要一个语言学上的解释。

需要从学理上叩问的是，为什么四字格是"四"，而且是二二式而不是一三式、三一式或一二一式？这是一个重要（non-trivial）问题。何丹（2001：24）探讨《诗经》四言体的起源，曾这样提出问题：《诗经》时代的汉语是单音字为主的时代，而四字结构又要

---

① 五言诗行为 2+1+2 的数量很少。

以双音字组为基础，如何解答这个看似矛盾的现象？问题提得好。

字本位和字等价

答案首先在于，汉语以"字"为结构的基本单位。字是形、音、义、用的结合体，可以分析，不能分离，分离就破坏了它的完整性。必须要区分基本单位（primary unit）和强势单位（predominant unit），这两个概念不矛盾，但不是一个东西，汉语"字本位"是指字为基本单位。汉语语法的基本单位当然是字，古汉语里强势单位也是字，现代汉语基本单位还是字，虽然双音字组已经成为强势字组，单音字依然十分活跃。有人说，讲语法可以以字为本位，讲词汇就得以词为本位了。但是现代汉语的词典虽然名叫"词典"，实际都是以字为本位，先列字头，把字头的多个义项及其联系先讲清楚，下面各个词条的释义就方便简单了。如果像英语那样上来就列词条，释义就要啰唆复杂，而且难以看清词条之间的意义联系。现代汉语还要有"倒序词典"，西方语言哪里会有呢？记得有人统计，现代汉语的词汇从词型看双音词多得多，但从词例看，双音词和单音词的多少没有明显差异，这当然是因为单音词的使用频率和活跃程度大大高于双音词。许多双音复合词，可以将两个音节承载的词义归于其中一个音节，为构造新的复合词提供语素或造出单音节词（张博 2017），例如：

现金＞现（变现、提现、付现、收现、取现、现支、支现）

模特＞模（女模、男模、车模、衣模、名模、嫩模、学模）

这也说明，现代汉语双音字组为强势单位，这跟汉语以字为本位并不矛盾。赵元任（1968b）说，所谓的"汉语单音节神话"（金守拙所言）"在中国的神话里是一件最真的神话"。

然而"字本位"的含义不止于此，还指字与字大致等重等价，最小的字组是由两个对等项（equated terms）组成的二字组，主要是这个意义上的"字本位"造就的四字格。何丹（2001：32）在解答四字格为二二式时说，根本在于汉语一字一义一音节，单音节本身是一个节奏单位，就是一拍，每一拍都占有相对稳定的时间（等音段），容易形成以两拍为一个组合单位的短拍节奏结构。也就是说，先由单字组合成双字结构，然后又两两组合，四拍式等音段组合结构的基础是二拍式组合结构。现代汉语双音字组成为强势单位，拓宽了对言格式的范围和变化空间，但单音字等重等价的基础不变。

这个道理赵元任（Chao 1975）的文章早已讲清楚，汉语每个音节都带完整的声调，响度和长度大致相等。因此双音组合在语音上是大致等重等价的 1+1，不是英语那种偏重的 1+1（**con**duct、**pre**sent）或 1+1（con**duct**、pre**sent**）。拿复合词<u>管理</u>来说，<u>管</u>和<u>理</u>二字大致等重等价，所以在中国人的心目中成对，不像英语 ma**na**ge 两个音节不成对。同理，<u>老骥</u>和<u>伏枥</u>也是由成对的二字合成。简单说，均匀的 2+2 是均匀的 1+1 的放大版、充盈版。均匀的 1+1 和 2+2 是汉语的节律常态。

这是讲字在语音上等价，然而字是形音义用的统一体，字等价是同时在字形字音字义字用上等价。字形等价无须多说，每个字占据一个方块。字用上等价第九章已经说明，名字、动字、形容字都是用来指称的指称字，每个字都是"用字"。字义上等价指每个字都承载意义，虽然有虚实之别，但是虚实仍是一个统一体，这听上去有点新奇，需要费些笔墨来解释。

虚实统一

肯定有人要问，说每个字都是等价的，虚字和实字也是等价的吗？答案是肯定的。清袁仁林在《虚字说》里说"虚实恒相依，体用不相离"，郭绍虞（1979:95）在《虚词篇》里通过多方举证，进一步得出"虚实是一个统一体"的论断。这一论断没有引起学界足够的重视，有必要介绍如下。

古人对虚实的看法跟我们现在对虚实的理解很不一样，现在的理解受到印欧语语法概念的严重干扰。其实先是西方语法学家从中国传统引入字分虚实的概念，于是也在他们的语言里区分 function word（功能词）和 content word（内容词）。结果是"出口转内销"，沾上洋味后当代中国人也按人家功能词和内容词的区分来理解字分虚实。《虚词篇》厘清了以下几点：

第一，古人讲虚实并非绝对定位，并不以名、动、形三类为实词，虚和实不是二分对立，而是相对而言，没有明确的界限。代词、副词《马氏文通》称为实词，刘淇的《助词辨略》归入虚词（助词）。有人以形容词为实词而动词为虚词。袁仁林《虚字说》里，动词相对名词而言是虚词，<u>解衣衣我</u>、<u>推食食我</u>里的第二个<u>衣</u>、<u>食</u>是"实词虚用"。在实词中可有虚实之分，在虚词中也同样可有虚实之分，有所谓半实半虚和半虚半实之说。同一个死字，在<u>这是一条死胡同</u>里是实义，在<u>你这样下去是死路一条</u>里就是虚义了。单位量词有实义，个体量词就带虚义。

这里补充，名词也有虚实之分，《红楼梦》第三十七回写宝钗和湘云为海棠诗社的聚会拟诗题，二人商定题目只用两个字，要一个实字一个虚字，实字定为<u>菊</u>，跟虚字搭配成十二个题目如下：

忆菊　访菊　种菊　对菊　供菊　咏菊

画菊　问菊　簪菊　菊影　菊梦　残菊

<u>忆</u>、<u>种</u>、<u>问</u>、<u>残</u>等动词和<u>影</u>、<u>梦</u>两个抽象名词都属于虚字，<u>菊</u>这样

的实体名词才属于实词。第三十八回接着上一回写吃蟹咏诗,在宝钗做的《忆菊》诗、宝玉做的《访菊》诗里有这样必须对仗的二联:

《忆菊》:空篱旧圃秋无迹,冷月清霜梦有知。

《访菊》:霜前月下谁家种?槛外篱边何处秋?

《忆菊》一联,梦有知对秋无迹,知对迹,要是按英语说就是动词对名词了。《访菊》一联,何处秋对谁家种,秋对种,按英语说就是名词对动词了。参看 Shen（2017）。

第二,虚实由用法而定,"迨涉笔用之,始得其虚活处"(《虚字说》)。"古人讲虚实,侧重在它的转化作用","关键在用",汉语同时存在实词虚用和虚词实用两种用法。解衣衣我、推食食我是实词虚用,反过来（笔者补充）,动词用作主宾语就是"虚词实用",如御字用在其御屡顾,不在马里转指"驾御的人",用在吾何执?执御乎?执射乎?里自指"驾御这一活动"。

作为词尾或语气词的兮字在《楚辞》中与于、以、之三字异文:

朝发轫于天津兮。(《离骚》)

朝驰余马兮江皋。(《湘夫人》)（兮自有于字意义）

集芙蓉以为裳。(《离骚》)

网薜荔兮为帷。(《湘夫人》)（兮自有以字意义）

载云旗之委蛇。(《离骚》)

观流水兮潺湲。(《湘夫人》)（兮自有之字意义）

虽然不是兮字本身含有于、以、之这些意义,但是在用法中可以看出它向其他较实的虚词转化的迹象。又如发语词夫,在《左传》夫袪犹在,汝其行乎（僖公二十四年）和夫二人者,鲁国社稷之臣也（成公十六年）里有指示词彼、此之义,在使夫往而学焉,夫亦愈知治矣（襄公三十一年）里又有代词义（指尹何这个人）。助词若,用在一女必有一针一刀，若其事立里有"乃、则、如此"义，可归入副词一类，用在法若言，行若道（《墨子·节葬》）里又有指示词或代词的性质。

汉语的实字虚化大多是不彻底的，例如在果然、虽然里，然字的"如是"义固然消失，但是在不然中仍然存在。语法书只看到实词虚化的现象，如动词转为介词，忽视了极虚的语气词可以转化为较虚的介词、连词、代词。这里补充启功（1997:29）举的一例，唐人文兰亭已矣，梓泽丘墟（王勃《滕王阁序》），丘墟（实）对已矣（虚），因为丘墟有"荒废"义，与已矣"完了"义还是对得上，加上双声叠韵，虚实成对更不成问题。这叫"以虚作实实亦虚"。

第三，虚字可用可不用，或用或不用，如堤溃[于]蚁穴、气泄[于]针芒的于。用是表达某种语气，不用也是表达某种语气。《庄子·马蹄》里马，蹄可以践霜雪，毛，可以御风寒是一种语气，如果插进之字，说成马之蹄可以践霜雪，马之毛可以御风寒就是另一种语气。《左传·昭公三十一年》若得从君而归，则固臣之愿也，敢有异心，说得斩钉截铁，如果说成岂敢有异心乎就失去决绝的语气了。《木兰诗》军书十二卷，卷卷有爷名。阿爷无大儿，木兰无长兄，一称爷，一称阿爷；阿妹闻姊来，当户理红妆，于妹称阿妹，于姊不称阿姊。可见不用虚字的时候实词也能表语气。

第四，更有虚实结合成词。如话归本传、话分两头、总而言之、统而言之，都是虚实结合形成的四言虚词（按现在的说法是"话语标记"），复合词本身就有不少是虚实结合的虚实对，《诗经·邶风》雨雪其霏，在《小雅》里就是雨雪霏霏，《卫风·硕人》四牡有骄也何尝不可说四牡骄骄？四言互文也多虚实结合，如又说又笑、既好又省、有吃有穿。

《虚实篇》总结，在引入西方语法之前，古人讲虚实重在用，重在语法和修辞的结合，引入西方语法后讲虚实就只能在划分几大词类的基础上讲，于是变得不伦不类、面目全非，虚实之分也就形同虚设，没有实用意义了。

"虚实是一个统一体"，用当今的理论话语来阐释这个重要观点，可以归纳为以下三点：一、西方语言的功能词和内容词是语法范畴，汉语的虚字和实字是用法范畴。按李如龙（2018b）的说法，"实词和虚词在中国人的心目中同样是辞"，"辞"是指"言语的运用单位"。二、西方的功能词和内容词二分对立，是功能词就不是内容词，是内容词就不是功能词，最多小有交叉；汉语虚字和实字不是分立关系而是包含关系，不存在一个独立于实字类的虚字类，虚字类是包含在实字类中的有所虚化、虚化程度不等的一类字，而且这个类的范围不定，处于缩放的状态中。三、汉语的历史始终并存两股演化势力，一是虚化，一是充实，虚化和充实都是相对的、是在使用中进行的。

现代汉语语法对虚字"了"的研究，发现"了"和动词"有"（通常归入实词）在用法上存在系统的对应，这个现象再度得到关注（Wang 1965，胡建华 2008，王伟 2019），例如：听说了？有听说；研究员了？还没有；水果样样齐全，苹果了、橘子了、葡萄了……，水果样样齐全，有苹果、有橘子、有葡萄……。近来在"语法化"的研究领域，"虚词实化"的情形越来越受到重视，量词变名词，介词变动词，连词或介词变动词，副词变形容词，连词变介词等，李宗江（2004）、张谊生（2011）、吴福祥（2017）都有论述，尤以江蓝生（2012，2014）二文论证连词变介词最为确凿。双音化（属于对言格式化，见第七章"复合词和双音化"一节）就是在语义和语法上充实的一种重要手段，虚字也有双音化趋势,如:呜→呜呼,嗟→嗟乎,至→至于,况→何况,常→常常,恰→恰恰,自→自从,《红楼梦》里呢吗二字经常连用,这是语气的充实。沈家煊(2016a:369-374)在"名动包含"格局的基础上说明双音化"充实"是增强名性、减弱动性。从这个角度看,汉语的"语法化"既有实词虚化又有虚词实化,因为汉语的语法概念不同于印欧语的语法概念,虚实之别不同于印欧语的虚实之别。现将汉语和印欧语在虚实上的差别图示如下:

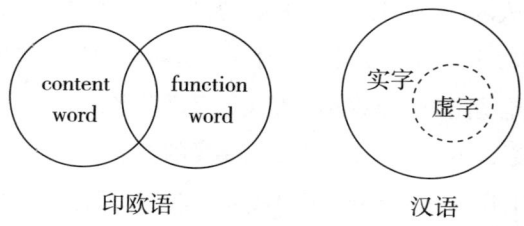

汉语实字虚字是语用的类,虚字是虚化实字,而且范围不确定(用虚线圈表示),这个"实虚包含"格局跟"名动包含"格局(动词是虚化名词,上篇第二章)是一致的。我们在"实虚包含"、虚字和实字在"字用"上等价、可以化约为一的意义上阐释"虚实是一个统一体"和"字之虚实有分而无分"(清谢鼎卿《虚字阐义》)。

双音化"充实"的语法作用图示如下,散点从无到有和由疏变密都代表充实,虚的变为较实,实的变为更实:

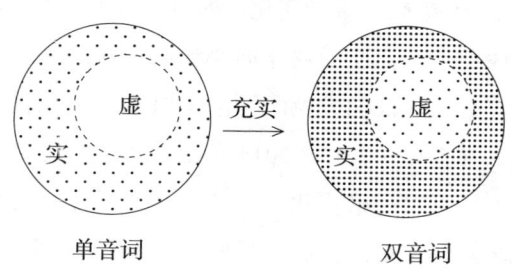

还会有人问，字有能单说和不能单说的，这是区分词与非词的标准，还能说字等价吗？汉语只能分出许许多多"像词"的单位来，这种分析不能说没有意义，但不符合中国人的心理和习惯。说北京话<u>鸡</u>是词<u>鸭</u>不是词，<u>鸭蛋</u>是词<u>鸡蛋</u>是词组，因为鸡能单说鸭不能单说（要说<u>鸭子</u>），这简直有点"兴风作浪，庸人自忧"（陆志韦1956）。虚字不能单说，但还是认定为词。陆志韦曾用"同形替代法"来离析单音词，后来自己承认离析出来的还是语素。（陆志韦1955）在中国人的心目中，单音和双音不论虚实在表达时可以互换，具有弹性，这才是重要的，字能不能单说的问题应该从双音化是"对言化"（第七章）这个角度来考察和认识。

IP 和 IA

上面已经说明四字格四字等价，然而要最终解答为什么是"四"的问题，有必要讨论对语言进行分析的两种方法。结构主义语言学发现，语法分析可以有两种方法，或者认为各个项目通过某些变化而结合在一起，或者认为只是怎么把这些项目排列起来的问题。前者叫 IP（Item and Process）分析法，译作"项目与变化"，后者叫 IA（Item and Arrangement）分析法，译作"项目与配列"。赵元任（1968a：104）指出，"在大多数情况下，IP 分析跟 IA 分析可以互相翻译，但是以某一种语言或者某种语言的某一方面而论，往往有采取这种分析比采取那种分析更方便或更有效的情况"。例如，按 IP 分析，英语 sing 的过去式 sang 是通过 i→a 这种元音变化造就的，这种说法简单明了，而按 IA 分析就得说是 sing 这个项目加 i→a 这个项目等于 sang，绕弯子很别扭。IP 分析是着眼于项目的类聚关系，如 sing/sang/sung，IA 分析是着眼于项目的组合关系，如 look+ed→looked。

现在来看汉语的互文四字语，互文四字语是最典型的四字语。其中有许多跟四字重言式十分接近，例如<u>干干玩玩</u>是重言式，<u>边干边玩</u>就是互文四字语了。

蹦蹦跳跳	活蹦乱跳	一蹦一跳	又蹦又跳	连蹦带跳
长长短短	你长我短	问长问短	有长有短	取长补短
说说笑笑	有说有笑	又说又笑	未说先笑	连说带笑
干干净净	一干二净	不干不净	半干半净	盆干碗净
花花草草	红花绿草	拈花惹草	弄花弄草	花败草枯

每行头一例是重言式，后边是互文四字语，都是互文见义，可以说重言式是最基本最简单的对言互文。四字重言式从大里看分两种模式，一种是 XYXY 及其变体，一种是 XXYY 及其变体：

XYXY	叮当叮当	琢磨琢磨	XXYY	零零碎碎	家家户户
XYXZ	有条有理	大天大亮	X不YY	酸不溜溜	滑不唧唧
X里XY	傻里傻气	疙里疙瘩	XX_RYY_R①	叽里咕噜	丁零当啷
XZYZ	七岔八岔	买空卖空	XXY/XYY	蹦蹦脆	冷冰冰

这两种模式虽然表意有区别，但是同出一源，都是为了加强语气（郭绍虞 1979：620）。下面以<u>指点指点</u>（我请你指点指点）和<u>指指点点</u>（别在背后指指点点）为代表，来分析这两类四字重言式：

    XYXY   XXYY
  指点指点   指指点点

对于 XYXY 式<u>指点指点</u>，按 IA 分析是 2+2，XY 项续加 XY 项，按 IP 分析是 2×2，XY 项通过一次重复的变化，两种分析均可，效果一样。对于 XXYY 式<u>指指点点</u>，按 IP 分析为 2×2 简单方便，即：

---

① 指只是韵母重复。

$$(X+Y) \times 2 = 2X+2Y$$

如果按 IA 分析就十分繁复,要说它是 XY 项加上"X → XX 和 Y → YY"这个变化项目的结果。这就好比在北京从公主坟到建国门,乘地铁一号线直达,用不着一号线换乘二号线。先小结如下:

指点指点　　$2+2=4$ 或 $2 \times 2 = 4$

指指点点　　$2 \times 2 = 4$

因此就四字重言式而论,总体上是按 IP 分析更方便有效。现在来看大量非重言的互文四字语(叫"准重言"更合适),它们可看作重言式 XYXY 的变体 $X_1Y_1X_2Y_2$,例如你来我往、青山绿水、男欢女爱、一干二净、拈花惹草等,其中 X_1 与 X_2、Y_1 与 Y_2 有类聚关系,可以互相替换或供选择,而要正确理解它们的意思,也应当用 IP 分析。青山绿水的意思不是 $2+2$ 的青山+绿水或青绿+山水(陆志韦1956),你来我往的意思也不是 $2+2$ 的你来+我往或你我+来往,而是 2×2,即 $(X+Y) \times 2 = 2X+2Y$,其中 X= 青/绿、你/我,Y= 山/水、来/往。同样,主人下马客在船(白居易《琵琶行》)一句,意为主人和客人一起下马在船,如果按 IA 分析,(A+B)+(C+D),译成英语 The host got off the horse while the guest was in the boat,那就曲解了原文的意思,简单有效的分析法也是 IP,$(X+Y) \times 2 = 2X+2Y$,其中 X= 主人/客人,Y= 下马/在船。凡是互文对言,都应当用 IP 分析,包括放大了的互文对言,如老骥伏枥,志在千里;烈士暮年,壮心不已。

英语形态学(词法)以 IA 分析为主(sing → sings),IP 分析为副(sing → sang),超出形态学的范围,如 mountains and rivers 就基本只适合 IA 分析,不像汉语山山水水这种重言式明显适合 IP 分析。总之就汉语而论,大量的互文四言格(包括重言式),打破词法和句法的界限，放大到语篇，既有组合关系也有类聚关系，有的适合 IA 和 IP 两种分析，有的只适合 IP 分析，适合 IA 分析的也适合 IP 分析，那么适合的统一分析法是 IP 分析。IA 注重组合和接续关系，IP 注重类聚和对称关系，所以说英语是"以续为本，续中有对"，汉语是"以对为本，对而有续"。

神奇数字四

最终可以来解答四言格为什么是"四"的问题。两个原因相依相成。一个是汉语的特性，每个字在形音义用上等价，上文已有详细说明，一个是数字 4 的特性，数字中除了零唯有 4 这个数既是一个数自加的结果又是这个数自乘（平方）的结果，即 $4 = 2+2 = 2×2$。凡乘法都可以还原为加法，而加法变为乘法的条件是被加数相等，这是数学常识。汉语"字等价"因此符合加法变乘法的条件，两者相结合，榫卯对接，正好满足汉语广泛的互文对言的要求。这就回答了四字格的成因，回答了为什么偏偏是"四"这个问题。

四字格是二二式也因此得到解释。除去零，当且仅当 X=2 时，$X+X=X^2$。双音字组可以由两个单音字相加得出，也可以由一个单音字乘以 2 得出，但条件是单音字必须是等重等价的，偏重不等价的 **1+1** 或 1+**1** 就只能是 1 相加的结果，不可能是 1 乘以 2 的结果。所以四字格二二式可以是 2×2 式，根子在于单音字在形音义用上等价，"乘以 2"就是翻倍的放大投射。如果是不均匀的音节组合，如 **1**+1，放大投射的结果是 **11**+11（英语里不存在），而相加的结果是 **1**1+**1**1，这正是英语轻重交替的节奏常态，如 **intro**duc**tion, go** and **get** it。

四字格在具有分析性特点的汉藏语（藏缅、苗瑶、壮侗）里普遍存在，是汉藏语不同于印欧语、阿尔泰语的一个重要特征。汉藏语内部，形态变化相对丰富一些、词根单音节特征相对弱一些的，如藏语、南部羌语、普米语等，四字格也相应的不太发达。分析性语言还多见重言叠词，这都不是偶然的。（孙艳 2005；戴庆厦、闻静 2017）班弨、宫领强（2013）根据孙艳的统计材料，在类型学视角下讨论汉藏语四字格与相关结构形式的蕴涵关系，结论是"有声调蕴涵有四音格"，"属于单音节语蕴涵有四音格"。

至此我们终于明白为什么汉语对言格式以四字格为基干。要把本来是类聚关系的对等词语拉到横向组合轴上，最小的组合序列是二二式四字序列，四字格的缩放形成通体对言格局。参看沈家煊（2019）。

至此我们也更加明白语言植根于对话的道理，对话结构的基本单位是"邻接对"（第八章"会话分析"），也就是上下两个话轮邻接成对。最简单整齐的邻接对就是互相打招呼，如 Hi 嗨对 Hi 嗨，又如《礼记·檀弓》讲"曾子易箦"的故事：

子春曰："止！"参子闻之，瞿然曰："呼！"

对答方式千变万化，但根本是这种最简单的匀称的一一式。

对言同构性

从字组放大到语篇，通体成对言格局，这叫"对言同构性"。语言的这种同构性跟宇宙学里所说的"标度不变性"（scale invariance）一致。现代宇宙学的发展证明，从某些角度看，宇宙是一个简单、和谐的体系，存在着"完美的形式""令人惊叹的对称性"。宇宙不是静态的，而是均匀膨胀或均匀收缩的，这是对宇宙的动态解释。具体说，许多宇宙学家相信宇宙起源于大爆炸，随后经历了一次短时间内的超加速膨胀，即暴胀。相信暴胀理论是因为，对于我们观测到的宇宙的特征，只有这个理论能提供简单的解释。根据量子物理的基础知识，我们能够确定在暴胀结束时，整个宇宙中温度和物质的密度必然是各处不同的，这在观察到的射电图谱上表现为热点和冷点交杂分布。然而重要的是，无论宇宙的尺度怎样缩放，热点和冷点的分布模式不变，这个性质科学家称之为"标度不变性"，最新的普朗克卫星图谱进一步证实了这一点。（伊尧什等 2017）

"标度不变性"不仅仅是宇宙学中的概念，物理学、数学、统计学、经济学中都用到这个概念。作为宇宙的一部分，人及其语言必定也具有标度不变性。汉语语法的标度不变性，朱晓农（2018a）称之为"同构性"，并举例如下（略有改动）：

	词	短语	句子
主谓	夏至	花开	花儿凋谢。
述宾	炒米	炒饭	炒了他的鱿鱼。
述补	提高	看清楚	累得他气喘吁吁了。
偏正	白菜	白马	好一朵美丽的茉莉花！
联合	道路	诗歌散文	一边老婆一边老母呀！
连动	进去	开门迎客	打开门把客人迎进来吧。
前附	老三	至于天气	何况你也用不着。
后附	棍子	修路的	该来了是吧？
重叠	清清楚楚	一下一下	来吧来吧。

同一个字组，例如头疼，可以是词（<u>让你头疼了吧</u>）、短语（<u>头疼医头，脚疼医脚</u>）、句子（什么不舒服？<u>头疼</u>）。（李如龙 2018b）汉语的事实是，一个词或短语只要加上一定的语调或语气词就是句子，汉语的句子是"用句"（第三章）。

科学研究追求简单和单纯，以上描述的同构现象应该进一步概括，概括为对言格式的同构性，即通体缩放性对称格式具有"标度不变性"，因为我们至此已经着力说明，在汉语里，主谓、述补、偏正、联合等关系具有"不确定性"，在一个更高的层次上都属于两个对等项的并置关系，虚词实词相对而言，使用上是一个统一体，从构词到造句到组织语篇都是通过比对的方式。

十二　链接对

　　汉语积字生句成篇，上一章讲通过对言的缩放，这一章讲通过对言的链接。上篇讲流水句的并置性已经举例说明，表达和理解并不是非靠层次结构不能实现，靠扁平结构同样能实现，第九章又以<u>大型白色自动洗衣机</u>和<u>剑桥八月二十三日国际东方学者会议宣读论文</u>为例来加以说明。按照这个思路，<u>老骥伏枥</u>一句可以分析为三个指语对，分别对应于传统分析的定中、主谓、动补三种结构类型：

　　老者，骥也；骥者，伏也；伏者，枥也。→ 老骥伏枥。

　　指语对 1　　指语对 2　　指语对 3
　　（定中）　　（主谓）　　（动补）

　　无须借助定中、主谓、动补这些概念，也无须采用层次分析，就依靠扁平结构和首尾相连的指语对，叫"链接对"，照样可以实现对这个句子的理解。扁平结构能实现表达和理解，关键在于对言明义。第七章说明<u>老骥</u>和<u>老笋</u>，<u>伏枥</u>和<u>伏虎</u>，<u>老</u>和<u>伏</u>的意义都是通过搭配的对字明了的，不对言无以明义。同样的道理，由于有第一对<u>老－骥</u>的对言明义，第二对<u>骥－伏</u>里的<u>骥</u>已经不是指一般的骥，而是指老和骥的交集，第三对<u>伏－枥</u>里的<u>伏</u>已经不是指一般的伏，而是指老骥和伏的交集。这样的理解过程符合实时的心理处理过程，与通过层次分析获得理解的过程并不矛盾，效果相同，但更加简捷。如果在屏幕上一字一字依次打出（打英文字也行）：

老	骥	伏	枥
old	steed	lie	stable

依靠常识和经验，打完最后一字就理解了，不必等四字都出现后按层次做主-动-宾的分析才理解。这个理解模式容纳主谓结构的理解模式，正如罗素把主谓句凯撒死了分析为"断言了两个类的共同成员的存在，这两个类分别是：是凯撒的那类事件和是死亡的那类事件"（陈嘉映 2011），老骥伏枥这个主谓句是断言老骥类和伏枥类的交集的存在。当然这种理解方式的前提是句子的字数不能太多，因为人的短时记忆能承受的限度约七个组块，而注意的跨度约为四个组块。这还跟人的呼吸有关，启功（1997：58）指出，音乐都不出乎四拍或四节，再多就接不上气了。这正是汉语流水句都为短句的原因，沈家煊（2017c）统计话本式长篇小说《繁花》的句长，平均为五个字，七字以上的只占 12%。

顶真格

对言的链接是一种顶真现象。顶真是顶真续麻的省称，也叫蝉联、联珠、连环，过去认为是一种修辞格，指上一句末尾的词作为下一句开头，首尾相重，形式上成为一种链式序列，表达上前后意思紧扣，气势连贯而下，有"历历如贯珠"的节奏美。顶真见于句内、句间、段间，而且各种文体都有，描叙事物情境的递承关系，推论事理的因果连锁关系，都离不开顶真。顶真的源头可追溯到《诗经》：

天之生我，我辰安在？（《小雅·小弁》）

其德克明，克明克类，克长克君。(《大雅·皇矣》)
相鼠有皮，人而无仪；人而无仪，不死何为。(《鄘风·相鼠》)
道生一，一生二，二生三，三生万物。(《道德经》)
出门看火伴，火伴皆惊忙。归来见天子，天子坐明堂。《木兰辞》
力拔山兮气盖世，时不利兮骓不逝。骓不逝兮可奈何，虞兮虞兮奈若何。(项羽《垓下歌》)

顶真运用到极致的例子：

他部从，入穷荒；我銮舆，返咸阳；返咸阳，过宫墙；过宫墙，绕回廊；绕回廊，近椒房；近椒房，月昏黄；月昏黄，夜生凉；夜生凉，泣寒螀；泣寒螀，绿纱窗；绿纱窗，不思量。呀，不思量除是铁心肠，铁心肠也愁泪滴千行。(马致远《汉宫秋》剧)

老猫老猫，上树摘桃。一摘两筐，送给老张。老张不要，气得上吊。上吊不死，气得烧纸。烧纸不着，气得摔瓢。摔瓢不破，气得推磨。推磨不转，气得做饭。做饭不熟，气得宰牛。宰牛没血，气得打铁。打铁没风，气得撞钟。撞钟。撞钟不响，气得老张乱嚷！(《北平歌谣·老张》)

起起蹬，架黄莺。黄莺落，戴纱帽。纱帽高，买把刀。刀不快，切韭菜。韭菜青，买个弓。弓没弦，买个船。船没底，买个笔。笔没头，买个牛。牛没爪，买个马。马没鞍，上西天。西天路，扯红布。红布禧，买只鸡。鸡不叫狗不咬，杀了吃了白拉倒。(老北京童谣)

顶真分布面广，各种语体中都出现，为大众所喜闻乐见：

猪多肥多，肥多粮多，粮多猪多。(1959年上海《解放日报》)
骆驼进万家，万家欢乐多。(骆驼牌电扇广告词)
处处有真诚，真诚在爱心。(爱心婚姻介绍所广告词)

金陵塔,塔金陵,金陵宝塔第五层,五层宝塔廿只角,廿只角浪挂金铃……(《金陵塔》唱词)

指挥员的正确的部署来源于正确的决心,正确的决心来源于正确的判断,正确的判断来源于周到的和必要的侦察……(毛泽东《中国革命战争的战略问题》)

《花为媒》唱词里的顶真:

用目打量,打量她多才多貌。

闯的人,人心乱,乱一团,团团转,转团团。

怎知我,我抢了先,先来到。

到得早,早不如巧,巧不如恰,恰恰当当我们拜了花堂。

放大了看,顶真格还见于语篇,章回小说每一回的开头是"话说……",就是重复并接着上一回的话头往下续说。顶真和互文、回文经常交织在一起。

主谓同辞

顶真在汉语里只要求首尾相重,不受其他形式束缚,不论词性,不分词、短语、小句,包容各种语法关系,甚至只要谐音就行。朱自清在《中国歌谣》里提到《吴歌甲集》,说江浙一带有一种"对子式"游戏,叫作"接麻",接续可用谐音字,例如:

俫姓啥?我姓白。白个啥?白牡丹。丹啥个?丹心轴。轴个啥?轴子。子啥个?……

如此可至无穷。从这个接麻游戏的问答形式得知,平叙的顶真源自对话的重复和对应,重复和对应有增进互动、唤起共鸣的作用(见第八章"会话分析")。这个例子还表明,对话本身就是目的,不带意义的"无情对"也是"有情对"。

把顶真只看作修辞手段,这种看法过于狭隘,顶真格实为汉语的一种结构性的普遍格式。如果从主谓结构的角度看这种现象,可称之为"化谓语为主语"(郭绍虞 1979:152),截取《汉宫秋》的四句为例:

近椒房,月昏黄,月昏黄,夜生凉。

月昏黄先是近椒房的谓语,后是夜生凉的主语,按本书的说法就是"化续说为起说"。这样看来,汉语不仅是"施受同辞"的语言,而且是"主谓同辞"的语言,即主语和谓语采用同一形式,二者可以化约为一,用布龙菲尔德的话说,主谓结构在汉语里"是等式型的",主语和谓语可视为"对等项"(第六章"布龙菲尔德说")。

动态处理

"认知语法"新近的进展之一是"提取和激活"(access and activation)理论(Langacker 2012;张翼 2018),这个理论把句子的结构还原为语序引导下一种动态的认知处理,具体说是连续构建一个个注意视窗,语法单位在注意视窗中互相提取和激活,决定语义解读。例如下面一个英语句子:

He sadly missed his mother.

他很伤心,想念母亲。

副词 sadly 虽然在结构上修饰后面的动词,sadly 和 missed 构成一个注意视窗,但是在这个视窗之前,sadly 的词根形容词 sad 还跟前面的主语 he 构成一个注意视窗,在这个视窗中 he 和 sad 也互相提取和激活,形成概念上的主谓关系,也就是 sadly 既在前一个视窗内又在后一个接续的视窗内。这个理论模型特别适用于汉语,上面那个英语句子在汉语里的习惯表达不是他伤心地想念母亲而是对言式的上下句他很伤心,想念母亲。余光中(1987)提到英文的副词形式迁移到中文,造成"英式中文",例如:

老师苦口婆心地劝了他半天。(应改为:老师苦口婆心,劝了他半天。）

他苦心孤诣地想出一套好办法来。（应改为：他苦心孤诣，想出一套好办法来。）

大家苦中作乐地竟然大唱其民谣。（应改为：大家苦中作乐，竟然大唱其民谣。）

就老骥伏枥而言，连续开视窗的认知处理过程如下：

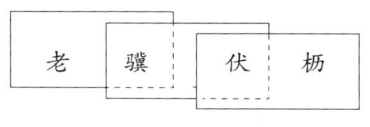

视窗1　视窗2　视窗3

这种动态处理方式相当于上面所说的"顶真续麻"，也相当于汉语语法经常讨论的"递系式"（见下）。

更有形式语义学家提出"动态句法"（Kempson *et al.* 2001, Cann *et al.* 2005），设计一种动态逻辑（dynamic logic）来刻画语句从左至右、逐次递进的语义组合方式，以此来解释语言普遍的结构特性。参照 Cann *et al.*（2005：38），老骥伏枥一句的语义组合方式和解读过程有如一棵树的生长（tree growth）：

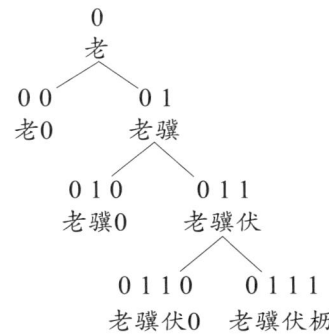

每个节点都用 0 和 1 标示，节点 n 下辖的左子节点标为 $n0$，右子节点标为 $n1$，也就是一次增加一个信息。注意这里的节点不是代表字词，而是代表对字词在上下文和语境中的解读。最重要的是，这棵语义结构树是处于生长中的树，表示的是语义的递进生长过程。语序不同，<u>老骥伏枥</u>和<u>骥老枥伏</u>，生长的次序不同，但根本都是树在生长。Langacker（2016）对这种动态加工有类似的表述。

递系式

递系相连

递系式是紧缩的顶真格式。<u>你通知他，他来开会</u>是顶真，<u>你通知他来开会</u>就是递系式，<u>我托你，你带给他</u>是顶真，<u>我托你带给他</u>就是递系式，顶真项同形合并就成为递系式。递系式的名称取"递相连系"之意，后来改叫兼语式，是受主-动-宾结构分析法的影响，说前一个动词的宾语兼为后一个动词的主语，如果摆脱这个影响，主谓同辞，还是叫递系式好。吕叔湘（1979：83–85）指出兼语式存在跟其他结构难以划清界限的问题，而且不适合层次分析，一个动宾结构套上一个主谓结构，无法采用"二分法"，也就无法纳入印欧语的语法框架。于是有人想要取消兼语式，但是一直没有取消得了。王力说，"汉语和西洋语法相同之点固不强求其异，相异之点更不强求其同"，这个思想在《中国语法理论》和《中国现代语法》里都有表述，表述的重点在后一句，递系式正是按这一思想提出来的。

后来的进展不是取消递系式而是递系式的泛化。吕叔湘

（1979:85）说，我有一期画报丢了，通常说是连动式，不叫兼语式，因为一期画报是受事不是施事，但是句子里还可以有别的关系，如我有办法叫他来（工具），我这儿有人说着话呢（交与），你完全有理由拒绝（理由），我们有时间做，可是没有地方放（时间地点）等，吕先生因此主张把兼语式和连动式都放在"动词之后"这个总问题里来考虑。朱德熙（1982：第12章）也提出兼语式应该跟连动式合并为一，统称为连谓式，合并的理由很简单，汉语的主语不是以施事为主，不能因为中间的名词指施事就说是兼语式，不指施事的就看成连动式。

广义递系式

递系式的范围还应该扩大，没有理由阻止扩大。从汉语结构的同构性放大了看，下面这个三联流水句也有递系的性质，可看作一种广义的递系式，由顶真格式紧缩而成：

老王呢，又生病了吧，又生病了吧，也该请个假呀。（松式）

老王呢，又生病了吧，也该请个假呀。（紧式）

可见流水句的链接有松、紧两种形式，松式的同形部分合并，成为紧式。松式是顶真式，紧式是递系式：

    顶真式   递系式

我銮舆，返咸阳；返咸阳，过宫墙→我銮舆，返咸阳，过宫墙

过宫墙，绕回廊；绕回廊，近椒房→过宫墙，绕回廊，近椒房

上篇讲流水句的断连性，已经说明同形合并不受词性的限制，再举例如下：

双心一影俱回翔，吐情寄君君莫忘。

翡翠群飞飞不息，愿在人间比长翼。（沈约《四时白纻歌五首》）

君是名词，飞是动词，这没有关系，合并紧缩后就是<u>吐情寄君莫忘</u>和<u>翡翠群飞不息</u>。又如：

谁重断蛇剑，致<u>君</u>君未听。（杜甫《奉酬薛十二丈判官见赠》）→致君未听

粝食拥败絮，苦吟吟过冬。（唐·裴说《冬日作》）→苦吟过冬

因此，递系式不应限于星垂平野阔、月涌大江流这类递系项是名词的句子，还应包括递系项是动词的句子，如<u>飘零为客，为客久</u>→<u>飘零为客久</u>，<u>江雨夜闻，夜闻多</u>→<u>江雨夜闻多</u>，还有<u>枪声响不绝</u>这种谓语是动补结构的句子：

枪声响，响不绝。→枪声响不绝。

树叶落，落无声。→树叶落无声。

鸟儿飞，飞不停。→鸟儿飞不停。

<u>响</u>、<u>落</u>、<u>飞</u>向前看是续说，向后看就是起说。说响<u>不绝</u>等是动补关系不假，但是第九章已经说明，补语<u>不绝</u>就是对动词响的续补说明，因此并不排斥起指-续指对的分析，从根本上说动补式是指语对。动补式包括动宾式，宾语也是对动词的续补说明：

大风刮，刮山头。→大风刮山头。

大肚能容，容天下难容之事；

开口便笑，笑世间可笑之人。（北京潭柘寺弥勒殿联）

→大肚能容天下难容之事，开口便笑世间可笑之人。

合并紧缩后成为连动式的情形，除上面《汉宫秋》的例子，还有：

知止而后有定，定而后能静，静而后能安，安而后能虑，虑而后能得。(《大学》)

→知止而后有定，能静，能安，能虑，能得。

痴则贪，贪则嗔，嗔则伤人种苦因，故知痴是苦；

戒而定，定而慧，慧而悟道成师匠，当以戒为师。（潭柘寺弥勒殿联）

→痴则贪、嗔、伤人、种苦因，戒而定、慧、悟道、成师匠。连动式<u>唐寅卖画度日</u>因此是<u>唐寅卖画</u>，<u>卖画度日</u>的紧缩合并。①

古汉语有表原因和表结果用同一词形的情形，引起注意和探究（曾冬梅等2017），例如：

为难故，故欲立长君。（《左传·文公六年》）

前一故表原因，后一故表结果，同形合并有两种方式：

为难故，欲立长君。

为难，故欲立长君。

此例能很好说明流水句的断连性和链接性，也说明"虚实一体"（见上一章），<u>故</u>既是连词也是名词。与<u>故</u>类似的词还有<u>缘</u>、<u>因</u>、<u>以</u>、<u>由</u>等。

这样看来，过去把递系式看作汉语的一种特殊句式，这个看法是偏狭的，<u>应该说汉语的结构具有广义的递系性</u>。语言不是只有依靠递归性才能传情达意，靠递系性也能传情达意（第三章"流水句"）。递归不见得是人类特有的能力，最新的研究表明非人类的

---

① 王力（1984：133-144）论述的递系式已经是广义的，界定为"凡句中包含着两次联系，其初系谓语的一部分或全部即用为次系的主谓者"。按照这个界定，不仅<u>迎春又命丫头点了一支梦香甜</u>、<u>幸亏是宝二爷自己应了里的丫头和宝二爷</u>是连系项，而且<u>我来的不巧了</u>、<u>他到得太晚了</u>里的<u>来</u>和<u>到</u>也是连系项（附词的/得相当古汉语<u>也</u>字，如<u>鸟之降死，其鸣也哀</u>）。还可进而推广到<u>我买两个绝色的丫头谢你</u>这种连动式，<u>买两个角色的丫头</u>是连系项。汉语的动词和动词组本来可以做主语（话题），所以没有任何规则可以阻止这样的分析。

灵长目动物如猕猴，通过训练也能产出含两个层次的内嵌结构，人类儿童只是获得这种能力的速度快、学习的策略比较高级。(Jiang 等 2018) 递归性是不对称主从结构的性质，递系性是对称性链接结构的性质。

汉语的递系组织原理类似动画的制作原理，不妨说汉语是一种"动画型语言"。

平接型的链对格式

广义递系式的松紧可变性来自流水句的断连性（上篇第三章），二者是一回事。举例来说，南齐的谢赫论述画品，提出"六法"：

一、气韵生动是也。　　四、随类赋形是也。

二、骨法用笔是也。　　五、经营位置是也。

三、应物象形是也。　　六、传移模写是也。

然而钱钟书在《管锥篇》对六法的断句却是这样的：

一、气韵，生动是也。　　四、随类，赋形是也。

二、骨法，用笔是也。　　五、经营，位置是也。

三、应物，象形是也。　　六、传移，模写是也。

一是起指，气韵是续指，同时又是后一个续指生动的起指；六是起指，传移是续指，同时又是后一个续指模写的起指。起指和续指不分名词动词，都是指语，形成链接对。气韵生动，气韵就是生动，二者互文。以上是没有断开的可以做断开解，还有断开的可以做不断开解，启功（1979：31）举杜诗《春夜喜雨》的二联为例：

好雨知时节，当春乃发生。

晓看红湿处，花重锦官城。

虽有逗号断开，但当春仍紧承时节，时节，当春也，花重仍紧承湿处，湿处，花重也。有人讨论唐诗里所谓节奏压倒意义的情形，例如：

永夜角声悲自语，中天月色好谁看。（杜甫《宿府》）

说意义的联系是角声悲、月色好，但是按节奏是念成永夜｜角声｜悲自语，中天｜月色｜好谁看。这又是从主谓结构的角度看问题，从流水句的角度看，这是递系式，悲、好既是前边角声、月色的续说，又是后边自语、谁看的起说，谈不上节奏压倒意义。还有大家熟知的故事，有人抄录王之涣的《凉州词》，漏了一个间字，于是重新断句，改成一首词：

黄河远上白云间，　　　黄河远上，白云一片
一片孤城万仞山。　　　孤城万仞山。
羌笛何须怨杨柳，　　　羌笛何须怨？
春风不度玉门关。　　　杨柳春风，不度玉门关。

汉语的这种灵活性是流水句的断连性、结构的递系性造成的。

上罩下下承上

启功（1997:65）认为，汉语的造句规律很简单，就是"上罩下、下承上"的方法。不仅大型白色自动洗衣机那样的连名式是这样，花钱买来搁着不用当摆设那样的连谓式是这样，一般的句子也是这样的构造法，例如两岸猿声啼不住，轻舟已过万重山两句（实在说不出跟现代白话有什么本质的区别），按启功的意思不是非要按主谓结构做层次分析才能理解，完全可以按一个扁平结构分析为若干链接对的接续，同样能实现理解：

两岸者，猿声也；猿声者，啼也；啼者，不住也。
　　轻舟者，已过也；已过者，万重也；万重者，山也。

细究的话，<u>轻舟</u>也是<u>轻者舟也</u>，<u>已过</u>也是<u>已者过也</u>，但是当<u>轻舟</u>、<u>已过</u>，还有<u>万重山</u>已经形成一个组块（chunk）后就不用再做内部分析。推而言之，汉语通通都是"X者Y也"这样的起指-续指对，通过上罩下下承上链接成文，通通是平接型的链对格式，链接成分不限词性，不论大小，这就是"动画型语言"。

起承转合

　　四言的链接方式传统叫"起承转合"，这个名称起初指作诗法，"作诗有四法：起要平直，承要春容，转要变化，合要渊水"（元·范德矾《诗格》），后来指文章的习惯章法，甚至泛指写文章，特别指写八股文。尽管有人认为起承转合是"文章气韵，难以捉摸"，但是一直没有被抛弃，进而成为一种思维格式，一种艺术创作的结构技法。启功（1997：46-47）举例说明，一般的行文习惯都是起承转合，"这种规律是其内在的，而不是外加的或套上的"，如《论语》里：

　　（起）有子曰，（承）其为人也孝弟，（转）而好犯上者，（合）鲜矣。

　　（起）君子务本，（承）本立而道生，（转）孝弟也者，（合）其为仁之本与？

　　需要指出的是，起承转合也是起承-转合的二二式，起承一截，转合一截，承和转之间有一个缝隙。严格的起承转合跟韵脚格律有关，绝句是一、二、四句协韵，第三句不协韵。重要的是，起承转合的链对格式也是对称缩放型的：

     老骥 伏枥
    起承 转合
   老骥伏枥 志在千里
   起 承 转 合
老骥伏枥志在千里 烈士暮年壮心不已
  起 承 转 合

如启功所言，"小至字词之间，中至句与句之间，大至几句的小段与另一小段之间，无不如此"。

  起承转合四言式可以压缩为上中下三联组，中联兼为承和转，例如：

  （上）子曰，   （上）我銮舆，
  （中$_1$）博学于文，   （中$_1$）返咸阳，
  （中$_2$）约之以礼，   （中$_2$）返咸阳，
  （下）亦可以弗畔矣。 （下）过宫墙。

  左式是启功举《论语·雍也》的例子，中联含中$_1$和中$_2$，合一起既承上又转而启下。这种格式跟右边的顶真格式没有本质的区别，顶真格式的中联是重复，左边的中联是一种准重复的互文，可视为重复的变体。

平行处理

  语言的结构就其本质而言是极其简单的。生成语法的新进展是，在句法操作上用"合并"（merge）取代"移位"（move），因为合并很可能是一种最简单的、自然而然的句法计算操作，两个要素 X 和 Y 合并产生集合 {X,Y}，X 和 Y 不讲次序。（乔姆斯基 2018）有人进而提出一种"平行合并说"（Citko 2005），提出平行合并既是逻辑的必然，更是为了解决包括连动句、递系句在内的一系列句式难以解决的生成问题。例如下面这个连动式递系句<u>买一份</u>

报看，吕叔湘（1979：84）早就指出难以采用二分法来分析，平行合并处理可以解决这个难题，图示如下（转引自叶狂 2018）：

买一份报看。

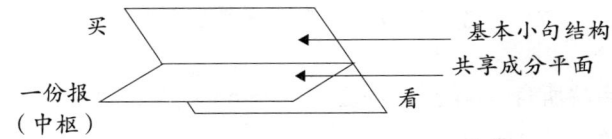

中枢成分（pivot）一份报既与前面的成分买合并又与后面的成分看合并，这两项合并是并行进行的。实际上，平行合并是把合并操作从二维推广到了三维，合并对结构没有规定，任何成分都可以充当中枢参与到平行合并中来，这就取消了生成语法曾经提出的通过复制来实现移位的操作，从而使句法变得更加简单。如果说一维的线性结构是二维的平面（层次）结构的投影，那么二维的平面结构就是三维的立体结构的投影。

生成语法"最简方案"（MP）起初规定，合并 a 和 b 得到的成分得加上 K 标签（label），K 等于 a 或者等于 b，也就是说 K 的属性由它所包含的一个成分 a 或 b 决定。这样的规定显然是为了维持结构的层级性和向心性。最简方案后来主张自由合并，对称合并，加标作为合并的要素已被取消，结构的层级性和向心性放到句法与语音、语义的接口部分得到解释。Chomsky（2004）之后，独立的移位操作干脆取消，重新解释为合并操作的一个子类。（转引自吴玲兰 2018）这是生成语法一个十分重要的理论进展，意味着递归性可能不再是句法的必备特征，似还未得到学界足够的重视。按照这个新思路，不妨说汉语的句法方案就是最简方案，因为它的结构性操作就是并置成分的合并。

上述并行操作在经典的生成语法框架里会遇到困难，一个可能造成的困难是"格冲突"，难以处理选他当代表这种非连动式的递系句（他兼为宾格和主格）。并行合并还想解决西方语言中"驴子句"的生成问题，第十章末尾讲到汉语式驴子句的特色是采用对言形式，例如英语式驴子句 Whoever owns a donkey beats it，汉语的相应表达是谁有驴，谁打驴，其中两个同形疑问代词呈对称性"互相约束"（reciprocal binding）。这种对言式在一些印欧语中也有，但不是主流说法，例如意大利语（Huang 2018）：

quando si è alti, si è belli.

if one is tall, one is handsome.

谁个高，谁漂亮。

汉语式驴子句不仅以互文对言式为习惯表达式，而且互相约束的同形疑问代词出现的位置有多种可能，例如：

abcb　有什么吃什么。

abac　谁有钱谁请客。

abbc　轮到谁谁请客。

abca　哪里苦去哪里。

这对经典框架内的平行合并说是一个挑战。①

关键的问题在于，上面图示的那个三维模型本身还是不对称的，是一头重，主平面是基本小句结构，它还是建立在不对称主从关系之上的递归结构，共享成分在次平面上，而且只有半面。对汉语大量的对言互文来说，我们需要一个对称的三维模型。以你来我往为例，你来的合并和我往的合并是平行进行的，你我和来往二者

---

① 参看 Luo and Crain（2011），该文把这种构式看作一种特殊的话题-说明结构，表示一对指称语的等同关系。

互为中枢、互为共享成分，两个平面不分主次：

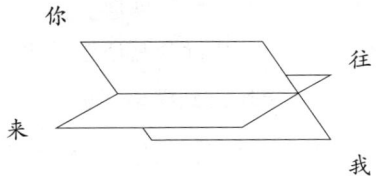

放大到互文老骥伏枥，志在千里；烈士暮年，壮心不已，处理方式一样。这个对称的三维模型能涵盖不对称的三维模型，因此也能解决递系句的生成问题，而且能摆脱"格冲突"的困难（因为汉语"施受同辞"，不分主宾格）。它既能生成互文众叛亲离也能生成它的回文离亲叛众。

然而更重要的是，"合并"这个概念还不足以处理互文现象，因为你来我往和众叛亲离不是简单的 1+1 或 2+2 的合并，它是一种"统合"，其含义就是互文见义，合并的结果要作为统一的整体来看待，两个组成部分不能割裂开来。Jackendoff（2011）提出，关于大脑对语言的组合操作，其特性要用统合（unification）取代合并（merge）。例如，英语 *John drank the apple/John drank it，这种词项搭配的选择限制只能用统合来解释：drank it，合并前 it 本身并没有流汁的意义，是跟 drank 互文才获得这个意义的。我们也已指出，汉语老骥和老笋，伏枥和伏虎，老和伏的意义都是跟搭配的字互文显现的。Jackendoff 还指出，最简方案合并说的出发点是假设语言的设计是最佳的，简洁无冗余，讲究计算效率，但是实际的语言中有大量的冗余或重复成分，如 three books，复数标记 -s 就是冗余的。汉语对言不避重复，传情达意一体，非复沓不可。

平行处理的概念确是十分重要，如果说处理是计算，那么平行处理需要平行计算。对于传统计算机来说，它处理的通常是二进制码信息，比特（bit）是信息的最小单位，它要么是 0，要么是 1，对应于电路的开或关。在量子计算机里，一个比特不仅只有 0 或 1 的可能性，它更可以表示一个 0 和 1 的叠加，可以同时记录 0 和 1，这样的比特可称作"量子比特"（qubit）。假如计算机读入了一个 10 比特的信息，所得到的就不仅仅是一个 10 位的二进制数（比方说 1010101010），事实上因为每个比特都处在 0 和 1 的叠加态，计算机处理的是 2^{10} 个 10 位数的叠加。换句话说，同样是读入 10 比特的信息，传统计算机只能处理一个 10 位的二进制数，而量子计算机则可以平行处理 2^{10} 个这样的数。（曹天元 2005：253-254）从量子计算看，汉语的复合字阴阳是一个量子，阴 = 0，阳 = 1，阴阳同时代表了 0 和 1，是 0 和 1 的叠加态，因此是一个量子比特的信息单位。汉语以互文对言为本，非量子计算无从处理。

链接对的成因

对话链接性

链接对的成因，归根结底，是对话具有递系性、链接性。第八章"会话分析"一节说明，对话结构的常见单元，与其说是一上一下两个话轮组成的邻接对，不如说是三个话轮"引发—应答—反馈"构成的三联组，中间的应答既是引发的结果，本身又引发下一个应答。

A_1　　Okay.　　好吧。

B_1　　Okay.　　好吧。

A_2　　Bye.　　　再见。

B₂　Bye.　　　再见。

（转引自 Levinson 1983：325）

这是对话的结束部分最常见的四话轮组合（起承转合），为重复型的二二式，其中 A₁ 的 Okay 是起问对方还有没有其他的话要说，B₁ 承接回应 Okay 是表示可以结束对话了，于是引发 A₂ 转而说 Bye，B₂ 必须对这个引发做出回应，闭合对话。注意这里不仅有两个 AB 对（是重言<u>好吧好吧</u>、<u>拜拜</u>的来源），还有当中 B₁A₂ 这个链接对（上下句<u>好吧，再见</u>的来源）起承上启下的作用。这样，对话的基本单位，邻接对和三联组可以统一起来，三联组可视为两个毗邻邻接对的一种常见变体：

A₁　Okay.　好吧。　　　A₁　Okay.　好吧。
B₁/B₂　Okay.　好吧。　或　B₁/B₂　Bye.　再见。
A₂　Bye.　再见。　　　A₂　Bye.　再见。

就<u>老骥伏枥</u>一例而言，它是基于对话中如下的"流水对"：

甲₁　老者，何也？
乙₁　老者，骥也。
甲₂　骥者，何如也？
乙₂　骥者，伏也。
甲₃　伏者，何也？
乙₃　伏者，枥也。

这种递系性的动态流水对意味着，对话中双方一般都保持部分共享的语法语义结构。（Cann *et al.* 2005：9.3）

"先行一步"策略

从对话到独白平叙，所采用的策略叫"先行一步"策略（anticipatory strategy），可以用下面一段叙述为例来说明（沈家煊 1989）：

修改的范围不大,主要是换掉一些例句。原来的例句大多数取自当时的报刊,现在有不少过时了。要彻底改变这种情况,显然是不可能,只能把少数非改不可的例句改掉。(吕叔湘、朱德熙《语法修辞讲话》再版前言)

　　这段文字可以分解还原为作者和读者之间如下的对话:

　　读者　修改的范围大不大?
　　作者　不大。
　　读者　主要修改了哪些内容?
　　作者　换掉一些例句。
　　读者　原来的例句怎么了?
　　作者　大多数取自当时的报刊,现在有不少过时了。
　　读者　能不能彻底改变这种情况?
　　作者　显然是不可能。
　　读者　那怎么办?
　　作者　只能把少数非改不可的例句改掉。

再用《龙须沟》中人民警察的一段独白来说明:

　　这回事儿还算好,没有伤了人。大家的东西呢,来得及的我们都给搬到炕上去了。现在,雨住了,天也亮了,大家愿意回家看看去呢,就去;愿意先歇会儿再去呢,西边咱们包了两所小店儿,大家随便用。

这段独白可以分解还原成警察和众人之间以下的对话:

　　警察　这回事儿还算好。
　　众人　怎么还算好?
　　警察　没有伤了人。
　　众人　大家的东西呢?

警察　来得及的我们都给搬到炕上去了。
众人　现在雨住了天也亮了，大家愿意回家看看去呢？
警察　那就去吧！
众人　愿意先歇会儿再去呢？
警察　西边咱们包了两所小店儿，大家随便用。

除了首尾两个话轮，其余的话轮每一个都是既承上又启下。这表明独白者在平叙时采取"先行一步"的策略，预期听者可能提出什么问题或做出什么反应，自己先提出来作为话题加以说明。截取独白的头四句话做分析，其中包含三个起说-续说对，前后链接成文：

这回事儿还算好，没有伤了人，大家的东西呢，来得及的都给搬到炕上去了。
　　└起说$_1$-续说$_1$┘└起说$_2$-续说$_2$┘└起说$_3$-续说$_3$┘

这不是唯一的分析法，也可用层层套叠来分析：<u>这回事儿还算好</u>是大起说，从<u>没有伤了人</u>开始到结束都是对这个起说的续说；在这个大续说里，开头的<u>没有伤了人</u>是起说，后头两句是对这个起说的续说；然后在这个续说里<u>大家的东西呢</u>又成为起说，最后一句是续说。注意链接和套叠这两种分析法是互容相通的，相通之处是当中的语段都兼为起说和续说（或续说的一部分），参看第九章对<u>大型白色自动洗衣机</u>的两种相容的分析法。

概括地讲，在篇章 XYZ 中，如果截取其中一个片断 XY 或 YZ 做静态分析，起说和续说的划分是确定的，起说在前，续说在后。但是从动态连续上看，起说和续说没有明确的分界，任何起说都是引发的反应或续说，任何续说都是实际或潜在的起说。

汉语流水句的结构就是平接型的链对格式，这种在形式和意义上依次递进的结构遵循口语信息传递的语用原则"一次一个新信息"。方梅(2005)指出,在口语中,这个单一新信息限制是制约表达单位繁简的重要因素,如果说话人要传达两个或更多的新信息,就会把它们拆开,使之成为各自独立的语调单位。

汉语的线性接续是通过链接对实现的,而且以起承-转合的四言格(二二式)作为基本的链接对形式,链接对和缩放对经纬交织,所以说汉语是"以对为本,对而有续"。

十三　多重对

汉语以对为本，缩放对和链接对都是对言格式突破句子（单句和复句）的界限，贯通词、语、段、篇。多重对是指，对言格式贯穿语音、语法（也叫语形）、语义、语用，可称为"音形义用四重对"。不管是作诗还是写文章、做演讲，中国人都会综合考虑这四方面的因素，选择当前最合适的对言表达形式，形成整齐中有参差、对称中有变化的局面。多重对超越印欧语式的狭隘语法，那种语法只讲语形，[①]或者只讲语形和语义，把语音和语用排除在外。

汉语大语法

说汉语的语法是"大语法"，一是说它往上突破单句复句的范围，往下包含构词法，二是说它兼顾音形义用四方面，这四重因素可以分析不能分离，分离就破坏了大语法的完整性。（参看沈家煊2016a：411-412，2017a）形成汉语大语法的根源在于，汉语以字为基本单位，而字就是字形、字义、字音、字用的综合体。汉语"字本位"说，参看潘文国（2002）和徐通锵（2008）。

---

① 狭隘的语法指 syntax（句法），在符号学里属于语形学。

用法和语法

西方语言学的主流观点是，语法受规则的支配，是一个自足的系统，而词语在具体场合的使用属于语用法，简称用法，这是两个性质不同的范畴。比如，名词和动词属于抽象的语法范畴，进入语句才实现为指称语和陈述语，后者是具体的语用范畴。英语名词 tiger 不能直接充当指称语，一般要加定冠词 the、不定冠词 a、数量词或复数标记才起到指称作用。汉语的情形不同，老虎是名词，也是指称语，直接起各种指称作用，在老虎是危险动物一句中"通指"一类动物，在老虎笼子里睡觉呢里"定指"某一只或某一些老虎，在他终于看见老虎了里根据语境或上下文可以是定指、不定指或特指等。动词也一样，汉语动词看见、睡觉能直接充当陈述语，英语的原型动词 see 和 sleep 必须实现为 saw、sees、are sleeping 等限定形式才行。汉语的语法范畴名词和动词就是语用范畴指称语和陈述语，这跟赵元任说汉语的主语（语法范畴）就是话题（语用范畴）是一致的（见上篇第二章）。汉语呈用法包含语法的"用体包含"格局（沈家煊 2016a : 1），以用为本，以此实现语法和用法的最大兼容。

汉语实字和虚字的区别，不同于印欧语 function word 和 content word 的区别，虚实区别重在"用"，是用法的区别，第十一章"虚实统一"一节已有详细说明。

第八章说明，在回答否定式是非问的时候，英语和汉语的用词正好相反，英语用 no 汉语用对，英语用 yes 汉语用不对，造成这一重大差异的原因是，英语的应答是针对主谓结构所表达的命题内容表示肯定或否定，是纯语法性质的，而汉语的应答是针对对方的言说行为对与不对的判断，在对言说行为对不对做出判断的同时，也就对所说的命题内容的真假做出了判断,因此根本是语用性质的,用法中包含着语法。

汉语历来重视文体的差别,文体大体分为论议、叙述两类,"论议贵畅,叙述尚简"(郭绍虞 1979:147)。讲文体好像是讲语用问题,与语法不相干,但这是印欧语的眼光,汉语讲语法离不开讲文体,讲文体也就是在讲语法。沈家煊(2016a:351-357)论证,汉语语法的大分野是:

肯定/是非/非直陈	叙述/有无/直陈
是/的	有/了

语法上肯定和叙述的分野、语义上是非和有无的分野、语用(语气)上非直陈和直陈的分野,三个分野都在形式上表现为<u>是</u>和<u>有</u>的分别、句末<u>的</u>和<u>了</u>的分别,古汉语是<u>也</u>和<u>矣</u>的分别,因此语法、语义、语用必须是放在一起讲的。

汉语的语序遵循默认的信息传递原理,先易后难,本质上是"用序",方便使用、讲求效率的语序,见第十章。

汉语大语法是传情和达意一体的,"意"包括意义和意味,不仅是用句子表达命题,还是意图和情绪的传递,见第八章。

总之,西方语言学的主流认为语法和用法分立,只是小有交集,交集的部分叫语法-语用界面,然而汉语根本不存在这样的界面,因为语法是用法的一个子集,它包含在用法内。

从语言演化的角度看,语法是在用法中逐渐形成的,本来包含在用法中,在印欧语中语法已经从用法中独立出来,汉语的语法还没有从用法中独立出来。

语法和韵律

西方的语言学，语法和韵律理所当然是两个独立的范畴。拿英语来说，韵律的基本单位是 foot（音步），由一个重读音节加一个或两三个轻读音节组成，它跟语法单位不是一样东西，例如 Little Miss Muffet sat on a tuffet 一句，音步的组合是一个扁平结构 [**Lit**-tle-Miss][**Muf**-fet][**sat**-on-a][**tuf**-fet]，而语法单位的组合却是一个主谓二分的层次结构 [Little [Miss Muffet]] [sat [on [a tuffet]]]，两者不相契合，研究两者之间的对应关系就属于所谓"韵律语法"的范围。汉语的情形不同，单音节的字既是语法的基本单位又是韵律的基本单位，如床前明月光，疑是地上霜，字字带完整的声调，响度和长度的差别很小，因此汉语的节奏特点如赵元任所说呈高度的"单音调"。按上一章的阐释，这两个诗句的语法结构是平铺型的链接对结构，韵律结构和语法结构并无不契合之处。

过去受印欧语语法观念的支配，有两种说法，一是说韵律单位的边界和语法单位的边界不匹配，有不少"跨界"的情形（王洪君 2002）。那是按印欧语主谓句的层次结构来划分语法单位得出的结论。例如她想买把小花雨伞，语法层次是 [她 [想 [买 [把 [小 [花 [雨伞]]]]]]]，而韵律单位的划分是她想｜买把‖小花｜雨伞，这得到初敏等（2004）对多遍发音记录的证实。然而，要是我们按缩放型的对言格式来划分语法单位，划分成她想–买把–小花–雨伞（没有理由阻止这样划分，见第十一章），这个对言格式既是韵律结构也是语法结构，那就谈不上韵律单位和语法单位的不匹配或跨界。又例如，职业医师资格考试，语法的层次结构是 [职业 [医师 [资格 [考试]]]]，而韵律结构是平铺的 [职业｜医师‖资格｜考试，好像也不匹配，但要是语法按扁平结构分析为职业–医师–资格-考试，那就也不存在韵律和语法的不匹配或跨界了。

另一种说法说汉语有许多韵律压倒语法结构的情形，例如唐诗花迎喜气皆知笑一句，语法结构是花｜迎喜气（主谓），但倾向按韵律习惯读成花迎｜喜气，这是韵律压倒语法，因此汉语的韵律也是独立于语法的。这种说法的问题还是，预先设定有主谓、定中、动宾等几种语法结构摆在那儿，然后看韵律是顺从还是压倒它们，但是这并不符合汉语的实际，除了单双音节作为线索，汉语哪有什么形式明确表示一个字组是什么结构呢？汉语的结构类型具有不确定性（第九章）。从对言语法来看，花迎｜喜气是一个起指-续指对，花迎和喜气也各为一个起指-续指对。有眼动实验（Chen, Gu & Scheepers 2016）发现，至少在阅读的时候，花迎喜气是按花｜迎喜气切分还是花迎｜喜气切分，对理解的认知加工并无重大影响。春眠不觉晓，处处闻啼鸟一联，且不说不觉晓的语法结构也可以切分为不｜觉晓（同闻｜啼鸟），即使切分为不觉｜晓，上下句还都是二三式，遵守半逗律（详见下）。

因此"韵律压倒语法"的说法最多只能理解为，在综合考虑音形义用多重因素的时候相对偏重韵律一方。只要我们对汉语的语法分析不拘泥于主谓结构和层次结构，从对言格式和扁平结构着眼，可以反过来说：以对言格式为主干的汉语语法和韵律总体上是高度一致的。

由于每个字都承载意义，单音字和双音字的选择以及单双音节的组配，在汉语里就不仅仅是单纯的韵律问题，也不只是跟语体风格有关，而是跟语法语义有直接的关系。例如，单音的名词车、窖衍生出动词用法，如车水、车垃圾、车零件，窖了一批白菜、把白薯窖起来，改用双音的汽车、车辆、地窖、菜窖之后就失去了这种动词用法。吕叔湘（1963）早就发现，双音＋单音的组配（简称 2+1 式）倾向于构成复合名词，如<u>煤炭店</u>、<u>手表厂</u>、<u>汽车库</u>，不说<u>煤商店</u>、<u>表工厂</u>、<u>车仓库</u>，而单音＋双音的组配（1+2 式）倾向于构成动宾短语，如<u>租房子</u>、<u>买粮食</u>、<u>做调查</u>，不说<u>租借房</u>、<u>购买粮</u>、<u>进行查</u>，有人把这种情形叫作汉语的"节律常态"（王洪君 2001）[①]，可见单双音节的区别及组配方式表面上是韵律现象，其实是汉语自身特有的一种语法形态。这就是为什么中国历来重视文章的韵律，《文心雕龙》用舞蹈音乐比喻文章，"舞容回环，而有缀兆之位，歌声靡曼，而有抗坠之节"，章句的缓急和疏密都要"随变适会"。

总之，中国语言学研究的"韵律语法"本来就包含在语法之中，它不是韵律和语法的交集，而是语法的一个组成部分。（沈家煊 2017d）遣字造句，中国人从一开始就要综合考虑字与字组合的结构关系、语义关系、风格色彩、韵律节奏等因素，这些因素可以分析不能分离，在需要消解歧义的时候，可以偏重于韵律一方，借助字与字组合的松紧变化，如：<u>无肺病｜牛</u>，<u>无｜肺病牛</u>，<u>无肺｜病牛</u>。韵律手段本身是汉语大语法的一种形态手段，这就要专门讲一讲"声韵对"在多重对中的重要地位。

声韵对

汉语对言语法植根于对话。Couper-Kuhlen & Selting（2018）认为，对话和韵律本来是密不可分的，韵律几乎与所有的对话行为相

[①] 这是就区分结构类型定中和动宾而言的，总体上看汉语的节律常态是均匀的 1+1 和 2+2，见第十一章。

关联，是一种重要的互动策略和互动手段。"声韵对"追根溯源来自对话的韵律，启功（1997：5）指出语音抑扬与问答有关，问答就是上下句，北京俗谚有"高问低答、低问高答"的说法，例如：

甲　您上哪儿？（扬调）　　甲　你真用功！（抑调）

乙　我到学校。（抑调）　　乙　哪里？明天要考啊！（扬调）

对对子，要平对仄、仄对平，道理一样。下面从凑双四、半逗律、双声叠韵、平平仄仄四个方面来说明声韵对及其重要性。

凑双四

"凑双四"是声韵对最重要的表现，《文心雕龙·丽辞篇》说"偶语易安，奇字难适"。单音节与双音节组配，2+1式和1+2式能在相当程度上区别语法结构的类型是复合名词还是动宾短语，于是不少研究韵律语法的人把研究的重点放在这个上面，还提出"2+1造词、1+2造语"的规律（冯胜利1997，2000），这至今仍是研究的热点问题。这种研究立足于词和短语必定二分对立、名词和动词必定二分对立的观念。由于这两个观念都来自印欧语的语法，面对那条规律的大量反例，解释变得极为复杂，而且难以自圆其说。如果从汉语大语法是对言语法出发，综观全局，那么汉语更重要的现象是凑双四，不管语法结构类型是词还是短语，是偏正、动补、主谓还是联合，总的倾向就是：对称的1+1式和2+2式（可叫"正对"）不受限制，而非对称的1+2式和2+1式（可叫"偏对"）要受限制，这是汉语的"节律常态"，第七章"对言完形"已有详细说明。音节的对称搭配具有优先性，这表明汉语以对称为本，音节对称是汉语自身的一种语法格式，因此研究的重点应该首先放在为什么凑双四和对称优先上，先解答这个根本性问题，详见第十一章论述四言格的成因。

凑双四在吕叔湘（1963）《现代汉语单双音节问题初探》这篇开创性的论文里是论述的重点，2+1 和 1+2 区别结构类型只是附带说明。吕文举了大量凑四的例子，凑四也是凑双，四字格是二二式：

a. 日月星辰　牛羊马匹　桌椅板凳　坐卧行走　门窗墙壁
　 瓜菜豆角　耳鼻咽喉　吃喝玩乐
b. *新旧书　新书旧书　新旧图书
　 *大小事　大事小事　大小事务
c. *真刀枪　真刀真枪
　 *屋前后　屋前屋后
d. 旧衣旧裳　闲是闲非　怪模怪样　一模一样　无拘无束
　 老夫老妻　一干二净　七荤八素　千辛万苦　三朋四友
e. 荒乎其唐　冤哉枉也　微乎其微　难而又难　久而久之
　 自然而然

a 是三个概念四个字，b-d 是凑四不避字重复（或准重复），e 是加衬字凑四。不对称的 2+1 或 1+2 不仅受限制，而且说出的时候经常把单音拉长，使前后等长对称，例如：

相信｜党—　　喜欢｜钱—　　批发｜酒—
纸—｜老虎　　铁—｜娘子　　花—｜蝴蝶

汉语诗词三言一句的节奏不是没有，词有《西江月》，曲有《天净沙》，新诗名句有闻一多的<u>老头儿，和担子，摔一跤，满地是，白杏儿，红樱桃</u>，但是这种节奏毕竟少。普通话三字组的节奏一般是中间一字偏轻，如<u>大栅栏</u>念成 dàshilàn，闻诗的三字组大多是末字为轻声，有凑二的倾向。三言式也常取对偶形式，如<u>抓革命促生产</u>、<u>深挖洞广积粮</u>等。周韧（2017，2019a）论证双音组和四音组都是汉语的一级韵律单位，双和四有对立的一面，如 *<u>吃喝</u>/<u>吃喝玩乐</u>

样样精通，*鸡鸭/烧鸡烤鸭地吃。四音组是声韵对的基干，往下切分为二二式，往上组合为四四式、八八式。

要问为什么凑双四、对称的"正对"优先，第十一章"缩放对的成因"一节已有详细论说，汉语是单音节语言，凑四的基础是凑二，凑二的基础是单音节的字为基本单位，字在音形义用上等价。过去讲汉语语法过分强调一个单音节字能不能单说，把它作为区分词和词组的重要标准，结果词和词组还是分不清，那是站在印欧语词和词组必须二分的立场所致。对于以字为本位的汉语，字能不能单说是次要的，凑双四才是主要的，例如所谓不能单说的桌、椅、房三字经常出现在四字对言里，如桌椅板凳、有房有车。"四"是跟短时记忆和注意跨度相关的敏感数，这种相关性很可能在于，等重等长的音节形成对称的二字组，如阴阳、天地等，按赵元任（Chao 1975）所言，容易在概念上形成一个紧凑的、方便好用的模块（可与英语不对称的 male-female 和 earth-heaven 比较），因而认知上容易处理，抗干扰的性能强。赵元任发现中国学生背乘法口诀（四言式）比英国学生快不少，那是因为英语基数不如汉语这么均匀等长，十以上的数如 eleven、twelve、thirty one 更不如汉语整齐有规律。如果拿语言来测量短时记忆和注意的跨度，汉语对四的敏感度一定明显高于别的语言。

以前汉文不用标点符号而人仍能自然断句和明了意义，关键在字数对应的指引。郭绍虞（1979：249）举柳宗元《种树郭橐驼传》为例：

> 凡植物之性，其本欲舒，其培欲平，其土欲故，其筑欲密；既然已，勿动勿虑，去不复顾。

字数对应（尤其四字格）是汉语阅读者的一种心理预期，因为骈偶所以无须标点断句，因为没有标点断句，所以骈偶，二者互相依存。反过来，古文误断，往往也是由于没有注意这个关键。比如《论语》一句和《孟子》一句的断解：

民，可使由之不可使知之。

民可，使由之；不可，使知之。

空乏其身，行拂乱其所为。

空乏其身行，拂乱其所为。

上一种断法不大讲得通，孔子主张有教无类，怎么会说<u>民不可使知之</u>呢？所为即所行，行、为都是自做己施，怎么谈得上<u>行拂乱其所为</u>呢？下一种断法符合前后字数大致相等的半逗律（见下），就比较讲得通。（金友博 2015：387、427、442）

实现字数对应的一个条件是一句的字数不能太多，句子太长就无法讲究字数对。所以汉语的流水句每句都不长，讲演时经常五六字要做一停顿，甚至有两字或三四字停顿的。讲究行文质量、崇尚行云流水的文人意识到这一点，说文章节奏的掌握，以四字句为基干，兼用三字五字，六七字一句偶尔用之，再长则不美。（见邸永君 2016）

半逗律

林庚（1957）提出"半逗律"，说中国诗歌从来都遵守这条规律，让每个诗行的半中腰都有一个近于逗的停顿，自然将诗行分为大致均匀的两半（最多差一个字），四言是二二，五言是二三，七言是四三，林庚还自己实践用五四、四四的节奏创作白话新诗，例如《新秋之歌》：

我多么爱那｜澄兰的天，

那是浸透着｜阳光的海。

年轻的一代｜需要飞翔，
把一切时光｜变成现在。
我仿佛听见｜原野的风，
吹起了一支｜新的乐章。
红色的果实｜已经发亮，
是的，风将要｜变成翅膀。
让一根芦苇｜也有力量，
啊，世界变了｜多少模样。

诗歌本是一家，歌曲《呼伦贝尔大草原》为常见的四二拍，如：

$6\ 6\ \dot{1}\ 6\ 5\ 6\ |\ \dot{1}\ 2\ \dot{1}\ 6\ |\ \underline{5}\ \underline{5}\ 6\ \underline{5}\ \underline{2}\ 3\ |\ 2\ —$
白云　朵朵　飘　在　飘在我心　间

歌词重复**飘在**前后都成四拍，不然就破坏了乐曲的半逗律。① 半逗律是许多新诗诗人，闻一多、卞之琳、孙大雨等，在创作实践中得出的规律，他们都关心"说话的调子"和"语言内在的音乐性"，如闻一多的白话诗《死水》：

这是｜一沟‖绝望的｜死水，
清风｜吹不起‖半点｜漪沦。
不如｜多扔些‖破铜｜烂铁，
爽性｜泼你的‖剩菜｜残羹。

每行字数相等，为二二式四顿，每顿两个或三个字，诗人说"结果，我觉得这首诗是我第一次在音节上最满意的试验"，卞之琳称赞闻诗对"说话式调子"的把握无人能及。（汉乐逸 2010：20，

---

① 这个例子也表明白云飘在心间这样的句子是递系结构，可重复的**飘在**是中间的递系项（见上一章）。

118）这意味着中国人的"说话式调子"有"内在的音乐性",而且为半逗四顿。有人试着把这首诗改写为"句末休音"的白话九言诗（王希杰 1996：364）：

这就是｜一沟‖绝望的｜水×,
清风也｜吹不起‖半点｜沦×。
倒不如｜多扔些‖破铜｜铁×,
爽性｜泼你的‖剩下的｜羹×。

增加了三音组的数目,奇偶参差,更接近说白,但仍然大致符合半逗四顿律。孙大雨《自己的写照》中的一小节如下：

有色的｜朋友们!‖让我问：｜你们
祖先｜当年‖的啸傲｜自由,
到哪里｜去了?‖你们｜的尊严
是否｜被大英‖西班牙｜的奸商
卖给了｜上帝?‖你们｜的宴安
是否被｜盎格鲁‖撒克逊｜大嘴
炎炎的｜妄人们‖吞噬｜尽了?
我不信,｜我不信。‖在你们｜凄凉
沉默的｜眉宇间,‖深得｜好比
森林里｜一对‖星光的｜眸子中,
雄健｜的肩头,‖魁梧｜的身上,
我隐约｜能窥见‖你们｜将来
最后｜那一天‖胜利｜的荣光。

每行字数不等但又大致相差无几,在九到十一字之间,仍符合半逗四顿。虚字的的位置值得注意,有的后黏（五字按 2+3,如你们｜的尊严、胜利｜的荣光）,有的前黏（六字按 3+3,如有色的｜

朋友们、沉默的｜眉宇间）。① 近有周韧（2019b）论证的字的分布受半逗律的制约，说这有助于更好认识自然语言的结构。朱光潜称赞孙诗为新诗在形式上改句为行（完全符合汉语流水句可断可连的特性）的成功尝试，徐志摩称赞它是有新诗以来"最精心结构的诗作"。（孙大雨 1956；西渡 2008）

胡适（1919）说，诗体大解放，不拘格律，不拘平仄，不拘长短，"初看去似乎很激烈，其实只是《三百篇》以来的自然趋势"，"新体诗是中国诗自然趋势所必至的"，这可以从现有的新体诗里寻出许多证据，"新诗人"大都是从旧式诗、词、曲里脱胎出来的。胡适承认他自己的新诗，词调很多，不用讳饰。例如他的《蝴蝶》，中国有史以来的第一首白话诗，仍然是一种"均匀节奏"的五言诗：

两个黄蝴蝶，双双飞上天。

不知为什么，一个忽飞还。

剩下那一个，孤单怪可怜。

也无心上天，天上太孤单。

汉语传情达意一体，注重语言的音乐性，说话和写文章也倾向遵循半逗律。过去受印欧语主谓结构为主干、动词为中心这种观念的影响，我们也用下面左边的方式来分析句子，把主语谓语前小后大切开，但是汉语的实际是右边这样的对言形式，逗号前后的字数差不太多，符合半逗律（例出小说《繁花》）：

我｜恐怕撑不牢了。　　　我恐怕，撑不牢了。

人｜到外面就要讲假话。　　人到外面，就要讲假话。

---

① 这表明，对的的语法分析完全可以突破传统的观念，按那种观念，的一定是后黏的。从"指语对"（第九章）看，的就是一个增强指别度的标记，指向前后均可。

沪生｜原来还算正派。	沪生原来呢，还算正派。
我｜总算又要做娘了。	我总算呢，又要做娘了。
反正我｜相信小珍娘好看。	反正我相信，小珍娘好看。
姐姐｜如果想变也是一条金鱼。	姐姐如果想变，也是一条金鱼。
阿宝｜虽然大了还是不懂男女事体。	阿宝虽然大了，还是不懂男女事体。

不要以为右边这样"半逗"，语法或语义就不通了，这是拘泥于逻辑命题的偏见，见第六章"布龙菲尔德说"和第九章。

要指出的是，汉语以右边半逗的表达方式为主，但也能容纳左边的表达和分析方式，用左边的方式表达和分析，只是相对不重视声韵的对应而已，应该视为对言中的一种"偏对"。<u>晋灵公不君，厚敛以雕墙</u>（《左传·宣公二年》）符合半逗律，是以<u>晋灵公不君</u>为主语（起说），当然也可以把晋灵公分析为主语。虽然主谓结构套不住汉语的对言格式，但是对言格式可以容纳主谓式切分。

双声叠韵

新诗要有韵律感，双声叠韵比押韵和平仄重要。（胡适 1919）清代李汝珍在《音鉴》中的定义是，"双声者，两字同归一母，叠韵者，两字同归一韵也。"历史上和现代双声叠韵的例子：

双声：阴阳　慷慨　仿佛　荏苒　犹豫　流连

叠韵：窈窕　彷徨　烂漫　叮咛　徘徊　寒暖

别的语言当然也有同声同韵的，但是远不如汉语双声叠韵那么普遍、那么讲究双和叠。《文心雕龙·声律》"双声隔字而每舛，叠韵杂句而必睽"是说，如果一句内杂用两个同声母的字，则声情重复、乏于变化，如果杂用两个同韵母的字，则声情破折、不能和顺,都应该避忌。然而双声或叠韵用在对言中,则不仅没有每舛必瞵的毛病,反而可以增进声韵美。郭绍虞(1979:122)举例,王(勃)杨(炯)卢(照邻)骆(宾王),四姓排列,王杨叠韵,卢骆双声,必须这样排列,以利唇吻。双声叠韵的实际运用早在《诗经》《楚辞》时代就已经开始,重言叠词既双声又叠韵,运用是下意识的,文人认识到并有意识加以运用是较后的事情。

更重要的是,双声叠韵跟互文见义紧密关联,阴阳、寒暖等成为互文的复合概念(复合词都是互文见义,第七章),是以双声叠韵为象征的(见下"音义象对")。双声叠韵也植根于对话互动,如劳动号子、山歌对唱的呼应共鸣。

平平仄仄

王力(1962)指出,"平平仄仄,仄仄平平"是四字格基本的声韵对应格式,其他五言七言的平仄格式都由此变化而来,这说明四字格是汉语对言格式的基干。英语的节律以整齐的轻重交替为本,但也不可能没有变化。《诗经》中的参差荇菜,左右流之,曹操《短歌行》的譬如朝露,去日苦多,周公吐哺,天下归心,《龟虽寿》的神龟虽寿,犹有竟时,养怡之福,可得永年,都是合乎这种平仄格式的。近体诗的声韵对应规律就是:句内平平成对、仄仄成对,平仄交替成对;上下句平仄相对;上下联平仄相"黏"(相同成对)。过去塾师编写对仗启蒙书(如《声律启蒙》《笠翁韵对》),用歌诀形式,如云对雨,雪对风,晚照对晴空,来鸿对去燕,宿鸟对鸣虫等,无须赘述。这种格式不但应用在诗上,而且还应用在后来的骈体文上,甚至某些散文作家也灵活应用,如:

  天翻地覆 天公地道 (平平仄仄)
  万水千山 万语千言 (仄仄平平)

平仄的区别主要是音节长短，但由于字与字大致等重等长，对二字组来说，平仄的长短差别不大，而平声重叠加仄声重叠形成的"平平仄仄"和"仄仄平平"，长短的差别就翻了一倍。从这个角度来看，对"汉语有没有英语那种 foot（音步）"这个问题就会有新的认识。基于西方语言建立的节律音系学，foot 的定义是由一个重音音节和一个（或几个）非重音音节组成的均匀节奏的节律单位。按照这个定义，汉语的双字组不符合，因为二字大致等重等长，要说均匀节奏的节律单位，那么汉语单音节就是这样的节律单位。但是为什么音步的定义一定要比附 foot，按人家的"跛足步"来呢？"两举足曰步"（《类篇》），汉语音步只要求对称的二音节，正常的等重步，如果一定要分轻重长短，那么平平仄仄或仄仄平平这样的四字组，2+1 和 1+2 这样的三字组倒是更接近人家的 foot。

声韵对制造意义，象征互文见义。就平仄而言，赵元任（1973）拿岑参离别诗《白雪歌送武判官归京》的开头四句做例子：

北风卷地白草折，

胡天八月即飞雪；

忽如一夜春风来，

千树万树梨花开。

头两句收迫促的入声，后两句收流畅的平声，韵律象征内容，给人以冰天雪地到春暖花开两个世界的意象。

现代汉语普通话入声消失，平仄对应发生怎样的变化，如何适应声韵对应，值得研究。写散文作者也会下意识遵循声调对应的规律，同时散文允许更多的自由变化。

对称的节律栅

节律音系学（Liberman & Prince 1977）从英语的节律出发建立一

个节律层级，叫节律栅（metrical grid），大致如下（X 代表音节）：

```
3 层                    X              短语重读
2 层        ( X              X   )     词汇重读
1 层        ( X   )( X       X   )     音步重读
0 层     0 ( X  X )( X  X )( X  X )    重读承载单位
         a  leng thy  in tro  duc tion  'a lengthy introduction'
```

最底下 0 层是重读承载单位的音节，一重一轻两个音节组成音步 foot（1 层），音步是最小的节律单位，投射到上面的词汇层和短语层，仍然有一个偏向一头的重读音节。英语实际的节奏虽然有变化，但是这个节律栅是基干，变化是在这个基干上生发的。英语的节律为这个样式，是因为词有固定的轻重音节，如 lengthy 是 **1**+1，introduction 是 **1**+1+**1**+1。

汉语的节律不同，一个个音节本身就是一个个大致等重等长的节律单位，用王洪君（2008：279）的话讲，西方语言里双音节音步构成"韵律词"，汉语里单音节构成"韵律字"，"字"是句法和节律的枢纽。字与字组成的节律字组是对称缩放型的：二字组是单字的放大版，四字组是二字组的放大版，四字组继续放大为八字组，还可以放大为十六字组。

```
0 层   一字                          老
1 层   二字组      X  X              老  骥
2 层   四字组    X X  X X            老 骥   伏 枥
3 层   八字组  X X X X  X X X X     老骥伏枥   志在千里
```

当然这是汉语最匀称、节奏感最强的"单音调"节律，实际的节奏会有很多变化：三字组五字组从二字组和四字组变化而来，七字组九字组从八字组变化而成；字组内部的松紧可以调节，如<u>志在</u>

千里调节为志｜在千里；语流里念快了音节也有些许轻重变化，三字组四字组五字组一般是中间的音节偏轻一些，这是字组"打包传递"形成的自然状态。（沈家煊、柯航 2014）虽然有这些变化，但这个缩放型的对称节律栅是基干，变化都是在基干上生发的。例如下面这句话分别由二字组、三字组、四字组、五字组组成，其中二字组和四字组是基本字组、强势字组（用粗体 **Z** 表示），默认的轻重配置是"其中最末一个音节最重，其次是第一个音节，中间的音节最轻"（赵元任 1975）：

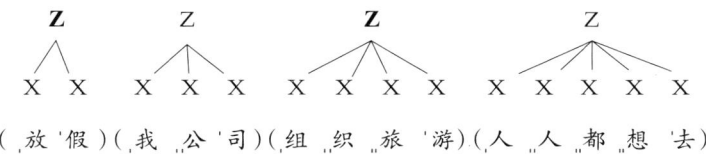

这个轻重配置是"不论是一个短语还是复合词"的，放假是词是短语不明确，无关紧要，把放假换成国庆，把我公司换成富士康，轻重配置不变。不要以为汉语有跟英语一样的重音（stress），汉语"只有轻声没有重音"，上面说的"重"是重读（accent），不区别意义，不是音系学上的重音音位。由于总体上每个音节长度和响度的差别很小，这种高度的单音调"反倒以某种方式提供了更多的伸缩余地"（赵元任 1975），字组的松紧、言说的徐疾容易调节，字数较多的说得紧凑些、急一些，字数少的音拉得长一点、说得缓些，因此仍能形成一个个大致等长的音段，达到时长大致平衡（主要指心理上的感觉，往往没有也不必有物理上的精确性）。浮甘瓜于清泉，沈朱李于寒水（曹丕《与朝歌令吴质书》），只能读成 3+3 不能读成 2+2+2，这不能说是意义破坏了节律，或语法压倒了节律，因为这是汉语节律的伸缩调节所允许的。新诗的节奏也宜采用这种"匆促"和"淹滞"

的调节方法（孙大雨 1956；西渡 2008）。

英汉两种类型的节律栅，差别可归结为：一、英语是偏向的中心投射，必有一个位于一端的重音节作为统制中心；汉语是匀称的放大投射，音节地位对等，没有统制中心。二、英语是分两截投射，0 层到 1 层只有音韵规则的作用，往上才涉及语法语义因素；汉语是一投到底，从 0 层起就涉及音韵语法语义的因素，因为音节 X 是音义一体的"字"。三、英语自下而上的重音投射只是逻辑操作的先后；汉语从单音到双音四音八音，自上而下既是逻辑操作的先后又是由单到双、由简到繁的历史演变先后。

注意，汉语这个节律栅跟缩放型的对称语法格式是重合的。

音义象对

凑双四和半逗律、双声叠韵和平仄对应都有象征性，象征互文见义、对言明义，根本上是对言形式象征人与人、人与自然的对话，象征互动合作和情感共鸣。上文提到，阴阳、寒暖等成为互文的复合概念，就是以双声叠韵为象征的，岑参离别诗表达从冰天雪地到春暖花开的变化，就是以平仄的变化为象征的。甚至诗体的演化从四言六言到五言，也跟象征有关。一般认为西汉李陵的诗是五言诗的滥觞，李陵归降匈奴后家小被汉朝诛杀，但仍心在中土，写五言诗区别于汉朝流行的六言诗，"偶语易安，奇字难适"，奇字诗象征他悲伤哀怨、不安难适的心绪。（石厉 2019）

语音象征

语音和意义的象似对应，简称语音象征（sound symbolism）或形义联觉（synaesthesia），是个老话题，各种语言都有，主要指拟声词。如英语cuckoo"咕咕声"（杜鹃叫）、murmur"喊喳声"、crash"哗啦声"；另外如slimy"黏滑的"、slither"滑动"、slinky"苗条"，这些词头同为sl-的词产生"滑"义联觉。英诗济慈的《夜莺颂》And mid-May's eldest child / The coming musk-rose, full of dewy wine / The murmurous haunt of flies on summer eves，其中m音的反复叠用，渲染了五月之夜慵慵懒懒如醉似睡的感觉。

汉语音义一体的"字"为语言组织的基本单位，这使得"声象乎意"变得更容易、更直接、更丰富、更广泛。[①] 郭绍虞（1979：619）举例，司马相如《上林赋》写灞、浐、泾、渭、邦、镐、潦、潏八条水道混流而下，连用了好几个双唇的破裂声，如<u>澎湃</u>、<u>滭沸</u>（音毕拨）以及<u>宓</u>、<u>汩</u>、<u>泌</u>、<u>濊</u>（音撒）等字去形容它，这种突然解除口阻的声象象征八川"赴隘陿之口，触穹石，激堆埼，沸乎暴怒"的形象。一韵到底和平仄对仗是汉语诗歌的特点，使得诗意更浓，这也是因为单音节直接表义，音节构造简单，同音字多，近义字替代容易，加上结构的"可回文性"（第九章）。

汉族民歌、说唱音乐、戏曲音乐中，最常见、最普遍的旋律是级进旋律，以音阶形式构成。这是一种比较原始的、基础的旋律形态，是各种旋律走向的基础。据苗晶（2002：4-12）的研究，民歌的级进方式有上行型和下倾型，当内心欢快、高兴时，歌声常常是由下往上、高亢、嘹亮，而唱起哀伤、忧愁的悲歌时，往往是由上而下的低回、深沉。上行型如安徽民歌《妹送中饭过山冲》，从开始句<u>太阳也嗨嗨呦当顶嘛</u>起，一直是sol-la-do-re

---

① "声象乎意"说出自陈澧《东塾读书记》："天下事物之象，人目见之则心有意，意欲达之则口有声。意者，象乎事物而构之者也；声者，象乎意而宣之者也。"

这个由下往上的旋律在主导；下倾型如山西民歌《提起哥哥走西口》开始<u>提起了那哥哥呀走西呀口</u>一句就是八度下倾，由上往下一泻到底。级进旋律还是乐句与乐句接续连接的基本方式和重要方式，第一句的尾音与第二句的首音常常按级进相连，这在号子中最为明显。如山东清河夯号，（领）<u>狠打</u>（合）<u>哎哟</u>（领）<u>狠敲</u>（合）<u>哎哟</u>（领）<u>这夯那打的</u>（合）<u>哎哟</u>（领）<u>还是短嗬</u>（合）<u>哎哟</u>，乐句的连接是 sol-la 接 la-do，<u>狠打</u>、狠敲跟哎哟连接是 sol-la，<u>这夯那打的</u>跟哎哟连接是 la-do，这种从低接高的链接是语音上的顶真式链接。一个民族的音乐特色反映这个民族语言的特色，跟其他语言相比汉语更多保持了原始语言的语音象征。

对言象征单位

老话题可赋予新认识。认知语言学家 Langacker（2008：15）将语音象征泛化为语言的普遍性特征，他认为语言只有三类单位，语音单位（P）、语义单位（S）、象征单位（Σ），除此之外没别的单位。

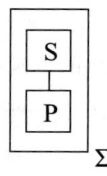

语音单位和语义单位构成象征单位的两极，语音极象征语义极，一个象征单位就是一个"S-P 对"，即音义结合对。象征单位不分大小，从语素到句子全是。<u>天</u>是一个象征单位，<u>地</u>是另一个象征单位，<u>王冕的父亲死了</u>是一个象征单位，<u>王冕死了父亲</u>是另一个象征单位，这也是所谓"构式语法"（Goldberg 1995）的理论根基，一个构式，不分大小，就是一个象征单位。

然而单纯的象征单位，如<u>天</u>和<u>地</u>，毕竟与组合性的象征单位，如<u>王冕的父亲死了</u>和<u>王冕死了父亲</u>，有重要的区别。单纯的象征单位，虽然有象声字存在，但音与义的联系主要是任意的（应理解为immotivé"不可论证的"，许国璋1991:24），"水"汉语叫shuǐ，英语叫water，日语叫みず（mizu），完全是约定俗成，然而象征单位的组合，音与义的联系就不完全是任意的了。在汉语里象征单位组合的可论证性，即"声象乎意"，引人注目，最初有戴浩一（Tai 1985，1989）对语音顺序象征概念或语义的时间顺序的研究，张敏（2019）从解决象似性的"所指困境"着眼，重申了时间顺序的象似原则在汉语中的有效性和重要性。

"音义象对"就是指音的组合对和义的组合对之间的象征关系。在中国人的心目中，"对"与"象"有天然的联系，行与思的目标和恋爱的对方都叫"对象"，这里"象对"取"对言式象征"之义。汉语象征单位的组合以对言为本，具有诗性语言的特点，除了把类聚关系在组合轴上尽量展现，还把组合的非任意性最大限度表现出来。复现、双声、押韵、节奏都有可论证的象征意义（Jakobson 1960），实现音和义之间的象似对应。汉语的事实表明，象征单位的组合根本是对言式的，上面举的岑参离别诗的例子，单单一个入声或平声不说明什么，入声复现、平声复现、平仄相对，形成类聚关系，韵律才有象征意义。中国诗词有答赠唱和的传统，大多按照原韵，象征心灵的呼应。

"对言象征单位"，分"音对"和"义对"两极：

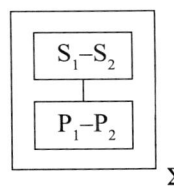

"S_1-S_2 对"象征"P_1-P_2 对",就是"音义象对"。例如音对 yīn-yáng 象征义对"阴-阳",音对 hán-nuǎn 象征义对"寒暖"。互文关系和象征关系都属于"对"关系。

音形义用四重对可以简化或概括为音义二重对。汉语传情达意不二,语义和语用义可以合二为一,至于语形(在西方叫 syntax "句法"),各种结构关系如主谓、定中、动补等所表达的语法意义是一种抽象的语义。对汉语这种语言(没有印欧语的那些形态)来说,语形主要表现在语符的数量、顺序、疏密三方面:

数量律(多少象征):例如音对 gān-jìng 象征义对"干-净",音对 gāngān-jìngjìng 象征义对"干干-净净",音节的多少象征意义的多少。

顺序律(先后象征):例如音对 lǚzhàn-lǚbài 象征义对"屡战-屡败",音对 lǚbài-lǚzhàn 象征义对"屡败-屡战",音节的顺序象征意义的顺序。

疏密律(松紧象征):例如音对 chī-fàn(疏)象征义对"吃-饭"(疏),音对 chīfàn(密)象征义对"吃饭"(密)。

这三条语形律都是自然律,就像饿了要吃饭、累了要睡觉一样自然,汉语的"句法"是地地道道的"自然句法"(natural syntax),中国的语文学传统因此并不把它作为一个重要的对象领域来关注和研究,而西方的语法学家却正经当作一回事认真对待,如 Haiman(1985)。顺序律另参看第十章"有序对"。

虚实象征

数量律和顺序律已多有涉及,由于汉语的单音节特点,疏密律的重要性不亚于前二律。疏密关系也叫松紧关系,疏则松,密则紧。疏密关系也是一种虚实关系,疏松则虚,紧密则实。下面着重说明"音义象对"的虚实象征,即语音的虚实象征意义的虚实。

疏密关系在汉语里起重要作用,是由于字与字的轻重长短变化很小,而字与字组合的松紧伸缩度大。单音字和双音字都具有"弹性",单音字可以用对应的双音字取代,双音字可以用对应的单音字取代,这使得正对的 1+1 式和 2+2 式都有可能变换成偏对的 2+1 式或 1+2 式,例如租车和出租汽车变换成出租车或租汽车。由于每个字都承载意义,是音义结合体,字组在语音上的疏密虚实必然反映意义上的疏密虚实(沈家煊 2012b,2017d;柯航 2018),图示和解释如下:

音	P_1-P_2 虚松疏	P_1-P_2 实紧密
义	S_1-S_2 虚松疏	S_1-S_2 实紧密

语音组合的虚实直接反映在单双音节的组配上:1+2 式虚松,2+1 式紧实。这可以用连读变调来证明,两个上声字相连,前字变调为阳平,这是普通话的变调规律,柯航(2012)从纯数字组(不涉及意义)995 和 955(9 和 5 都是上声字)的变调发现,995 里 5 前头那个 9 变为直上调 [24],是大变化,而 955 里的 9 变为半上调 [211],是小变化,可见 995 比 955 紧实,也就是 2+1 式比 1+2 式紧实。

语法意义的虚实,1+2 式倾向构成动宾短语,如租汽车,而 2+1 式倾向构成复合名词,如出租车,语松词紧,不用多说。动词虚名词实,需要做点说明。第十一章"虚实统一"一节已经说明,动词相对名词而言是虚词。当今认知语言学的观点是,动词用作主宾语的时候是"视虚为实",就是将抽象、虚灵的动作看作具体、实在的事物。Langacker(1991:21)解释说,名词概念是"整体扫描",动词概念是"次第扫描",从松紧看,整体扫描紧凑,次第扫描宽松。一个复杂的概念,只有在"紧凑化"也就是凝聚成一个整体后人们才会给这个概念取个名称、给它个名目,比如速滑和跳马是运动项目,像"名",而快滑和骑马就不像名。端木三(2007)从信息论的角度说明,动词因为对比项少所以信息量小,名词因为对比项多所以信息量大。同样大小的单位,承载的信息量大当然就紧实,信息量小当然就虚松。陆丙甫(2012)举例说明,事件越复杂、内涵越丰富,表示事件的词越倾向名词,例如英语 act 和 action,move 和 movement,前项名动兼类,后项只是名词,因为后项表示的事件比前项复杂。汉语的例子是打仗-战斗-战争,三个词表示的事件一个比一个复杂,所以一个比一个名词性强。

语音的虚实象征意义的虚实,还表现在单双搭配的例外上。按照搭配规律,三字组的复合名词常态为 2+1 式,但是 1+2 式的也不少见,例如:

2+1　纸板房　午夜场　陶瓷馆　钢铁侠
1+2　纸房子　夜生活　瓷娃娃　铁娘子

如何解释下面一行那些例外就成了着力研究的问题。其实搭配常态的背后是松紧虚实的象征原理,所谓"例外"并非例外,仍然是这个原理在起作用。汉语对言是互文见义,纸板与房对言的时候纸板是限定房子的质材,而纸与房子对言的时候是纸在描摹房子,有"像纸糊的"这种意思,可见概念上纸板房比纸房子紧。午夜场和夜生活,前者的午夜只是限定场次的时间,后者的夜却可以引发"放纵、灯红酒绿"等许多联想，具有摹状性。同样，陶瓷馆的陶瓷限定展馆的性质，而瓷娃娃常用来指代骨质异常疏松的病人，瓷有"脆弱"义。钢铁侠指穿着钢盔铁甲的人或是用钢铁制造的机器人，钢铁指特定的金属材料，而铁娘子里的铁则理解为金属的某种属性，如强硬。针对社会上频频出现老人跌倒后没有人敢扶的事情，报上载文说"与其治这个社会病，不如治这个病社会"，社会病是社会对病的定性，而病社会是病对社会的描写，不是定性。总之定性的定语与中心名词语义上结合紧，描摹的定语与中心名词语义上结合松。这样看来所谓的例外倒是从反面证明，根本在起作用的是对言明义和虚实象征。这种作用还贯通其他的组合类型。

　　语气作为一种语用意义，正式和非正式的区别也是一种虚实之别，越是正式，人感觉的分量越重越实。格律诗的诗行，末尾用奇音步给人的感觉是活泼、轻快，用偶音步给人以稳定、完整的感觉（文炼、陆丙甫 1979）。平时说话也是这样，例如小说《李自成》里写到称赞李自成的话，咱们谁有他看得高，看得远，看得清楚？这也是当今很黄很暴力、很傻很幸福、且行且珍惜这种偏对式的说法能够广为流行的一个原因。又如，可以说把锅碗洗干净、刷干净、洗刷干净，但是一般只说把罪名或耻辱洗刷干净。

　　2+1式和1+2式的虚实象征表明，汉语中几乎不存在跟表情达意无关的"纯"韵律，韵律是语法的一个不可分离的组成部分。

偏侧对应

　　由于语音形式和意义二者演变的不同步，形式的演变总是滞后于意义的演变，而形式变化后原来的意义还有滞留，音和义的"象对"往往是一种偏侧的对应，而不是整齐的一一对应。赵元任

（1968a：12，1980：53）一再强调音义对应具有偏侧性，他称之为偏侧关系（skewed relation），例如后字轻声的烙.饼、炒.饭一定是复合名词，后字重读的烙'饼、炒'饭可以是动词短语也可以是复合名词。拿租汽车和出租车来说，偏侧方向是：

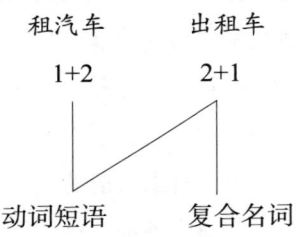

1+2 式的租汽车一定是动词短语，但是 2+1 式的出租车可以是复合名词也可以是动词短语。跟一一对应相比，偏侧对应具有对语言事实更充分的解释力，它不仅解释共时现象，也解释历时过程。要说预测性，偏侧对应只能做到"弱预测"（A 则必然 B，反之不然），例如我们可以根据虚实象征来预测：如果病社会可以成为复合名词，那么社会病必定也可以成为复合名词，反之则不然。弱预测虽然"弱"但是不乏科学性，是可以证伪的，实际上语言的开放性和复杂性使得我们只能做到弱预测，详见沈家煊（1999b）。音义的偏侧对应表明，对称中有不对称是语言的常态，见第十五章最后"对称与不对称"一节。

十四　对言语法

中国传统讲文章，不讲主谓结构，而是讲对仗对称，互文回文，顶真续麻，重言叠词，比喻典故，偶字奇字，实字虚字，声象乎意，起承转合等。在西学东渐的大潮下，这些东西一度被当作修辞现象、次要现象，被边缘化或埋在底下，现在重新发掘和审视，发现它们是汉语组织运行、传情达意的基本方式，汉语的组织根本上具有对言性、互文性、可回文性、顶真递系性、声象乎意性，重叠、凑双四、单双组配等实为汉语自身的语法形态，对言的格式化（包括双音化）实为汉语自身的语法化。然而获得这个新认识又不能不说是西学东渐的功劳，西学的引入打开了我们的眼界，给予我们一个观察了解世界也观察了解自身的新角度，甚至一种新的思考方式。

下面一节用列出关键词的办法对下篇各章所述，对汉语对言语法和对言格式做一归纳总结。

超越主谓结构

关键词总结

对言语法　指以对言格式为主干的语法。它是汉语的组织运行之法，也叫"大语法"，在三个方面超越主谓结构。一、贯通字、句、章、篇，以篇为归宿，不像印欧语语法到句子（单句复句）为止。二、综合语音、语形（句法）、语义、语用，以用为目的，不是印欧语以语形为主的词法句法。三、传情和达意一体不二，意不仅是用句子表达命题，还是意图和情绪的传递。概括起来说是：字句章篇贯通，音形义用一体，传情达意不二。

对言明义完形　印欧语是主语加谓语表达一个完整的意义，才算形式完好，汉语是"对着说"的对言表达一个完整的意思、生出一个新的意思，才算形式完好，无对不见义，无对不成言。传统所说的"互文"应该做宽泛的理解，凡是对言都是互文，互文是汉语的一种结构性特征。互文是语言学中的"量子纠缠"。见第七章。

"对"概念　对言语法的核心概念"对"是多个义项的综合，包括对话、应对、相对、对待、比对、对错、对应、对称、对子等。这些义项构成一个互相联系、交织在一起的概念网络，集人、自然、社会、语言四个元素于一体，可以分析，不能割裂。简而言之，"对言"既指双方对话又指成对表达形式，成对的表达形式植根于双方对话。"对，䲷无方也。"应对只讲可能性不讲必然性。见第八章。

对话为本　对言语法植根于语言的对话性，以双方的互动合作为前提。意义是对话者意图的传递，传情达意一体。成对表达形式象征人与人、人与自然的对话，象征感应而生的情感共鸣。对话的各种特征，如，应答一出现引发就开始，决定独白语篇的各种特征。见第八章。

对言格式　对言的格式化形成对言格式。印欧语语法以主谓结构为主干，以续为主，续中有对；汉语大语法或对言语法是以对言格式为主干，以对为本，对而有续，对而有序。对言格式是汉语语法的结构性存在，对言格式化是汉语的语法化。对言格式把类聚关系展现在组合轴上，同时实现传情和达意。对言格式以成对的指称语并置（指语对）为本源，表现为先易后难"有序对"，字句章篇"缩放对"，顶真递系"链接对"，音形义用"多重对"。对言格式超越主谓结构，主谓结构套不住汉语的对言格式，但是对言格式可以容纳主谓结构（指容纳逻辑的主谓式）的分析。人类语言植根于对言，演化过程中出现分叉，印欧语朝形成主谓结构的方向发展，汉语朝形成对言格式的方向发展。对称中呈变化、匀称中有参差，这是语言的一般规律，一切参差变化都从对言格式生发而来。

指语对 两个指称语"起指"和"续指"并置成对，叫"起指-续指对"，简称指语对。各种结构关系，包括主谓、偏正、动补、联合等，都是从指语对推衍出来的。在对言语法里，主谓短语叫主谓对，偏正短语叫偏正对，动补短语叫动补对。比起主谓结构，汉语的指语对更接近语言的本源。主语-谓语是指语对，谓语也是指称语，主语和谓语可以化约为一（主谓同辞）。主语和宾语也可以化约为一，传统所说的"施受同辞"应该看作汉语的一种结构性特征。见第九章。指语对通过放大和链接形成语篇，实现表达和理解，这符合实时的认知处理方式，即平行处理和动态处理。见第九章。

有序对 不仅对而有续，而且对而有序。汉语对言语法的三条序律是：主语一律位于谓语之前，补语一律位于动词之后，修饰语一律位于受饰语之前。这是语言通过自组织形成的最简单有效的语序格局，遵循信息传递的原理。三条序律可以归并为一条自然序律，即认知加工的"先易后难"序。指称语的排序遵循"指别度领先原理"，指别度领先和先易后难都是主观和客观的统一。汉语的语序本质上是"用序"。见第十章。

缩放对　是"缩放型对称格式"的简称。缩放对贯通词、短语、段落、语篇，它以四字格为基干，放大缩小，在此基础上形成各种变体。中西方语法的差异在于，印欧语语法集字生句（到句为止）的机制建立在层次结构的基础上，层次结构是不对称结构，每个层次都区分"主"和"从"，总有一个统制中心（head），长句的生成依靠成分的镶嵌和递归。句子的层次结构举例并图示如下：

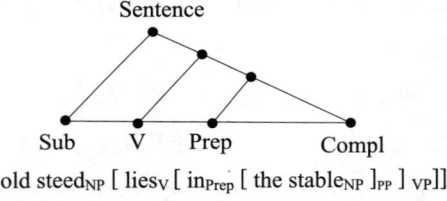

[The old steed_NP [lies_V [in_Prep [the stable_NP]_PP]_VP]]

汉语语法集字生句、积句成章、积章成篇的机制建立在对言格式的基础上，对言格式的基础是对称对等，没有中心，不分主从，成分的性质归一（都是指称语）。由小到大不是镶嵌递归而是对称格式的投射放大，单字放大为偶字对，偶字对再放大，突破句子的范围，贯通到语篇。缩放型对称格式举例并图示如下：

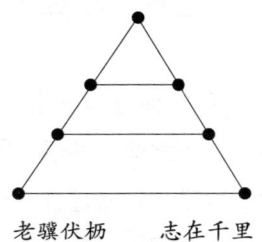

老骥伏枥　　志在千里

这是最整齐匀称的情形，实际情形当然有各种各样的参差变化，但都是这个对称格式的变体形式。这个对称格式既是汉语的韵律结构也是汉语的语法结构，韵律结构和语法结构总体上高度一致，因为韵律本身是语法的组成部分。

缩放型对称格式的成因是，汉语以音义一体的字为基本单位，每个字等重等价；对言明义完形的格式在认知加工时需要非线性的"平行处理"，恰巧数字四具有 2 + 2 = 2 × 2 的特性，而四字格是缩放型对称格式的基干。见第十一章"缩放对"。

链接对 是"平接型链对格式"的简称。汉语以对为本，对而有续，缩放对着眼于"对"，链接对着眼于"续"。老骥伏枥既是缩放型对称格式，也是平接型链对格式，两种格式经纬交织。链对格式图示如下：

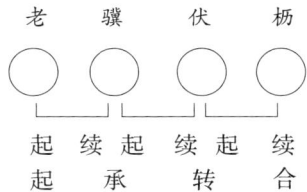

这是一个最小的起承转合式的四言结构，规律是"上罩下下承上"，递系相连成文。实际情形虽然变化多端，但都是在这个四言链接的基干上生发的。链对格式也贯通语篇，起承转合的四句式是汉语特有的复句样式。传统所说的"顶真续麻""起承转合"不应只看作修辞格或行文技巧，它是汉语的一个结构性特征，汉语的结构具有广义的递系性。链接式需要认知上随时激活和提取的"动态处理"。

链对格式的形成是流水句的特性决定的，植根于对话的链接性，应答一出现就成为引发。独白时言者采取"先行一步"的策略，预期听者可能做出什么反应，自己先提出来加以说明。见第十二章"链接对"。

多重对　指音、形、义、用多重对称和对应。语音上的对称对应（声韵对）对汉语特别重要，表现在凑双四、半逗律、双声叠韵、平平仄仄和对称节律栅等方面。多重对图示如下：

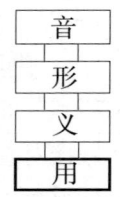

音形义用各层内部对称，纵向投射对应。对言语法以"用"为本，用既是目的也是归宿。借用王夫之《姜斋诗话》的"意在言先，亦在言后"，"意"指意图，言的出发点是传递意图，归结处是理会意图。意图的传递和理会就是言说的用意。

音义象对　音形义用四重对可以简化或概括为音义二重对，"音义象对"指音的组合对和义的组合对之间的象征关系。双声叠韵和平仄对应都有象征性，象征互文见义、对言明义。单音双音的区别，以及单双音节的组配方式表面上是韵律现象，实为汉语自身的一种语法形态，韵律是语法的组成部分，其根源是对话和韵律密不可分，韵律是一种重要的互动策略和手段。音对象征义对，主要表现在数量象征、顺序象征、疏密象征三方面。跟疏密象征密切相关的虚实象征原理，即语音的疏密虚实象征意义的疏密虚实，在汉语中起重要作用。

从体系上看，印欧语语法和汉语语法的区别可以图示如下：

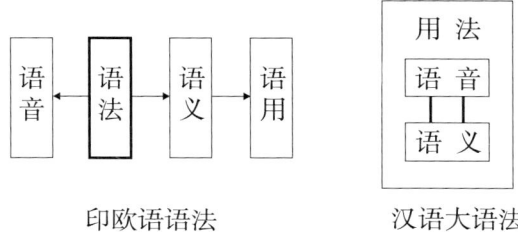

印欧语语法　　　　　汉语大语法

左图代表印欧语的语言组织，箭头方向表示当前西方主流语法理论"生成语法"的看法，语法实指句法（syntax），占据中心地位，向左得出语音拼读，向右得出语义解读，再到语境里得到语用解读。语法以主谓结构为主干，以续为本。右图代表汉语的语言组织，大语法是对言语法，植根于互动合作的对话，以用法为本，以对言格式为主干，整个语法是一个象征系统，分为音对一极和义对一极，音对象征义对（用双竖杠表示"对"），不存在一个独立于用法的印欧语式的语法。过去以印欧语语法为参照系，就说汉语语法的内容主要是语序问题，在对言语法的框架里，语序根本是"用序"（第十章），属于用法。多重对和音义象对见第十三章。

两个声音对话是生命和生存的最低条件，象征单位成对是语言的生命和活力的源头。人类的语言植根于对话，语法来自用法，散言来自对言，所以汉语的对言语法不是一个只适用于汉语的组织模型，它具有普遍的意义。

从对言语法看主谓结构

对言语法具有普遍的意义，所以可以从它出发来观看和认识主谓结构。虽然印欧语的主谓结构套不住汉语的对言格式，但是汉语的对言格式可以容纳逻辑的主谓式。仍然用下面一对例子来说明：

玛丽，买了一顶帽子。　　玛丽买了，一顶帽子。

在汉语里这两种表达都是对言格式，是一对指称语的并置，即起指-续指对，用布龙菲尔德的话说是"主语和谓语当作对等项看待"。左边是"偏对"，最接近印欧语主谓结构的表达，偏重逻辑命题的主谓二分，不注重形式的对称，但谓语<u>买了一顶帽子</u>跟主语<u>玛丽</u>一样是指称语。右边是汉语习惯的表达方式，注重形式的对称，是"正对"，<u>玛丽买了</u>跟谓语<u>一顶帽子</u>是对等的指称语。注意右边的表达不排斥左边的命题内容，还带有平衡对应的语气，给人生动鲜活的意象。两种表达代表两种"意义画面"。

从汉语对言语法来看，容纳主谓式的对言格式，或中国式"主谓结构"，可以从三个角度来认识，分说如下。

"所指-所以指"对

从指号学的角度讲，起指和续指分别是"所指"（signifié）和"所以指"（signifiant）。先秦公孙龙的《指物论》从论述名实关系推进到指物关系，所用"指"一词既表示"手指"（手指语即"所以指"）又表示"事物的可指性"或"所指"，后者是事物命名的基础。（李巍 2016）<u>这是白马</u>一句，<u>这</u>是物，是所指，<u>白马</u>是指，是所以指。所指和所以指都是"指"，二者是对应耦合关系。上面那对玛丽买帽的例子，左右两种表达都是所指-所以指对，一个偏对，一个正对。

"所谓-所以谓"对

从语言学的角度讲，起指和续指分别是"所谓"和"所以谓"。用话题-评说来代替主语-谓语，这固然接近汉语的实际，但是话题-评说这对名称还是偏重于"续"而不是"对"，所以沈家煊（2017b）建议改用所谓-所以谓（that predicated - that predicates coupling）这对名称。所字在汉语里是一个指称标记（朱德熙1983），表明"所谓"和"所以谓"都是指称语，而且成对。戴震《孟子字义疏证》在解释"道"的时候着眼于之谓和谓之这一对词的用法，这里按照他的意思将他所举的例子析解为：

<u>形而上者</u>谓之<u>道</u>。
所谓　　　　所以谓

<u>道也者</u>，<u>一阴一阳</u>之谓也。
所谓　　　所以谓

<u>一阴一阳</u>之谓<u>道</u>。
所以谓　　　所谓

一般排序是所谓在前，所以谓在后，可以用谓之也可以用之谓，用之谓的时候次序可以倒过来（回文），如最后一句，这证明所谓和所以谓是"一对"指称语。

"实–名"对

从名辩学的角度讲，起指和续指分别是"实"和"名"。所谓是实，所以谓是名，名与实要对应相符。中国话和中国哲学的精神是相通的，中国哲学历来重视名和实的关系，强调实应当与名为它规定的含义相符合。孔子强调"正名"主要是出于治理社会的考虑，而名家的思想特质就是注重"名"，"专决于名"，思辨的焦点是"名"。冯友兰《中国哲学简史》多处讲名与实，说"名家"最好按字面翻译为 the School of Names，可以提醒西方人注意中国哲学讨论的一个重要问题是名和实的关系问题。名家中有两种趋向，惠施强调实的相对性，公孙龙强调名的绝对性。例如<u>这是桌子</u>这句话，其中<u>这</u>指具体的事物，它是相对的、可变的、有生有灭，而<u>桌</u>

子指一个抽象范畴,即名称,它是不变的,绝对的;又如君君、臣臣,前一个君、臣指实在的君和臣,后一个君、臣指君和臣的名或名分,正名就是要名实相符。启功(1997:66)用《论语》里君不君、臣不臣的说法来支持这个分析。重要的是,正名不是亚里士多德那样的下定义,中国人注重观象,因象而取名定名,正名只是所谓 naming,要求名与实对应而已。(张东荪 1936)总之,先秦诸家在讲名实相符的时候,是将句子的谓语视为"名",这跟以动词为中心的印欧语语法大相径庭。

综上所述,汉语里容纳逻辑主谓式的那个东西实为耦合结构:

指号学　"所指－所以指"耦合结构

语言学　"所谓－所以谓"耦合结构

逻辑学　"实－名"耦合结构

这三对名称之间互相联系、可以通约。作为指号的"字"原来叫"名",《说文》郑玄注"名,书文也,今谓之字","古曰名,今曰字"。(徐通锵 2008:99)而"谓"就是用"名"得其实,"谓者,论人论事得其实也"(《说文》段注),"所以谓,名也;所谓,实也"(《墨经·经说上》)。三者的差别只是论述领域的不同。

从指号学看对言语法

语言符号是"指号",以指为本,人使用指号总是带有意图,不同于一般的符号。语言学是指号学的一部分,从指号学来看汉语对言语法,可以得到启示。

指为本

语言指号不仅是象征符(symbol),还是指示符(index),所谓 index 就是"用食指指"。乌云象征有雨，乌云是象征符，象征符的意义是"自然意义"，而语言指号的意义大多是"非自然意义"（第八章）。对语言演化的最新研究发现，"指"很可能是语言起源的初始阶段或准备阶段（Kita 2003；Bejarano 2011；托马塞洛 2012；Diessel 2013）。聋哑人的手语就是用"指$_1$+指$_2$"这种对而有续的方式来表达一个判断、陈述一件事情。我们不仅用手指当前见到的事和物，也指想象中的事和物，指过去或将来，而动物不具备这种能力。我用手指向一个穿着时髦的年轻女子正在抽烟，目的是要引起你的注意，并且赋予这一指以意义，让你领会我这个手指语的意图。因此语言学的"指示、指称"跟语言的运用、跟对话、跟说话人的意图密切相关，它本质上是一个语用的概念。

《论语》里使用四个第一人称代词朕、予、我、吾，它们之间的差别不应从主语、宾语、定语这些语法范畴出发去分析，而应该从不同的对话情景去考察。朕是专用尊称，天子对臣下指自己用；予是谦称，面对神圣或尊者指自己用；我是平称，面对公众或他人指自己用；吾也是谦称，面对个人指自己用。（李子玲 2014）古汉语之、者、而三个常用虚字，基本功能都是指示（沈家煊、完权 2009；沈家煊、许立群 2016；吴怀成、沈家煊 2017）：

之　指而代　鸟之将死（之复指且代鸟）
者　指而顿　仁者人也（者复指仁且略施停顿）
而　指而连　人而无信（而复指人且连接无信）

所以指也是所指

人类语言区别于动物"语言"的一个重要的设计特性是返指（reflexisiveness），作为"所以指"的语言指号不仅指向语言之外，也指向语言自身。（Hockett 1960）

名不正，则言不顺；言不顺，则事不成。(《论语·子路》)
这是第三章讲流水句链接性时举过的例子，有两个所指-所以指对。前一个言不顺是对所指名不正的所以指，后一个言不顺就是通过指向语言自身（复指前一个言不顺）来指向语言之外，它同时是事不成的所指。这就是说，所以指本身也是一种所指。按照 Mooij（1976：39-53）的区分，前一个言不顺是辨认指称（identifying reference），简称 I-指称，后一个言不顺是提引指称（mentioning reference），简称 M-指称。Mooij 指出，提引指称包含辨认指称，这跟 Hockett 讲的是一个道理。①

克里斯蒂娃（2016：14）说，任何文本都是对其他文本的吸收与转化。她引用巴赫金的观点，引言是对话的特征，任何文本的建构都是引言的集合，任何一句话都指向语言自身，都是指向已经说过的话。二人表达的意思就是，所有的话都是所指，所以指也是所指。令人惊异的是，先秦名家公孙龙就已经认识到语言的这一特性，在《指物论》里，他作为主方立论"物莫非指"，客方诘难说"天下无指，而物不可谓指也"，于是主方引述客方的话反问，"不可谓指者，非指也？"反问的意思是：你刚才说的那句话里的"不可谓指"本身不就是一个"指"吗？难道能说它是"非指"吗？总之，所以指一经说出就成为所指，所以指也是所指。

正因为古人早就认识到所以指也是所指，所以谓也是所谓，所以古书标点从来不使用引号。当今长篇小说《繁花》继承话本样

---

① Mooij 还认为名词和动词都可以用来指称，例如 The mayor of Hull bade welcome to the guests who arrived by a special train from London 一句，不仅名词 the mayor of Hull, London, a special train 用来指称，动词 bade welcome 和 arrived 也用来指称，动词指称的是动作或事件。

式，通篇不用引号，有个例子：

（沪生为迎接朋友阿宝来家住，把床铺整理得干干净净，阿宝看到后）沪生笑笑说，备战备荒为人民，领袖语录。

<u>备战备荒为人民</u>是引语，指向语言自身，但同时也指向语言之外，指向沪生特意整理床铺的事情。真实语言中只指向语言自身的情形（如<u>备战备荒为人民是七个字</u>）是罕见的。"被自杀"之类的说法，<u>自杀</u>明显指向语言自身，但也指向语言之外的自杀行为。

典故既是比喻又是引言，是压缩了的引言，是用典者与前人对话，对前人解释的解释再解释。汉语不但引用、用典历史悠久，而且有关引用的理论也历史久远。最早论及引用的大约是《庄子·寓言篇》"重言十七，所以已言也"，这里的重言是指引言，不光是重复古人的话，还借以说自己的话。《天下篇》里又说"以重言为真"，在形式逻辑里，以引言为真就犯了以人为据或诉诸权威的错误，因此这个"真"不是形式逻辑里"真"的概念。

主语和谓语分别是所指和所以指，而所以指也是所指，这意味着主谓关系在汉语里不是二分对立，二者可以化约为一（见第九章）。

指号学的解构史

回顾指号学从结构主义到解构主义的转变历史，可以从中得到启迪，以下回顾转引自殷祯岑（2016）。指号学19世纪末20世纪初由索绪尔和皮尔斯分别创立，索绪尔开创的结构主义指号学是20世纪这个领域的主流。索氏将符号分为"所指"和"能指"（所以指），认为二者的结合是任意的、不可认证的。结构主义悬置意义问题，只关注系统中符号与符号的联结和差异，从而从纷繁的语言现象中提取抽象的结构系统，不考虑系统的具体使用及其与外部世界的联系。

然而，晚年的索绪尔在对史诗的回文词（anagram）的研究中，表现出对自己开创的研究范式的反思。回文词指字母（音素）倒序构词，如 north → thorn，lived → devil，圣母的名字 Marie 和法语动词 aime"爱"也有这种关系。索绪尔在拉丁文和吠陀梵文的史诗中发现大量的回文词，元音和辅音出现的数量和位置具有严密的对称性，这种对称的语音分布使主题词在诗歌诵读的韵律、节奏中不经意地反复出现，从而起到强化意义的作用。于是语言超越了线性表意的层面，开启了基于对称性的表意新层级。

罗兰·巴特是法国指号学的中流砥柱，其思想经历了从结构主义向解构主义转变的全过程。他在《指号学原理》中认为，符号的意指系统并不总是能指对应所指的单层结构，而是表现出多层套叠的特征。第一层的所指-能指可以接下来充当能指或所指进入第二层的所指-能指关系。例如，一种虚构生物-龙是第一层所指-能指关系，它充当能指进入第二层所指-能指关系皇帝-龙。意指系统多层化的研究打破了能指所指稳定对应的结构主义理念，预示着后结构主义、解构主义思潮的到来。

德里达进一步认为，能指并不指向所指，而是在语言的游戏中不断地替代其他能指，意义在这种替代中无限播散，始终处于未完成状态。

俄国巴赫金的语言哲学同样质疑形式主义孤立、静态的研究方法，强调动态、开放的"对话关系"的核心地位。他说"语言只能存在于使用者之间的对话交际之中"，纯粹的独白并不存在，对话性是语言的本质特征，是社会生活的核心，一切现象和意义都产生于主体间的对话。

克里斯蒂娃将指号学的研究对象设定为文本，创立以"互文性"

为特色的指号学理论，成为后结构主义、解构主义思潮的重要组成部分。互文性是指"种种文本之间的相互转换关系"，文本随时会与后来产生的其他文本发生关系，每一次的互文都可能带来意义的更新，符号的意义就是在这种文本的相互关系和作用中不断地转换生成。文本为意义的生成提供空间，而意义生成的具体机制就是互文。

解什么"构"

指号学的解构史从发现"对称表意"开始，进入所指-能指的多层套叠，最后归结到对话和互文。汉语这个指号系统，着眼于文本，以对话和互文为根本，超越线性表意，进入对称（特别是声韵对称）表意，呈现套叠链接的动态特征。主谓齐全的句子由一问一答的对话组成，先有对话，后有独白，充分证明语言预设了对话关系和互动性。（沈家煊 2016c）西方语言的回文以字母（元音辅音）为单位，主要表现在构词，汉语的回文以字（音节）为单位，音义一体，没有形态的束缚，因此大量发生在语句和语篇上。巴特所说的多层套叠的情形，在汉语里是一种常态，例如<u>名不正-言不顺</u>是第一层所指-能指关系，它又充当所指进入第二层所指-能指关系<u>言不顺-事不成</u>。<u>名不正，言不顺</u>与后来的文本<u>言不顺，事不成</u>发生关系、互相作用，<u>言不顺</u>的意义就在这种互文中动态生成。又如<u>老骥伏枥</u>一句的表达和理解，第十二章已有详细说明。克里斯蒂娃（2016：12）坦言，她的互文理论曾从中国式的思维方式中得到启迪：一阴一阳之谓道，阴阳的"对话"取代了上帝。

因此，汉语的指号学不需要"解构"，因为汉语本来就处在后结构主义所主张的状态。话说回来，我们现在达到这一认识，经历结构主义的洗礼这个阶段是必不可少的，因为一切认识归根结底都是通过亲历和比对获得的。

然而我们也可以反问，"解构"解的是什么"构"？是不是只有主谓结构才是结构，对言格式就不是结构？解构主义有一种否定一切结构的虚无主义倾向，不免又走到另一个极端。揭示汉语对言格式的意义在于，我们由此认识到，还有更高层面的、更接近语言本性的结构存在。

从对言语法看语言演化

近半个世纪内，人类的语言官能（language faculty）是语言学研究的核心问题。探讨涉及三个方面，一是语言官能是什么样的？二是语言官能是如何获得的（langue acquisition）？三是获得语言官能的能力是如何获得的？这属于语言演化（language evolution）问题。第三个方面的研究在过去二十年里愈加突显。

Hauser *et al.*（2002）将语言官能分为宽窄两种，宽义语言官能包括记忆和注意，特别是共同注意（joint attention）的能力。作为汉语对言格式的基干四字格，之所以是"四"，前文已经说明跟短时记忆容量和注意跨度有关。汉语语法以对言格式为主干，这促使我们对宽窄语言官能做深入思考。

非线性递归

结构递归性一度被认为是窄义语言官能的属性，它跟无限串连（unlimited concatenation）有本质的不同：

结构递归	无限串连
[A B]	[A B]
[[A B] C]	[A B C]
[[[A B] C] D]	[A B C D]

中心嵌入的递归结构也不同于计数式的无限串连：

[A B]　　　　　　[A B]（1A，1B）
[A [A B] A]　　　[A A B B]（2A，2B）
[A [A [A B] B] B]　[A A A B B B]（3A，3B）

后来发现其他动物也有结构递归的能力，人的其他高级认知活动也有结构递归性，Jackendoff（2011）指出，下面的视觉图形（当然不是一般说的语言）也存在结构递归性：

```
XXXXX XXXXX   XXXXX XXXXX   XXXXX XXXXX
OOOOO OOOOO   OOOOO OOOOO   OOOOO OOOOO
XXXXX XXXXX   XXXXX XXXXX   XXXXX XXXXX
XXXXX XXXXX   XXXXX XXXXX   XXXXX XXXXX
OOOOO OOOOO   OOOOO OOOOO   OOOOO OOOOO
XXXXX XXXXX   XXXXX XXXXX   XXXXX XXXXX
XXXXX XXXXX   XXXXX XXXXX   XXXXX XXXXX
OOOOO OOOOO   OOOOO OOOOO   OOOOO OOOOO
XXXXX XXXXX   XXXXX XXXXX   XXXXX XXXXX
```

这个图形可以看作：每行 5 个 X 或 5 个 O，先由三行组成一个含 15 个项目的单位，两个这样的单位组成一个较大的单位（含 30 个项目），这些较大的单位又构成一个 3×3 的矩阵，而且可以无限放大扩展下去（笔者加虚线表示）。虽然每行没有结构中心（head），项目不分主从，不是二分结构，但是显然存在结构递归性。线性的结构递归无法涵盖这种二维的结构递归，因此结构递归不可能只是窄义语言官能的属性，而是宽义语言官能的属性。

汉语的对言语法和对言格式表明，一个有限的串联式 [A B C D]，如 [老骥伏枥]，本身是一个递系结构，可称之为"有限递系式"（数目受记忆和注意跨度的限制），四个项目老、骥、伏、枥并不是菜单式的罗列，而是由三个对子老-骥、骥-伏、伏-枥递系链接而成。重要的是，这样的四字语可以不断放大扩展，如老骥伏枥 志在千里 烈士暮年 壮心不已就是一个 2×2 的矩阵，显然具有二维的结构递归性。看上去是计数的串连式 [A A B B] 或 [A A A B B B]，实际是缩放型对称结构，如指指点点是字组指＋点的二倍数，错错错莫莫莫（陆游《钗头凤》）是字组错＋莫的三倍数：

指指点点 [A A B B]　（A+B）× 2 = 2A+2B

错错错莫莫莫 [A A A B B B]　（A+B）× 3 = 3A+3B

汉语的组织是通过有限的结构递系和二维的结构递归，以实现无限生成和传情达意。这样看来，汉语语法属于非线性递归语法。

实际上到目前为止我们对什么是窄义语言官能（如果确实有的话）还不甚了解。Jackendoff（2011）大胆猜测，人类二维结构的递归能力要早于线性结构的递归能力存在。脑科学的进展也许会有帮助，Progovac（2015）预测，大脑处理递归结构有明显的左半脑侧化倾向，处理递系结构则同时依赖左半脑和右半脑。

原始语法

Bickerton（1990）认为，原始语言（Proto-language）的语法就是语词的无限递系，称之为"*W 语法"（W 指 word）。这种原始语法没有层次结构，没有递归，成分不分主从，不分词类，语词之间的联系仅靠语序，靠默认的底伏（default）语序原则，如施事居前，焦点居后，修饰成分紧挨被修饰成分等。Jackendoff（2011）则认为原始语法是一种平行构造（parallel architecture），语音结构和语义（概念）结构不是语形结构（句法）的衍生物，三者是各自独立的、平行的领域，互相对应，语言组织可以没有句法范畴，与概念结构对应的唯一的成分结构是韵律结构。这个看法跟认知语法认为语言象征单位由语音和语义两极构成的看法（见上一章）基本一致。"无限递系"的概念需要重新考虑，受记忆和注意跨度的限制，递系不可能是无限的，但是有限的递系式可以通过放大也就是二维的结构递归来生成语篇。

二人认为，原始语言的特点在现代语言中仍然潜伏着，留有痕迹，如早期儿童语言、皮钦语、失语症患者的语言、二语习得的后期阶段、时间紧迫时说出的话等。Progovac（2006，2007，2015）进一步认为，原始语法还存活在现代语言之中，是现代语言的基础，是一种"活着的语言化石"。语言的原始阶段叫作并置结构阶段（paratactic proto-stage），并置结构是一个双插槽结构，由一个不及物动词加一个名词组成，没有主从之分，没有连接成分，韵律特征发挥重要的连接作用，动词没有时体，名词论元是施事受事不明确，总之这个双插槽结构是离心结构而不是向心结构，叫作原始述谓结构（proto-predication）。在当代语言中仍然能找到这种语言设计的痕迹，例如英语和其他语言中的动-名复合词 turn-coat（变节者）、pick pocket（三只手）。汉语的例子就不限于复合词了，如第九章讲"施受同辞"时讲到的<u>食粮</u>和<u>粮食</u>，施受同辞是汉语的结构特性，对言就是双插槽结构，<u>不必限定</u>为"不及物动词＋名词"。

汉语的对言语法和对言格式表明，这样的原始语法绝不应被认为是语言演化的一个早期阶段或低级阶段，语言演化没有远瞩目标，阶段不分高级低级。汉语从古至今，对言格式绵延不绝、长盛不衰，是语言无限生成的基础，因此不是使用范围有限的语言"活化石"(living fossil),汉语是既古老又保持强大生命力的一种活语言。这对我们如何认识语言演化有很重要的价值:不管是渐变论还是突变论,演化的方向都会出现分叉,不是单线型的。韵律结构和概念结构是如何对应的,通过汉语的研究也可能加深我们对这个问题的认识。因此对汉语对言语法和对言格式的研究不仅是一个关于汉语的研究领域,而且具有普遍的语言类型学和语言演化研究的意义。

十五　对言和对思

思维决定语言，语言反过来影响思维，这就是沃尔夫和萨丕尔关于语言和思维的相对论。汉语对言语法和对言格式跟中国人习惯的对举思维密切相关。

对举思维

中国古代，试图解释宇宙的结构和起源的思想是：太极生两仪、两仪生四象、四象生八卦。象数易学在汉末已具有逻辑化和系统化的特征（丁四新 2019）。冯友兰（2013：128）说，"术数的本身是以迷信为基础的，但是往往是科学的起源"，这是阴阳家对中国思想的贡献。"术数在放弃了对于超自然力的信仰并试图只用自然力解释宇宙的时候，就变成科学。这些自然力是什么，其概念在最初可能很简单、很粗糙，可是在这些概念中却有科学的开端。"按照沃尔夫-萨丕尔假说，这种思想对汉语的构造特点具有决定性的影响，反过来，汉语的构造特点也影响中国人的思维方式。

中国人习惯对着想、对着说、对着写，这作为一种认知现象渗透到高雅文化和民俗文化之中，相沿相袭，体现出一种方法论的意义。（祝克懿 2017）上面"缩放对""链接对""多重对"三章已经说明，这跟汉语是单音节声调语言、汉字是音义的结合体有关，单音字天然宜于对仗，容易造成音节匀称、两相对比的形式。(郭绍虞 1979：158) 中国哲学"天地""乾坤""阴阳"这些双字组重要概念的形成很可能也跟这个有关。(赵元任 1975)

朱晓农（2015）强调语言决定推理方式，因而也决定思维方式，这是强式的沃尔夫-萨丕尔假说。语言具备主谓结构，这是产生演绎逻辑的必要条件，没有主谓结构就没有命题，没有命题就没有三段论演绎推理。汉语没有主谓结构，所以不具备产生演绎逻辑的条件。这跟早年张东荪（1936，1938）的看法一致。

跟西方重视演绎推理相比，中国人习惯的思维方式是比对推理，朱晓农举出很有说服力的例子如下：

	甲、司马迁	乙、文天祥	丙、自拟
大前提	人固有一死	人生自古谁无死	凡人皆有死
小前提	（你我，人也）	（文天祥，人也）	（圣人，人也）
亚氏逻辑结论	（你我皆有一死）	（文天祥能无死？）	（圣人亦有死）
名辩比对推演	或重于泰山 或轻于鸿毛	留取丹心照汗青	然则圣人不朽

从甲乙丙三个例子看出，中国人确实习惯比对推理，这跟汉语习惯于"对言明义"密切相关，或重于泰山，或轻于鸿毛，人生自古谁无死，留取丹心照汗青，人皆有死，圣人不朽都是对言。对中国人来讲，三段论得出的逻辑结论是不言而喻的，没有制造意义（make sense），比对和对言才制造意义。

朱晓农还拿杨振宁和易学家的一场辩论来说明他的观点。杨振宁用三段论演绎推理来解释中国古代没有产生科学的原因：

大前提　没有演绎法就没有科学

小前提　中国古代没有演绎法

结　论　中国古代没有产生科学

易学家的反驳是这样的：古希腊有一大堆演绎法，为什么仍然没有产生科学？杨振宁是说演绎法是产生科学的必要条件，易学家却是在说演绎法是产生科学的充分条件，但是朱晓农指出，倒不见得是易学家混淆了必要条件和充分条件，而是中国人习惯于用"没有演绎法就没有科学"和"有演绎法就有科学"这样的"正反对"对比着思考问题。在易学家看来，要是按照三段论，下面的推演也成立：

大前提　有演绎法就产生科学

小前提　古希腊有演绎法

结　论　古希腊产生了科学（但事实不是）

在易学家的心目中，拿"有演绎法"跟"无演绎法"对比思考并推演，这比单从"无演绎法"做演绎推理更重要，重要的优先，因此这是另一种思维范式。

袁毓林（2015）从"反事实表达"的方面讲中西语言和思维的特点。汉语表达"有共产党就有新中国"这个充分条件总是跟"没有共产党就没有新中国"对举而说的，其效果也是表达"有共产党才有新中国"这个必要条件，但是跟英语 if...then 或 only if...then 不同，汉语不重视条件是否符合事实，重视的是"有没有新中国"这个结果事态的对比，而不是事件的因果推导。

对举思维可以分为"比对思维"和"对比思维"两个方面，偏重证明和求同用比对思维①，偏重反驳和显异用对比思维。上有

---

① 相当于朱晓农（2018a）说的同构推演。

<u>天堂−下有苏杭</u>，<u>天要下雨−娘要出嫁</u>，<u>老骥伏枥志在千里−烈士暮年壮心不已</u>等是比对思维，<u>人皆有死−圣人不朽</u>，<u>落花有意−流水无情</u>，<u>明枪易躲−暗箭难防</u>等是对比思维。比对和对比都是"对"。思维方式受语言的影响，就本书的主题而言，演绎推理是受语言以主谓结构为主干的影响，对举推理是受语言以对言格式为主干的影响。

比较西方逻辑和中国名学，逻辑的演绎三段论是在推理形式中研究命题，在命题中研究主词谓词的外延关系，所讨论的逻辑真假只是形式的。研究命题的主词谓词，如本书开篇第一章所述，是从语言句子的主语谓语出发的。而先秦名学不在论证格式中讨论主谓词项，而是在论证格式之外讨论用名与正名问题，这个讨论构成先秦名学的核心内容，其特征是关注价值判断的对错而不是形式上的真假，所有论证都是具体的。讨论用名与正名，如上一章所述，是从语言的"实−名耦合结构"出发的。主词和谓词不能化约为一，实和名可以化约为一，名是"有实之名"。

当然，执着于比对或对比思维而不能自拔，走到极端就产生负面效应。有一则笑话，主人做寿请了四位客人，见只来了三位，就说"咳，该来的没有来"。一位客人听了心想你是说"不该来的倒来了"，于是不辞而别，主人急忙说"哎，不该走的又走了"，另一位客人心想"你是说该走的还没走吧"，于是拂袖而去，主人急了，赶紧对剩下的一位说"我说的不是他俩"，谁知这一位心想"你说的原来是我"，于是也跑了。过去我们不予重视的演绎推理居然孕育出丰硕的自然科学成果，这大大出乎中国人的意料，现在正急起直追。不过，演绎推理和对举思维的好坏问题是属于另外一个问题。

对待范畴观

上面那个杨振宁和易学家之间辩论的例子还表明,中西方有两种不同的范畴观倾向。范畴观指如何看范畴的界定、分合和形成,这是认知科学的中心议题。有了范畴,概念才得以形成,经验才变得有意义,只有理解范畴和范畴的形成才能理解我们的思维和行为,才能理解人之所以为人。在范畴观上,西方人倾向持"对立"的范畴观,中国人倾向持"对待"的范畴观。杨振宁演绎推理的大前提"没有演绎法就没有科学"是视演绎法和科学为对立依存关系:演绎法不是科学,科学不是演绎法,这是对立,但是演绎法是产生科学的必要条件,科学是演绎法导致的必然结果,这是依存。易学家对比推理提出"有演绎法就有科学"的大前提,是视演绎法和科学为对待依存关系,对待关系是一种包含关系,即科学包含演绎法,演绎法本身是科学的一部分,所以有演绎法就成为有科学的充分条件。西方看重必要条件,视世界为必然世界,主流哲学属于追求"必然性"的哲学;中国看重充分条件,视世界为可能世界,把生活的根本问题看作可能性问题。① 这一节要说明,中国人的对待范畴观也跟对言和对思有关。

对立和对待

中西方在范畴观上"对立"和"对待"的差别,最早由张东荪(1938)提出。他说,西方逻辑学上的分类因为基于同一律,所以必须二分(dichotomous division),甲与非甲,善与非善,分类规则必须要"尽"(exclusiveness),定义必须是"定者"与"定之者"

---

① 关于"必然性"哲学和"可能性"哲学,参看赵汀阳(1994)。

之间能画一等号。但是中国人的思想是不依靠同一律的,只取"对待"的关系为出发点,"甲和乙对待,相依相成,定义也不能有,只能由反义以明之,这是另外一套名学,另外一个思想系统"。①张氏的这个见解很深刻,但是在西方学者看来,对待关系究竟指什么还有待阐释。沈家煊(2017c)认为,"甲乙对待"可以阐释为逻辑上的"甲乙包含":

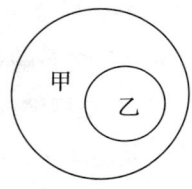

逻辑上的类包含

　　这在逻辑上叫"类包含"(class inclusion),见 Lyons(1977:291)。需要向西方人解释,汉语"对"一字表示的对立是包容对立(inclusive opposition)而不是互斥对立(exclusive opposition)。甲类包含乙类,凡乙都是甲,而甲不都是乙,甲乙"异而同"。甲包含(include)乙,反过来乙蕴涵(entail)甲,甲乙互相依存。甲乙对待和甲乙包含是一件事情两种说法,说"对待"是侧重甲乙"异"的一面,说"包含"是侧重甲乙"同"的一面。例如汉语名词和动词"异而同",侧重异,强调名词不都是动词,就说"名动对待",侧重同,强调动词也是名词,就说"名动包含"。互斥对立的格局,只有当甲和乙形成交集的时候才是"异而同",而包容对立的格局本身就是"异而同",是甲和乙之间的最大兼容。

---

① 张东荪还说中国人只有概念,没有范畴,没有范畴是指没有西方那种用必要充分条件界定的范畴。还说西方的"类"是类别(category),中国的"类"首先是类比(analogy)。

这样来理解和阐释对待关系，甲乙之间就不是静态的平等对待。如果是静态的平等对待，那就可以纳入西方的形式逻辑，在逻辑方阵里对立是矛盾关系，对待是反对关系，对待关系可以纳入西方"对立统一"的辩证观。但是对待不同于那种静态的对立统一，用类包含阐释的甲乙对待，甲和乙有本末、源流的区别，甲是本源，乙是末流。就"名动包含"而言，名词是本源，动词是末流，从语言演化来看，大量的语言事实表明，独立的动词类是从名词类里分化出来的，因此主语和谓语对立并不是语言的原始状态。同样，用法包含语法，用法是本和源，语法是末和流。对待范畴观因此是一种"一生二"的动态范畴观。

中国哲学进行思辨的成对范畴，天-人，人-圣，用-体，器-道，无-有，物-事，都是动态的、由一生二的甲乙包含关系、对待关系，在中国人的心目中"异而同"的关系是常态而不是非常态或过渡态，世界本来就是这个状态。拿"物-事"这对范畴来说，郑玄在界说《大学》中的"物"时便说"物犹事也"，这一界说一再为后来的哲学家所认同。这种物-事观念跟汉语有直接的关系，名词表物、动词陈事，汉语的名动关系是包含对待关系，动词属于名词，所以事当然是物、属于物，是事物，因此对中国人说"事即物也"是没有意义的，等于废话，说"物犹事也"才有意义（make sense）。汉语以比对方式构词，<u>事物</u>一词的构成就表明事也是物，物是本。

本书第一章指出，西方逻辑和语言的主语和谓语都是从名词和动词出发来确定的，主谓对立二分是因为名动对立二分。汉语"名动包含"格局意味着汉语的主语和谓语（类比说法）也不是对立关系。主语是起说，谓语是续说，"起作续时续亦起"，起说和续说是对待关系、包含关系，二者可以化约为一，第十二章"主谓同辞"

一节已有说明。

总之，甲乙对待的"类包含"格局是汉语的常态，表现在语言和思维的方方面面，详细参看沈家煊（2017c）。

对待和会话原则

汉语的对言语法建立在对话的基础上，对话是在互动中进行的合作活动，而互动合作的前提是双方接受"异而同"状态，巴赫金所说的"对话式对立"就是指对话双方异而同的对待关系，属于"交往理性"。只有异没有同，无从对话，只有同没有异，无须对话，对话的前提就是对话双方异而同而且互相承认异而同。对待的范畴观是动态的范畴观，这跟对话的动态性、互动性一致。这一节想着重说明，类包含的对待格局符合对话的基本原则。

格莱斯（Grice 1957）的开创性贡献是提出"会话合作原则"，特别是阐释了合作如何遵循"适量准则"，这条准则是指，说话提供的信息要足量而又不过量。"会话隐涵义"，通常所说的言外之意，是依据这条准则推导出来的。例如说<u>老王有三个孩子</u>的时候可以推出"老王只有三个孩子"的隐涵义，依据的是足量次则，<u>说我割破了一个手指头</u>的时候推出"割破的是我的手指头"的隐涵义，依据的是不过量次则。这已经是语用学的常识，不加细说。

现在来看词义的上下位关系，这种关系通常可以处理为类包含关系。例如英语的 dog-bitch 和 man-woman 这两对词都属于类包含，dog 的词义包含 bitch，表示为（dog（bitch）），man 的词义包含 woman，表示为（man（woman））；然而这两种包含关系又有所区别，（dog（bitch））是因为另有 bitch 一词存在，于是 dog 衍生出"公狗"义，（man（woman））则相反，是因为 man 通常指男人，衍生"男人"义，于是造出 woman 一词来专指女人。从会话合作来看，dog-bitch 这种类型的词义衍生是遵循足量次则，提供的信息要足够多：由于存在一个信息量较大的有标记词项 bitch，一个获有充分信息（知道狗的性别）的说话人却使用了一个信息量较小的未标记词项 dog，而狗的性别信息在当时的语境里是相关的，那么按照足量次则可以推导出说话人不处于使用信息量较大的 bitch 一词的地位，于是 dog 一词排除母狗专指公狗（It's not a dog. It's a bitch.）。而 man-woman 这种类型的词义衍生是遵循不过量次则，提供的信息不要过多，按照这条准则，说话人使用 man 一词的时候一般指男人，无须特别说明，为了表达不属于这种一般情形的特殊情形，才造出信息量较大的 woman 一词专指女人。

足量和不过量这两条次则互相制约，在意义和形式上达到一种平衡，在实际语言使用中形成一种分工：一般的意义（man 一般指男人）用未标记形式表达（不过量次则），特殊的意义（woman 特指女人）用有标记的形式表达（足量次则），可参看 Traugott & Dasher（2002）的阐释。既然遵循适量准则是对话的常态，而对话又是语言的基本形态，那么就得承认，词义的类包含格局是语词使用的常态而不是非常态。这个道理同样适用于名词和动词的类包含格局，名词包含动词，这也是在形式（词类的分布形式）和意义（词类的语法意义）之间经由适量准则的作用达到一种平衡，这种平衡状态因此是语言实际使用的常态。

总之，对话以"异而同"为前提，遵循互动的合作原则，对待范畴观视范畴的"异而同"为常态，因此符合对话的合作原则（特别是信息传递的适量准则）。这证明中国人倾向的对待范畴观受汉语以对言为本、对言以对话为本的影响，语言对思维的影响再次得到印证。

中西方对话

语言观

汉语对言语法和对言格式除了受对举思维和对待范畴观的支配，还跟中国人的语言观有关。人们往往看到语言和逻辑是表达和交流的工具，是认识的思维形式，而忽视了语言和逻辑的局限性。中国人倾向于一种负的语言观：语言是单纯线性型的，而世界是复杂多重型的，因此言不尽意是必然的。儒家对语言抱怀疑态度，听其言而观其行，天何言哉。道家是天道无言，道可道非常道，名可名非常名，禅宗就更不用说了。言意关系是魏晋玄学热烈讨论的问题，虽然有人主张言尽意，但言不尽意、得意忘言是主流观点，和老子一致。中国哲学重视人与人之间心灵相通，人与物与自然相通，在运思方式上重体验、重领悟、重价值，人不在世界之外去认识世界，而是把自身契入世界内，主客融而为一，因此在追求最高境界的过程中往往觉得语言、逻辑反而成为体悟"道"的屏障，会造成对真理的遮蔽，产生思想的因循、僵化、片面、断裂等。西方现代语言哲学的一些观点和中国的语言观有契合之处。维特根斯坦《逻辑哲学导论》说"凡是能够说的事情，都能够说清楚；凡是不能说的事情，应该沉默"，算是另一种形式的言不尽意论，都在说明语言功能的局限性。

中国古代许多哲学家不重视逻辑本身的问题，这并不意味着中国哲学家的表达和论著不符合人类思维的逻辑规律，金岳霖（1985）说："中国哲学家没有发达的逻辑意识，也能轻易自如地安排得合乎逻辑；他们的哲学虽然缺少发达的逻辑意识，也能建立在以往取得的认识上。"赵元任（1955）表达了同样的意思，见本书

第七章"逻辑要素的对言表达"一节。关键在于中国古代圣哲认为，既然语言有言不尽意的局限性，有表达的不确定性、模糊性，那么就只能靠对言的方式，依靠互文、寓言（比喻）、重言（引言）和诗的形式，来尽量弥补语言的不足，对言才接近于表达一个相对完整的意思，才能生出新的意义，使传情和达意融为一体。重视语言的互动性和对话性是中国哲学的一个特色，经典多为对话体。

中国人在倾向于一种负的语言观的同时，还倾向于从动态的角度看待语言，直到索绪尔共时语言学传入才发生变化。刘家和（2002，2003）曾将中国与西方学术最根本的区别归结为，西方人是在永恒中把握真理，逻辑理性占主导地位，中国人是在运动中把握真理，历史理性占主导地位，并指出人类不能没有在永恒中把握真理这条路，也不能没有在运动中把握真理的能力。对语言持动态观，认为语言变动不居，语言范畴跟其他范畴一样是以"甲乙包含"为常态，这是一种范畴的"有"观，而不是静态的"是"观，"有"是从无到有的动态变化。语言包含文字，逻辑上必有语言才有文字，历史上语言产生在前、文字形成在后。用法包含语法，逻辑上必有用法才有语法，历史上用法存在于前、语法形成于后，这个过程叫"用法的语法化"。名词包含动词，实词包含虚词，逻辑上必有名词实词才有动词虚词，历史上名词实词出现在前、动词虚词形成于后，这个过程叫"实词的虚化"。（详细见沈家煊2017e）

关于"李约瑟之问"

西方逻辑学建立在印欧语主谓结构的基础上，有了主谓结构才有同一律，才有三段论演绎推理。汉语没有在形式上规定的主谓结构，没有主语的句子是正常的句子，不存在英语 It rains（德语 Es regnet，法语 Il pleut）中的抽象体词性主语 IT，也没有系词 BE，有人据此猜测中国人的思维缺少客观的考察实体物质的能力，缺乏演绎推理的能力，以此来回答"李约瑟之问"：为什么在西方科学传入以前中国没能发展出一套自然科学体系？

对这种猜测，赵元任（1955）回应说：一、现代西方科学只是近三四百年的事，在整个人类文化史中占的比重极小。二、实体物质的概念只是西方科学思想的某一发展阶段的产物，20世纪的现代物理学理论中，恰恰出现了没有物质就可以产生的（力）场，没有物质的振动就可以产生的波。因此他说："作为一个以汉语为母语的人，我很想说：瞧，这就是汉语在科学上优于西方语言的例证。然而作为一个研究语言的学者必需尽量做到不偏不倚，对语言和科学的最好的概括，就是不要去做任何概括。"

这个回应不无道理，自然科学本身在现代起了很大变化，古典的因果观念和存在观念都动摇了，还可以举出更多支持的事例。第七章"逻辑要素的对言表达"一节说明存在量词SOME在汉语的表达正好是现代谓词逻辑的直接解读，第九章"指语对"说明汉语通过并置实现表达和理解，也更接近于谓词逻辑。笔者还指出，汉语的动词具有"名动二象性"，这跟量子物理学发现光具有"波粒二象性"相似（沈家煊2016a：附录5），互文见义是语言学中的"量子纠缠"（第七章），缩放型的对称格式即"对言同构性"跟天体物理学宇宙缩放的"标度不变性"一致（第十一章），诗性语言把类聚性添加在组合轴上，实现"相对论"时间和空间的统一，"时间不仅仅是如期而至的流程，而变成了平行的多种可能性"（赵汀阳2017：56）。莱布尼茨创立微积分是受到伏羲八卦图考的启发，从而解开了电子计算机使用的二进制数字之谜。（胡阳、李长铎2006）DNA三联体组成的64个排列顺序即64个遗传密码惊奇地与《周

易》六十四卦排列次序吻合。(谢文纬 2006)

经典物理学语言(描述宏观客体的语言系统)本质上不适合量子力学描述微观客体的特点和运动状态,而又不能用别的语言来代替它,尽管量子力学家们知道它的特定含义;这是科学家面临的"语言困境"。(谢丰泰 1999;成素梅 2019)何况现代理论物理学为一个普遍的对称原理所统辖,对对称美的探求是其重要结果的一个指导原则(热 1992:第 1、2 章)。看来,即使语言和科学有联系,科学的发展也需要两种语言、两种思维方式,比对和联想思维实际是有创造力的科学家一种必备的能力。

这个回应不是否认科学发展有其自身的规律,就物理学的发展而言,李约瑟觉得那个牛顿阶段是必不可少的,他说道家"在未奠定牛顿式世界图景的基础之前就在摸索一种爱因斯坦式的世界图景",而"科学沿着这条道路是不可能发展的"。(李约瑟 2016:294)

对言和文明传承

从人类历史的大尺度看,比"李约瑟之问"更值得一问的是,为什么地球上诸多古代文明,唯独中国文明自诞生以来没有中断而绵延至今。语言和思维的相对论也许可以用来解答这个问题。

20 世纪 80 年代末期,意大利科学家吉亚卡莫·里佐拉蒂发现,猴子脑中有一种镜像神经元,猴子在自己抓取食物时产生反应(放电),在观看实验者抓取食物时也产生同样的反应。后续的研究证实,这些镜像神经细胞可以帮助猴子在看到别人的动作时,在脑中重现相同的动作,就像是自己做这个动作一样。这种"感同身受"的神经细胞不只存在于猴子脑中,在人类脑中的许多区域也陆续发现。正是因为具备这种对称反映外在世界的神经元,我们能够体会他人的心思,借助模仿与沟通,从而将生存技能及生活经验一代代传承下去。镜像神经元的发现使我们对于大脑功能如何实现社交互动有了新层面的认识,是神经科学的一个重要的里程碑,有些学者甚至认为它对神经科学的影响就像 DNA 的发现对生命科学的影响一样巨大。镜像神经元成为心思理论(theory of mind)的基础,因为它的本质就是借由自动的、无意识的模拟,使人知道别人在想什么,是人同此心、心同此理的生理基础。

Arbib(2012)《人如何学会语言:从大脑镜像神经机制看人类语言的演化》一书,是把神经机制和语言演化结合起来研究的重要著作,从生物演化和文化演化两个角度,建立一个关于语言演化的理论构架。这个理论构架包含三个假说。假说一是没有天生的普世语法,人类的基因体所提供的只是语言先备条件(language-ready),即儿童如果在已经有语言的社群中成长,可以习得语言和使用语言的能力,基因体提供的不是在一部普世语法中已经编码好的详细的句法知识。假说二是语言先备是多模态的,包括手势、脸部表情、声调等,它为原始语言(proto-language,包括原始手语和原始口语)提供骨架,经由文化创新,语言从原始语言中诞生。基于手部动作特别是"指向"(pointing)动作的沟通,在人类语言演化中扮演关键角色。假说三是镜像系统假说,即人脑中支援语言的机制是在镜像神经系统的基本机制上演化而来的,具体说,镜像系统产生的辨识动作的能力为"语言对等"(language parity)提供了演化基础,"语言对等"是指一句话或一个言语举动的意义对于言者和听者来说大致等同。

应该说"语言对等"既指意义对等也指形式对等,语言作为象征符号,形式和意义一体,形式对等象征意义对等。因此我们可以合理地提出第四个假说:原始语言是对话和对言性的,最简单的对言是重言。举例来说，当甲听到乙对他说"你好"时，甲知道乙这么说的动机和情绪与自己对别人说"你好"的动机和情绪是对等的；当甲对乙回应一个"你好"时，甲相信乙也同样知道自己这么说的动机和情绪，相同的语言形式传递相同的意义，于是双方达到互相沟通和情绪共振。又如两个生意人对话，甲说"生意不好做"，乙回应"生意不好做"，由此形成感受和情绪宣泄的共鸣。劳动号子的呼与应，"嗨哟"对"嗨哟"，更是如此。从语言的个体发生看，母亲教婴儿叫"妈妈"，婴儿模仿她的口型唇势和声音腔调，回应"妈-妈"，这就是婴儿学会的第一句话。总之语言的基本使用形态是对话，"轮番说话"（第八章"会话分析"）和"相同的理解"是对话的基本条件，相同的理解有神经生理的基础，原始语言是在镜像神经机制的基础上通过对话对出来的。

语言既是文明的重要载体，也是文明传承不可或缺的手段。语言以对话为本，最基本的对话形式是重言式的对言，在共鸣的律动中开启种种新的可能，确立主客体的存在和价值。当今英国人，不要说古英语，连乔叟时代的英语也难以理解，而当今的中国人读《诗经》《论语》，理解并无太大困难。汉语从古至今一直没有改变以对言和对言格式为本，这一方面说明中国传统重视对话互动和文明传承，一方面也说明汉语的对言语法和对言格式（便于记忆和传承）很可能是中国文明得以绵延传承的一个重要原因。这虽然只是一个假说，但不失为一个合理的假说。

深度对话

对话的前提是对话双方"异而同"并且互相承认异而同，中西方对话的前提是中西方"异而同"并且互相承认异而同。同，是人同此心、心同此理，"东海西海，心理攸同"（钱钟书语）。同中有异,就形而上的方法而言,冯友兰(2013:311-325)将西方和中国的差异归结为一正一负,正的方法是说形而上学的对象是什么,负的方法却是不说它,如《老子》《庄子》没有说"道"实际是什么,却只说了它不是什么,但是知道了它不是什么,也就明白了一些它是什么。上文说明,西方和中国的范畴观也是一正一负,西方是一种"正"的范畴观,好在它的清晰性,一定要格出个"是一是二"来才满足;中国是一种"负"的范畴观,好在它的单纯性,不追究是一是二,知道"一生二"就及格了,在视为常态的"甲乙包含"格局里不属于乙的那部分甲只须从负面"不是乙"来定义,也只能这样定义。西方从来没有形成充分发展的负的范畴观,基于维特根斯坦"家族相似性"而建立的"连续范畴观"意在消解传统的"离散范畴观",虽然亲近负的范畴观(淡化了"对立"),但还不是充分发展的负的范畴观。(沈家煊2017c)近代中国从西方获得一种新的思想方法即正的范畴观,意义重大,负的需要正的来补充。

  语言跟语言之间总体上没有高低优劣之别。印欧语和汉语在表情达意上各有各的长处和短处,甚至可以说它的长处也就是它的短处。印欧语以主谓结构为本,主从不混、层次分明,好在表达的清晰性;汉语以对言结构为本,不分主从,并置链接和缩放,按自然的信息排序律和同构律推导和理解意义,好在语言表达的单纯性。单纯性要用清晰性来补充,近代中国学习西方语言和思维的清晰性,意义重大,清晰的思想和表达更是每个学者不可缺少的素质。主谓结构的清晰,演绎推理的严密,中国人过去对它的重要性认识严重不足,现在正在补,还要继续补。近百年来汉语正在吸收印欧语的清晰表达方式,多多使用主谓齐全的句子,只要做得不过分,是应该充分肯定的。但是语言表达不能一味追求清晰,单纯简洁同样重要，汉语对言和对言格式这种人类原始的表达方式仍然具有强大的生命力，不可能被取代。语言是一个有机体，硬性将别人的优点嫁接过来，不仅难以成功，而且会使自己活力尽失。我们应该守本开新，坚守自己的母语，同时努力将不同语言和文化的优点吸收进来。

从科学研究来讲，正如冯友兰所言，清晰性并不是研究的目的，最终还是要达到单纯性。就语言学这门学问而言，要加深对人类语言本质的认识，也需要中西方学者的对话。诚如萧伯纳所言，"假如你手中有一只苹果，我手中有一只苹果，彼此交换，我们仍然各有一只苹果。但是，倘若你有一种思想，我有一种思想，彼此交流这些思想，每人将会各有两种思想。"自《马氏文通》以来，中国人逐渐失去自己讲述自己的可能性，所讲述的汉语语法基本成了西方语法的一部分，这并不是西方的有识之士希望看到的情形，所以吕叔湘先生生前呼吁，汉语语法研究要"大破特破"（吕叔湘 2002）。超越主谓结构、讲述对言格式，意在恢复我们自己讲述自己的可能性。然而这种可能性的恢复又是必须通过中西方的对话才能实现的，只有深刻认识主谓结构的本质和意义，才能深刻认识对言格式的本质和意义，所谓"不识庐山真面目，只缘身在此山中"。

对言和对思不仅是言说和思维活动，也是生命的活动，不仅是一种技术或方法，也是一种存在方式，对言不在、对思不在，生命不存。"研究中国的学术，大都重视以西方的学术为参照系；但研究西方学术的往往不很重视以中国学术做参考系。"（叶秀山 2002：225）这是实际情形。中西方的对话有待加深，怎么用对方能够理解的语言来表述自己，实际的而不是空洞的，系统的而不是零碎的，这方面中国的语言学家需要继续努力。

对称与不对称

中西方的深度对话必将加深我们对语言对称与不对称的探讨和认识，加深我们对古老而常新的对称性概念的探讨和认识。

对称性是一个我们尚未完全理解的重要概念，越来越受到自然科学家和哲学家的关注，有重大的本体论、认识论、方法论的价值。（许良 1993）在物理学界，杨振宁（1986）认为，对称性是物理学的最原始、最深奥的基本问题之一。由于规范场理论的巨大成功和群论的发展，对称性概念已经由从属和次要的地位变成了当代物理学中具有支配性、指导性地位的概念。自然界的所有的基本力都是由一些对称原理产生的，这已经成为物理学家普遍接受的一个信条。

语言学不是物理学，物理学探讨的对称性主要是指数学变换不变性，但是对于语言的对称性的探讨和认识可以从物理学中得到有益的启示，两个领域有对应相通之处。本书第十一章"缩放对的成因"一节，说明适合于互文和对言的统一分析法是 IP（项目与变化）分析法，像<u>你来我往</u>、<u>绿水青山</u>这样的四言互文是语言学里的"量子纠缠"，其生成是通过乘法 2×2 而不是加法 2+2。物理学家借助群论来表示对称变换，一个群是可以通过乘法联系到一起的一组变换，而这种乘法是一种与变换次序有关的高等乘法。具体说，普通乘法是可逆的，$3 \times 5 = 5 \times 3$，而变换乘法不一定可逆，可以 $T_1 \times T_2 \neq T_2 \times T_1$，如食物先腌后煮和先煮后腌的结果不同，普通乘法应视为变换乘法的一个特例。（热 1992：第九章）汉语四言互文的乘法正属于这种情形，例如<u>屡败屡战</u> ≠ <u>屡战屡败</u>。本书对语言对称性的探讨和认识是极其初步的,有待深入研究的问题很多,除了对言和对思的关系,想到的还有以下三个方面。

首先,语言的对称与不对称(或叫"对称破缺")之间的关系是什么?笔者曾指出(沈家煊1999a:1、362,1999b),谈论语言的不对称是以实际存在和"预想中的"对称为前提的,语言虽然有局部的不对称,但整体上对称,在较低层次上的不对称意味着在较高层次上的对称(石毓智1992:203)。对称中生不对称,从不对称求对称,这是语言的生命所在,是语言演化的动力。李政道(1991)对物理学的对称不对称有一种看法,假设物质世界不对称的原因在于真空的复杂结构,如果把物质世界和真空作为一个整体,则对称性便可恢复。他还认为,所有的对称性都是建立在某些不可观察的基本量的前提之上的,一旦一个不可观察量变为可观察的,对称性就破坏了,原有的对称性的近似性也就暴露出来。语言更是离不开使用者的直接参与,语言的对称性是否还有更基本的前提或深层次的内涵,有待深入探讨。

其次,语言本身的对称性和语言规律的对称性之间有怎样的对应关系?换言之,语言的对称性是否一定反映在语言规律的对称性中?语言规律的对称性是否一定反映了它所描述的语言的对称性?李政道(1991)的看法是:事物的对称性和规律的对称性并不等价,一个不对称的规律意味着一个不对称的世界,但一个不对称的世界并不表示基本规律是不对称的。(这个"元规律"似乎本身就体现对称中有不对称。)我们能否仿照说,语言虽然在对称中呈现大量的不对称,但是语言组织的基本规律是对称的呢?

再次,语言是因互动而对称,还是因对称而互动?本书阐述的观点是，语言的对称性植根于对话的互动性，象征对话双方的合作和共鸣。然而在当代物理学，杨振宁（1986）说："爱因斯坦不是从实验上已证实了的麦克斯韦方程组出发，去追问这些方程组的对称性是什么，而是把局面扭转过来，从对称性去发问方程组怎样。把原先的地位颠倒过来的这一崭新程序，我曾称之为对称性支配相互作用。"这可以促使我们去进一步探讨语言互动和语言对称之间的关系。

加深对语言对称与不对称的认识，定将深化我们对自然和社会的认识，加深对人何以为人的认识。

参考文献

巴赫金 1998 《诗学与访谈》，白春仁、顾亚铃等译，河北教育出版社。
班弨、宫领强 2013 壮语四音格及其类型学意义，《民族语文》第4期，65-69。
布鲁梅特 2018 修辞的功能与形式，《当代修辞学》第6期，1-6。
蔡维天 2017 及物化、施用结构与轻动词分析，《现代中國語研究》〔日〕第19期，1-13。
蔡维天 2018 汉语驴子句解读的韵律条件，第五届韵律语法研究国际研讨会（上海，复旦大学）论文。
曹逢甫 2004 从主题-评论的观点看唐宋诗的句法与赏析，载曹逢甫著《从语言学看文学：唐宋近体诗三论》，"中研院"语言学研究所。
曹天元 2005 《上帝掷骰子吗——量子物理史话》，辽宁教育出版社。
陈嘉映 2003 《语言哲学》，北京大学出版社。
陈嘉映 2011 罗素，刊登于网上黑蓝论坛"语言哲学"，11月28日。
陈 来 1991 《有无之境——王阳明哲学的精神》，人民出版社。
陈满华 2007 体词谓语句形式的熟语考察，载陈满华著《汉语事实的描写和考察》，中央文献出版社，64-78。
成素梅 2019 量子理论的哲学宣言，《中国社会科学》第2期，49-58。
程 工 2018 层级结构和线性顺序之新探，《外语教学》第1期，1-7。
池田晋 2018 多樣性の複文——疑問詞連鎖構文の形式と意味，《ことばとそのひろがり（6）——島津幸子教授追悼论集》，立命館大學法學會，59-82。
初 敏、王韫佳、包明真 2004 普通话节律组织中的局部语法约束和长度约束，《语言学论丛》第30辑，129-146。
崔希亮 1993 汉语四字格的平起仄收势——统计及分析，《当代修辞学》第1期，13-15。

达马西奥（安东尼奥） 2007 《笛卡尔的错误》，毛彩凤译，教育科学出版社。

戴庆厦、闻 静 2017 论"分析性语言"研究眼光，《云南师范大学学报》（哲学社会科学版）第 5 期，1-8。

邓思颖 2018 延伸句的句法分析，《语言教学与研究》第 3 期，48-57。

邸永君 2016 长忆恩师度金针，《中国社会科学报》8 月 12 日第 8 版。

丁邦新 1969 国语中双音节并列语两成分间的声调关系，"中研院"历史语言研究所集刊 39 本下册。

丁四新 2019 汉末易学的象数逻辑与"中"的人文价值理念的象数化，《哲学研究》第 5 期，57-66。

董秀芳 2012 上古汉语议论语篇的结构特点：兼论联系语篇结构分析虚词的功能，《中国语文》第 4 期，356-366。

董秀芳 2018 从指别到描述，《语文研究》第 3 期，1-7。

端木三 2007 重音、信息和语言的分类，《语言科学》第 5 期，3-16。

范继淹 1985 汉语句段结构，《中国语文》第 1 期，52-61。

方 梅 2004 汉语口语后置关系从句研究，中国社会科学语言研究所、《中国语文》编辑部编《庆祝〈中国语文〉创刊 50 周年学术论文集》，商务印书馆，70-78。

方 梅 2005 篇章语法与汉语篇章语法研究，《中国社会科学》第 6 期，165-172。

方 梅 2017 负面评价表达的规约化，《中国语文》第 2 期，131-147。

方 梅、李先银、谢心阳 2018 互动语言学与互动视角的汉语研究，《语言教学与研究》第 3 期，1-16。

冯胜利 1997 《汉语的韵律、词法和句法》，北京大学出版社。

冯胜利 2000 《汉语韵律句法学》，上海教育出版社。

冯友兰 2013 《中国哲学简史》，涂又光译，北京大学出版社。

傅益瑶 2018 给好奇心留一点空间——傅抱石的"育儿经"，《中外书摘：经典版》第 1 期，52-55。

高名凯 1948/1986 《汉语语法论》新一版，商务印书馆。

高 松 2013 真理之争——胡塞尔与弗雷格论"真"，《哲学研究》第 5 期，73-81。

高迎泽 2010 施受同辞辨，《燕山大学学报》（哲学社会科学版）第 1 期，34-38。

公孙龙 2012 《指物论》，载黄克剑译注《公孙龙子》，中华书局。

龚千炎　1997　《中国语法学史》(修订本)，语文出版社。
古川裕　2017　汉语"对举形式"的语法特点及其教学对策，《現代中國語研究》〔日〕第19期，50-59。
郭绍虞　1938　中国语词之弹性作用，《燕京学报》第24期；另载祝克懿等编《启林有声》，商务印书馆，61-88。
郭绍虞　1979　《汉语语法修辞新探》上下册，商务印书馆。
郭书春　2009　《九章筭术译注》，上海古籍出版社。
海森堡　1999　《物理学和哲学》，范岱年译，商务印书馆。
汉乐逸　2010　《发现卞之琳——一位西方学者的探索之旅》，李永毅译，外语教学与研究出版社。
何　丹　2001　《〈诗经〉四言体起源探论》，中国社会科学出版社。
侯世达、桑德尔　2018　《表象与本质——类比，思考之源和思维之火》，刘健等译，浙江人民出版社。
胡建华　2008　现代汉语不及物动词的论元和宾语——从抽象动词"有"到句法-信息结构接口，《中国语文》第5期，396-409。
胡明扬、劲松　1989　流水句初探，《语言教学与研究》第4期，42-54。
胡适　1919　谈新诗，载耿云志、宋广波编《学问与人生——新编胡适文选》，外语教学与研究出版社、人民出版社，2011，37-52。
胡阳、李长铎　2006　《莱布尼茨——二进制与伏羲八卦图考》，上海人民出版社。
黄键　2018　还原"间距"——王国维"境界"说的文化身份辨析，《文学评论》第2期，99-107。
吉狄马加　2018　诗歌语言的透明与微暗，《语言战略研究》第4期，5-6。
江蓝生　2012　汉语连-介词的来源及其语法化的路线和类型，《中国语文》第4期，291-308。
江蓝生　2014　连-介词表处所功能的来源及其非同质性，《中国语文》第6期，483-497。
姜望琪　2005　"并置"本身就是一种衔接手段，《中国外语》第2期，37-43。
姜望琪　2006　汉语的"句子"与英语的sentence　载杨自俭主编《英汉语比较与翻译》6，上海外语教育出版社，198-217。
蒋绍愚　1990　《唐诗语言研究》，中州古籍出版社。
蒋韬成　2006　论现代汉语中的对称结构，华中科技大学硕士学位论文。
金友博　2015　《枝丫集》，山西人民出版社。

金岳霖　1985　中国哲学,《哲学研究》第 9 期,38-44。
金兆梓　1955　《国文法之研究》,中华书局。
柯　航　2012　《现代汉语单双音节搭配研究》,商务印书馆。
柯　航　2018　《韵律和语法》,学林出版社。
克里斯蒂娃　2016　《主体·互文·精神分析——克里斯蒂娃复旦大学演讲集》,祝克懿、黄蓓编译,三联书店。
克里斯蒂娃　2018　普遍的语言学与"可怜的语言学家",龚兆华、王东亮译,《当代修辞学》第 3 期,2-16。
库　尔　2015　婴儿,天生的语言学家,陈萍译,《南方周末》12 月 3 日科学版;原文载 Scientific American 中文版《环球科学》。
黎锦熙　1954　《新著国语文法》,商务印书馆。
李国男　1998,"Antithesis"与"对偶"比较研究,载刘重德主编《英汉语比较与翻译》,青岛出版社,157-170。
李如龙　2018a　"书""口"之异与汉语教学,《海外华文教育》第 3 期,5-12。
李如龙　2018b　略论汉语的字辞构造特征,载李如龙著《汉语特征研究》,厦门大学出版社,249-264。
李　巍　2016　物的可指性,《哲学研究》第 11 期,40-45。
李文山　2019　从词类问题的再讨论看中国特色语言学的困局和出路,《中国语文法研究》〔日〕通卷第 8 期,15-24。
李宇凤　2010　从语用回应视角看反问否定,《语言科学》第 5 期,464-474。
李约瑟　2016　《文明的滴定——东西方的科学与社会》,张卜天译,商务印书馆。
李政道　1991　《对称不对称和粒子世界》,吴元芳译,科学出版社。
李子玲　2014　《论语》第一人称的指示义,《当代语言学》第 2 期,142-156。
李宗江　2004　语法化的逆过程:汉语量词的实义化,《古汉语研究》第 4 期,62-67。
连淑能　1993　《英汉对比研究》,高等教育出版社。
林　庚　1957　关于新诗的问题和建议,《新建设》第 5 期;另载《林庚诗文集》(第二卷),2005,清华大学出版社。
刘大为　2017　作为语体变量的情景现场与现场描述语篇中的视点引导结构,《当代修辞学》第 6 期,1-22。
刘丹青　1982　对称格式的语法作用及表达功能,载北京市语言学会编

《语文知识丛刊》第 3 期,109。
刘丹青编著　2008　《语法调查研究手册》,上海教育出版社。
刘丹青　2016　汉语中的非话题主语,《中国语文》第 3 期,259-275。
刘家和　2002　论通史,《史学史研究》第 4 期,3-10。
刘家和　2003　论历史理性在古代中国的发生,《史学理论研究》第 2 期,18-31。
刘梁剑　2018　有"思"有"想"的语言——金岳霖的语言哲学及其当代意义,《哲学动态》第 4 期,59-65。
刘探宙　2009　一元非作格动词带宾语现象,《中国语文》第 2 期,110-119。
刘探宙　2016　《汉语同位同指组合研究》,中国社会科学出版社。
刘探宙　2018　《说"王冕死了父亲"句》,学林出版社。
刘兴兵　2015　对话句法理论与意义,《四川外语学院学报》第 6 期,63-69。
陆丙甫　2005　语序优势的认知解释(上、下),《当代语言学》第 1、2 期,1-15,132-138。
陆丙甫　2012　汉、英主要"事件名词"语义特征,《当代语言学》第 1 期,1-11。
陆丙甫、蔡振光　2009　"组块"与语言结构难度,《世界汉语教学》第 1 期,3-16。
陆丙甫、应学凤　2013　节律和形态里的前后不对称,《中国语文》第 5 期,387-405。
陆俭明　1980　汉语口语句法里的易位现象,《中国语文》第 1 期,28-41。
陆镜光　2004　说"延伸句",载中国社会科学语言研究所、《中国语文》编辑部编《庆祝〈中国语文〉创刊 50 周年学术论文集》,商务印书馆,39-48。
陆志韦　1955　对于单音词的一种错误见解,《中国语文》4 月号,11-12。
陆志韦　1956　汉语的并立四字格,《语言研究》第 2 期,45-82。
陆志韦　1963　从"谓语结构"的主语谈起,《中国语文》第 4 期,284-290。
陆志韦　1982　《中国诗五讲》,外语教学与研究出版社。
吕叔湘　1942/1982　《中国文法要略》新一版,商务印书馆。
吕叔湘　1963　现代汉语单双音节问题初探,《中国语文》第 1 期,10-22。
吕叔湘　1979　《汉语语法分析问题》,商务印书馆。
吕叔湘　1984　《语文杂记》,上海教育出版社。
吕叔湘　1987　说"胜"和"败",《中国语文》第 1 期,1-5。
吕叔湘　2002　语法研究中的破与立,《吕叔湘全集》第十三卷,辽宁教育出版社，402-404。
吕叔湘、王海棻　2000　《马氏文通读本》，上海教育出版社。
吕叔湘、朱德熙　1952　《语法修辞讲话》，中国青年出版社。
马建忠　1898/1983　《马氏文通》新一版，商务印书馆。
马清华　2005　《并列结构的自组织研究》，复旦大学出版社。
马庆株　1991　顺序义对体词语法功能的影响，《中国语言学报》第4期，59-83。
孟　乐、张积家　2018　语言间词序差异的认知加工解释，《中国社会科学报》3月5日第6版。
苗　晶　2002　《汉族民歌旋律论》，中国文联出版社。
牛　军　2019　牟宗三语言观探微，《中国语言文学研究》(春之卷)，河北师范大学出版社，165-171。
潘文国　1997　《汉英语比较纲要》，北京语言大学出版社。
潘文国　2002　《字本位与汉语研究》，华东师范大学出版社。
启　功　1997　《汉语现象论丛》，中华书局。
启　功、张中行、金克木　1994　《说八股》，中华书局。
钱歌川　1981　《英文疑难译解续篇》，中国对外翻译出版公司。
钱曾怡主编　2001　《山东方言研究》，齐鲁书社。
乔姆斯基　2018　语言结构体系及其对进化的重要性，司富珍译，《语言科学》第3期，225-234。
热(阿)　1992　《可怕的对称——现代物理学中美的探索》，荀坤、劳玉军译，湖南科学技术出版社。
申小龙　1988　《中国句型文化》，东北师范大学出版社。
沈家煊　1989　不加说明的话题，《中国语文》第5期，326-333。
沈家煊　1995　"有界"与"无界"，《中国语文》第5期，367-380。
沈家煊　1999a　《不对称和标记论》，江西教育出版社；商务印书馆2015年新版。
沈家煊　1999b　语法化和形义间的扭曲关系，载石锋、潘悟云主编《中国语言学的新开拓》，香港城市大学出版社，217-230。
沈家煊　2003　现代汉语"动补结构"的类型学考察，《世界汉语教学》第3期，17-23。
沈家煊　2004　再谈"有界"与"无界"，《语言学论丛》第30辑，40-54。
沈家煊　2006　"王冕死了父亲"的生成方式——兼说汉语糅合造句，《中国语文》第4期，291-300。

沈家煊　2009a　我只是接着向前跨了半步——再谈汉语的名词和动词，《语言学论丛》第 40 辑，3-22。

沈家煊　2009b　"计量得失"和"计较得失"——再论"王冕死了父亲"的句式意义和生成方式，《语言教学与研究》第 5 期，15-22。

沈家煊　2012a　"零句"和"流水句"——为赵元任先生诞辰 120 周年而作，《中国语文》第 5 期，403-415。

沈家煊　2012b　论"虚实象似"原理——韵律和语法之间的扭曲对应，*CASLAR*(*Chinese as a Second Language and Research*) 1 (1): 89-103, Berlin & New York: de Gruyter, Mouton.

沈家煊　2016a，《名词和动词》，商务印书馆。

沈家煊　2016b　从唐诗的对偶看汉语的词类和语法，《当代修辞学》第 3 期，1-12。

沈家煊　2016c　从英汉答问方式的差异说起，载方梅主编《互动语言学与汉语研究》，世界图书出版公司，1-18。

沈家煊　2017a　"结构的平行性"和语法体系的构建，《华东师范大学学报》(哲学社会科学版)第 4 期，1-11。

沈家煊　2017b　汉语有没有主谓结构，《现代外语》第 1 期，1-13。

沈家煊　2017c　从语言看中西方的范畴观，《中国社会科学》第 7 期，131-143。

沈家煊　2017d　汉语"大语法"包含韵律，《世界汉语教学》第 1 期，3-19。

沈家煊　2017e　"能简则简"和"分清主次"——语言研究方法论谈，《南开语言学刊》第 2 期，1-10。

沈家煊　2017f　《〈繁花〉语言札记》，二十一世纪出版集团。

沈家煊　2018　比附"主谓结构"引起的问题，《外国语》第 6 期，2-15。

沈家煊　2019　说四言格，《世界汉语教学》第 3 期，300-316。

沈家煊、柯　航　2014　汉语的节奏是松紧控制轻重，《语言学论丛》第 50 辑，47-72。

沈家煊、完　权　2009　也谈"之字结构"和"之"字的功能，《语言研究》第 2 期，1-12。

沈家煊、许立群　2016　从"流水句"的特性看先秦"名而动"结构，《语言教学与研究》第 6 期，1-11。

沈　力　2017　在汉语中附加成分能充当主语吗？在中国社会科学院语言研究所的报告。

施春宏　2018　《形式和意义互动的句式系统研究——互动构式语法探

索》,商务印书馆。
石　厉　2019　李陵与五言诗之滥觞,《作家文摘》7月5日文史版,原载6月26日《中华读书报》。
石毓智　1992　《肯定和否定的对称与不对称》,台湾学生书局。
石毓智　2017　复杂系统科学对语言学的启迪,《华南理工大学学报》(社会科学版)第6期,94-100。
宋　柔　2013　汉语篇章广义话题结构的流水模型,《中国语文》第6期,483-494。
宋文辉　2018　《主语和话题》,学林出版社。
宋作艳　2018　名词转动词和语义基础——从动词视角到名词视角,《中国语文》第3期,295-310。
孙大雨　1956　诗歌底格律,《复旦学报》(人文科学)第2期,1-30,续1957年第1期,1-28。
孙　艳　2005　《汉藏语四音格词研究》,民族出版社。
索萨尼斯　2018　《非平面》,严安若译,北京联合出版公司。
唐晓峰　2018　《给孩子的历史地理》,中信出版社。
托马塞洛　2012　《人类沟通的起源》,蔡雅菁译,商务印书馆。
完　权　2012　说"惨败",《语言教学与研究》第6期,43-50。
完　权　2018a　零句是汉语中语法与社会互动的根本所在,载方梅主编《互动语言学与汉语研究》第二辑,16-32。
完　权　2018b　《说"的"和"的"字结构》,学林出版社。
王冬梅　2014　从"是"和"的"、"有"和"了"看肯定和叙述,《中国语文》第1期,22-34。
王冬梅　2018　《汉语词类问题》,学林出版社。
王洪君　2001　音节单双、音域展敛(重音)与语法结构类型和成分次序,《当代语言学》第4期,241-252。
王洪君　2002　普通话中节律边界与节律模式、语法、语用的关联,《语言学论丛》第26辑,279-300。
王洪君　2008　《汉语非线性音系学》(增订版),北京大学出版社。
王洪君　2011　汉语语法的基本单位与研究策略(作者补记),载王洪君著《基于单字的现代汉语词法研究》,商务印书馆,414-420。
王　力　1962/1980　略论语言形式美,《光明日报》10月9至11日;另载王力著《龙虫并雕斋文集》(第一卷),中华书局。
王　力　1984　中国语法理论,《王力文集》第一卷,山东教育出版社。

王　力　2005　《汉语诗律学》(第二版),上海教育出版社。
王　力　2011　《中国现代语法》,商务印书馆。
王铭宇　2014　《四字文笺注》考辨,《辞书研究》第2期,64-71。
王　伟　2019　"了""有"平行——"了"句法语义定位的关键,中国社会科学院语言研究所语言学沙龙第342次。
王文斌、赵朝永　2016　汉语流水句的空间性特质,《外语研究》第4期,17-21。
王希杰　1996　《修辞学通论》,南京大学出版社。
王远杰　2018　单双音节搭配限制的作用范围,未刊稿。
汪福祥　1998　《汉译英难点解析500例》,外文出版社。
文炼、陆丙甫　1979　关于新诗节律,《语文教学研究》第2期,云南人民出版社,170-181。
温锁林　2018　当代新兴构式"我A,我B"研究,《当代修辞学》第1期,82-91。
吴福祥　2012　试说汉语几种富有特色的句法模式——兼论汉语语法特点的探求,《语言研究》第1期,1-13。
吴福祥　2017　汉语方言中的若干逆语法化现象,《中国语文》第3期,259-276。
吴怀成、沈家煊　2017　古汉语"者":自指和转指如何统一,《中国语文》第3期,277-289。
吴玲兰　2018　句法演化渐变论——评Ljiljana Progovac教授的《演化句法》,《北京第二外国语学院院报》第5期,135-143。
西　渡　2008　孙大雨新诗格律理论探析,《江汉大学学报》(人文科学版)第3期,13-19。
夏晓虹　1987　杜甫律诗语序研究,《文学遗产》第2期,60-65。
项梦冰　1994　是"V/A 儿"还是"N 儿",《语文建设》第8期,2-4。
肖　军　2018　追寻时间的原点,寻找我们内心的中,《北京青年报》1月8日《青睐有约》版。
谢丰泰　1999　"言意"之辩及其语言哲学的意义,《西藏民族学院学报》第1期,56-62。
谢文纬　2006　《两部天书的对话——〈易经〉与DNA》,北京科学技术出版社。
徐长福　2017　主词与谓词的辩证——马克思哲学的逻辑基础探察,《哲学研究》第5期,11-18。

徐通锵　2005　《汉语结构的基本原理》，中国海洋大学出版社。
徐通锵　2008　《汉语字本位语法导论》，山东教育出版社。
许国璋　1991　《论语言》，外语教学与研究出版社。
许立群　2016　汉语流水句研究——兼论单复句问题，中国社会科学院研究生院博士学位论文。
许立群　2018　《从"单复句"到"流水句"》，学林出版社。
许　良　1993　对称性：一个我们尚未完全理解的重要概念，《哲学动态》第5期，14-16。
严辰松　2011　汉语没有"中动结构"，《解放军外国语学院学报》第5期，7-12。
杨树达　1956　古书疑义举例续补，载俞樾等著《古书疑义举例五种》，中华书局。
杨振宁　1986　场与对称性，《物理学史研究（二）》，复旦大学出版社，6-7。
杨振宁　1998　美与物理学，《杨振宁文集》（下册），华东师范大学出版社。
杨竹剑　2004　金圣叹"诗在字前"说文抄，《读书》第4期，152。
伊尧什、斯坦哈特、勒布　2017　宇宙大爆炸不曾发生过？邱涛涛译，《南方周末》3月1日；原文载 Scientific American 中文版《环球科学》。
叶嘉莹　1997　《杜甫〈秋兴〉八首集说》，河北教育出版社。
叶　狂　2018　平行合并理论及其对超局部性句法的解释，未刊稿。
叶秀山　2002　《中西智慧的贯通——叶秀山中国哲学文化论集》，江苏人民出版社。
殷祯岑　2016　克里斯蒂娃的思想源流，载祝克懿、黄蓓编译，克里斯蒂娃著《主体·互文·精神分析——克里斯蒂娃复旦大学演讲集》，三联书店，240-266。
俞　敏　1999　古汉语的"所"字，载《俞敏语言学论文集》，商务印书馆，375-386。
余光中　1987　怎样改进英式中文？——论中文的常态与变态，《明报月刊》10月号。
袁毓林　1999　定语顺序的认知解释及其理论蕴涵，《中国社会科学》第2期，185-201。
袁毓林　2014　汉语名词物性结构的描写体系和运用案例，《当代语言学》第1期，31-48。
袁毓林　2015　汉语反事实表达及其思维特点，《中国社会科学》第8期，

126-144。

曾冬梅、邓云华、石毓智　2017　汉语兼表原因和结果的语法标记,《语言研究》第 3 期,1-6。

曾昭式　2015　庄子的"寓言"、"重言"、"卮言"论式研究,《哲学动态》第 2 期,49-54。

张　博　2017　汉语合并造词法的特质及形成机制,《语文研究》第 2 期,1-6。

张伯江　2013　汉语话题结构的根本性,《木村英樹教授還暦纪念》,中國語文法論叢〔日〕,白帝社,130-141。

张伯江　2017　语言主观性与传统艺术主观性的同构,《社会科学评论》第 3 期,89-99。

张伯江　2018　现代汉语的非论元性句法成分,《世界汉语教学》第 4 期,442-455。

张东荪　1936　从中国语言构造上看中国哲学,《东方杂志》第 33 卷(7月),89-99。

张东荪　1938/2013　思想言语与文化,《社会学界》第 10 卷(6月);节选载《当代修辞学》2013 年第 5 期,38-47。

张国宪　1993　论对举格式的句法、语义和语用功能,《淮北师范大学学报》(社会科学版)第 1 期,96-100。

张　辉　2016　《熟语表征与加工的神经认知研究》,上海外语教育出版社。

张隆溪　1986　诗的解剖:结构主义诗论,载张隆溪著《二十世纪西方文论述评》,三联书店,110-128。

张　敏　2019　时间顺序原则与像似性的"所指困境",《世界汉语教学》第 2 期,166-188。

张汝伦　2005　现代中国的理性主义,《读书》第 7 期,132-141。

张汝舟　1952　谈谈"句子"构造,《语文教学》第 8 期,7-8。

张洵如　1948　国语中之复音词,《国文月刊》第 63 期,12-16。

张一鸣、张增一　2012　论爱因斯坦逻辑简单性思想及其渊源,《自然辩证法研究》第 28 卷第 9 期,112-116。

张谊生　2011　略谈汉语语法化研究中的若干疑难现象,《河南师范大学学报》(哲学社会科学版)第 2 期,148-152。

张　翼　2018　语序在认知语法"提取和激活"模型中的作用:以副词修饰为例,《外语教学与研究》第 5 期,656-667。

张与竞、张幼军　2018　汉译《道行性般若经》中的特殊定语,《古汉语研究》第 2 期，63-68。

赵汀阳　1994　《论可能生活》，三联书店。

赵汀阳　2017　《四种分叉》，华东师范大学出版社。

赵元任　1916　中国语言的问题，原文（英）载美国 The Chinest Students' Monthly（《中国留美学生月报》）5、6月号；中译文载赵元任（2002），668-712。

赵元任　1955　汉语语法与逻辑杂谈，原文（英）载 Philosophy East and West 9（1）；中译文载赵元任（2002），796-808。

赵元任　1956　汉语结构各层次间形态与语义的脱节现象，原文（英）载"中研院"史语所集刊第 28 本；中译文载赵元任（2002），809-819。

赵元任　1968a　《中国话的文法》（英），加州大学出版社；吕叔湘节译本《汉语口语语法》，商务印书馆，1979；丁邦新全译本《中国话的文法》（增订版），香港中文大学出版社，2002。

赵元任　1968b　中文里音节跟体裁的关系，"中研院"史语所集刊第 40 本；另载赵元任（2002），591-600。

赵元任 1969　论翻译中信、达、雅的信的幅度，"中研院"史语所集刊第 39 本；另载赵元任（2002），601-616。

赵元任　1970a　国语统一中方言对比的各方面，"中研院"民族学研究所集刊第 29 期，37-42；另载赵元任（2002），635-641。

赵元任　1970b　中英文里反成式的语词，"中研院"史语所集刊第 42 本；另载赵元任（2002），632-634。

赵元任　1973　谈谈汉语这个符号系统，原文（英）载 Papers of the CIC Far Eastern Language Institute Ⅳ；中译文载赵元任（2002），877-889。

赵元任　1975　汉语词的概念及其结构和节奏，原文（英）载台湾大学《考古人类学学刊》第 37-38 合刊；中译文载赵元任（2002），890-908。

赵元任　1976　汉语中的歧义现象，原文（英）载 Aspects of Chinest Sociolinguistics, Essays by Yuen Ren Chao, ed. by Anwar S. Dil, Stanford Univesity Press；中译文载赵元任（2002），820-835。

赵元任　1980　《语言问题》，商务印书馆。

赵元任　1994　《赵元任音乐论文集》，中国文联出版公司。

赵元任　2002　《赵元任语言学论文集》，商务印书馆。

郑　萦、魏　郁　2004　"X+子"词汇化与语法化过程，《兴大中文学报》第 20 期，163-208。

钟敬文　1925　海丰的邪歌，《歌谣周刊》第 81 号。

周　韧　2017　汉语韵律语法研究中的轻重象似、松紧象似和多少象似，《中国语文》第 5 期，536-552。

周　韧　2019a　汉语韵律语法研究中的双音节和四音节，《世界汉语教学》第 3 期，318-335。

周　韧　2019b　从半逗律看"的"字分布的韵律因素，《语文研究》第 2 期，30-37。

朱德熙　1956　现代汉语形容词研究，《语言研究》第 1 期，83-111。

朱德熙　1961　说"的"，《中国语文》第 12 期，1-15。

朱德熙　1982　《语法讲义》，商务印书馆。

朱德熙　1983　自指和转指——汉语名词化标记"的、者、之"的语法功能和语义功能，《方言》第 1 期，16-31。

朱德熙　1985　《语法答问》，商务印书馆。

朱德熙　1987　句子和主语——印欧语影响现代书面汉语和汉语句法分析的一个实例，《世界汉语教学》（创刊号），31-34。

朱光潜　1980　《谈美书简》，中华书局。

朱光潜　1981a　诗与散文（对话），载朱光潜著《艺文杂谈》，安徽人民出版社。

朱光潜　1981b　诗的实质与形式（对话），载朱光潜著《艺文杂谈》，安徽人民出版社。

朱赛萍　2015　《汉语的四字格》，北京语言大学出版社。

朱晓农　2015　语言限制逻辑再限制科学：为什么中国产生不了科学？《华东师范大学学报》（哲学社会科学版）第 6 期，10-28。

朱晓农　2018a　同构对言法：中国逻辑如何论证，《华东师范大学学报》（哲学社会科学版）第 3 期，80-97。

朱晓农　2018b　汉语中三条与中国逻辑相关的语法原理，《中国语文法研究》〔日〕通卷第 7 期，1-46。

朱自清　1957　《中国歌谣》，作家出版社。

祝克懿　2017　论"对偶"体式在汉语写作中的认知意义，载祝克懿等编《启林有声》，商务印书馆，334-354。

宗白华　2005　中国书画中所表现的空间意识，载宗白华著《美向何处寻》，江苏教育出版社。

宗廷虎、陈光磊主编　2007　《中国修辞史》，吉林教育出版社。

Abney, S. 1987 The English noun phrases in its sentential aspect. Doctoral dissertation, MIT, Cambridge, Mass.

Arbib, M. A. 2012/2014 *How the Brain Got Language: The Mirror System Hypothesis*. Oxford: Oxford University Presss. 中译本《人如何学会语言：从大脑镜像神经机制看人类语言的演化》，钟沛君译，（台北）商周出版社。

Aure, Peter 1992 Neverending sentence: rightward expansion in spoken language. *Studies in Spoken Languages: English, German, Finno-Ugric*, eds. Miklós Kontra and Tamás Váradi, Budapest: Linguistics Institute, Hungarian Academic Sciences, 41–49.

Bejarano, T. 2011 *Becoming Human: From Pointing Gestures to Syntax*. Amsterdam: Benjamins.

Bickerton, D. 1990 *Language and Species*. Chicago: University of Chicago Press.

Bloomfield, L. 1917 Subject and predicate. *Transactions of the American Philological Association* 47: 13–22.

Brinton, L. 1995 Non-anaphoric reflexives in free indirect style: Expressing the subjectivity of the non-speaker. In Stein, D. & S. Wright eds. 173–194.

Broschart, J. 1997 Why Tongan does it differently: Categorial distinctions in a language without nouns and verbs. *Linguistic Typology* 1: 123–165.

Brown, G. & G. Yule 1983 *Discourse Analysis*. Cambridge: Cambridge University Press.

Bruza, P., K. Kitto, D. Nelson, & C. McEvoy 2009 Is there something quantum like about the human mental lexicon. *Journal of Mathematical Psychology* 53 (5): 362–377.

Cann, R., R. Kempson, & L. Marten 2005 *The Dynamics of Language: An Introducion*. Oxford: Elsevier Academic Press.

Chao Yuen Ren 1959 How Chinese logic operates. *Anthropological Linguistics* 1(1) : 1–8.

Cheng Qingrong, Gu Wentao, & C. Scheepers 2016 Effects of text segmentation on silent reading of Chinese regulated poems: Evidence from eye movements. *Journal of Chinese Linguistics* 44 (2): 265–286.

Citko, B. 2005 On the nature of merge: External merge, internal merge, and parallel merge. *Linguistic Inquiry* 36: 475–496.

Coulthard, M. 1977 *An Introduction to Discourse Analysis*. London: Longman.

Couper-Kuhlen, E. & M. Selting 2018. *Interactional Linguistics: Studying Language in Social Interaction*. Cambridge: Cambridge University Press.

Cowan, N. 2001 The magical number 4 in short term memory: A reconsideration

of mental storage capacity. *Behavioral and Brain Sciences* 24 (1): 87-114.
Croft, W. 2001 *Radical Construction Grammar: Syntactic Theory in Typological Perspective*. New York & Oxford: Oxford University Press.
Crystal, D. 1997 *A Dictionary of Linguitics and Phonetics*. 4th ed. Blackwell Publishers.
Diessel, H. 2013 Where does language come from: Some reflections on the role deictic gesture and demonstratives in the evolution of language. *Language and Cognition* 5(2-3): 230-249.
Dixon, R. 1972 *The Dyirbal Language of North Queensland*. Cambridge: Cambridge University Press.
Dixon, R. 2004 Adjective classes in typological perspective. In R. Dixon & A. Aikhenvald eds. *Adjective Classes: A Cross-linguistic Typology*. Oxford: Oxford University Press.
Du Bois, J. W. 2014 Towards a dialogic syntax. *Cognitive Linguistics* 25 (3): 359-410.
Duanmu, San 1997 Phonologically motivated word order movement: Evidence from Chinese compounds. *Studies in the Linguistic Sciences* 27 (1): 49-77.
Edmondson, W. 1981 *Spoken Discourse : A Model for Analysis*. London: Longman.
Evans, N. & S. C. Levinson 2009 The myth of language universals: Language diversity and its importance for cognitive science. *Behavioral and Brain Sciences* 32: 429-492.
Fauconnier, G. & M. Turner 2003 *The Way We Think: Conceptual Blending and the Mind's Hidden Complexities*. New York: Basic Books.
Goffman, E. 1976 Replies and responses. *Language in Society* 5: 257-313.
Goldberg, A. E. 1995 *Constructions: A Construction Grammar Approach to Argument Structure*. Chicago: Chicago Univeristy Press.
Grice, H. P. 1975 Logic and conversation. In P. Cole & J. L. Morgan eds. *Syntax and Semantics* 3: *Speech Acts*. New York: Academic Press. 41-58.
Haiman, J. 1985 *Natural Syntax*. Cambridge: Cambridge University Press.
Halliday, M. H. K. 1985 *An Introduction to Functional Grammar*. Edward Arnold.
Hauser, M. D., N. Chomsky, and W. T. Fitch 2002 The faculty of language: What is it, who has it, and how did it evolve? *Science* 298: 1569-1579.
Hockett, C. 1960 The origin of speech. *Scientific American* 293: 88.
Huang, C.-T. James 2018 Analyticity and wh-conditionals as unselective binding

par excellenc. Keynote speech at Inaruguration Ceremony of the Department of Linguistics at BLCU & International Forum on Frontieers in Linguistics, BLCU, Beijing.

Jackendoff, R. 2011 What is the human language faculty? Two views. *Language* 87(3): 586−624.

Jakobson, R. 1960 Linguistics and poetics. In T. A. Sebeok ed. *Style in Language*. Cambridge, Mass.: The MIT Press. 350−374.

Jespersen, Otto 1922 *Language: Its Nature, Development and Origin*. London: George Allen & Unwin LTD.

Jespersen, Otto 1924 *Philosophy of Grammar*. London Allen & Unwin Ltd.

Jiang, Xinjian, et al. 2018 Production of supra-regular spatial sequences by macaque monkeys. *Current Biology*. https://dai.org/10.1016/j.cub.2018.04.047.

Kampen, J. van 2006 Subject and the extended projection principle. In Keith Brown ed. *Encyclopedia of Language & Linguistics*. 2nd ed., Vol. 12, Amsterdam: Elsevier Ltd. 242−248.

Kaufman, Daniel 2009 Austronesian nominalism and its consequences: A Tagalog case study. *Theoretical Linguistics* 35 (1): 1−49.

Kempson, R., W. Meyer-Viol, & D. Gabbay 2001 *Dynamic Syntax: The Flow of Language Understanding*. Oxford: Oxford Blackwell Publishers, Ltd.

Kita, S. 2003 *Pointing: Where Language, Culture, and Cognition Meet*. Lawrence Erlbaum Association Publication.

Lakoff, George and M. Johnson 1980 *Metaphors We Live By*. Chicago, London: University of Chicago Press.

Langacker, R. W. 1987 Nouns and verbs. *Language* 63 (1): 53−94.

Langacker, R. W. 1991 *Foundations of Cognitive Grammar*. Vol. 2, Stanford: Stanford University Press.

Langacker, R. W. 2008 *Cognitive Grammar: A Basic Introduction*. Oxford: Oxford University Press.

Langacker, R. W. 2012 Access, acitivation, and overlap: Foucusing on the differential. *Journal of Foreign Languages* 35 (1): 2−25.

Langacker, R. W. 2016 Baseline and elaboration. *Cognitive Linguistics* 27 (3): 405−439

LaPolla, R. J. 1993 Aruguments against "subject" and "direct object" as viable concepts in Chinese. *Bulletin of the Institute of History and Philology* 63 (4):

759−813.

LaPolla, R. J. 1995 Pragmatic relations and word order in Chinese. In Downing, Pamela and Michael Noonan eds. *Word Order in Discourse*. Amsterdam/Philadelphia: John Benjamin. 297−330.

LaPolla, R. J. & D. Poa 2006 On describing word order. In Ameka, F., A. Dench & N. Evans eds. *Catching Language: The Standing Challenge of Grammar Writing*. Berlin: Mouton de Gruyter. 269−295.

Larson, R. K. 2009 Chinese as a reverse *ezafe* language.《语言学论丛》第39辑. 30−85.

Leech, G. N. 1981 Pragmatics and conversational rehoric. In H. Parret, M. Sbisà & J. Vershueren eds. *Possibilities and Limitations of Pragmatics*. Amsterdam: Benjamins. 413−439.

Lerner, G. H. 1991 On the syntax of sentenes-in-progress. *Language in Society* 20(3) : 441−458.

Levinson, S. C. 1983 *Pragmatics*. Cambridge: Cambridge University Press.

Li, C. N. & S. A. Thompson 1976 Subject and topic: A new typology of language. In Li, Charles N.ed. *Subject and Topic*. New York: Acdademic Press. 457−490.

Liberman, M. & A. Prince 1977 On stress and linguistic rhythm. *Linguistic Inquiry* 8: 249−336.

Luo, Qiong-peng & Stephen Crain 2011 Do Chinese wh-conditionals have relatives in other languages? *Language and Linguistics* 12 (4): 753−798.

Lyons, J. 1977 *Semantics*. Vol.2. Cambridge: Cambridge University Press.

Lyons, J. 1982 Deixis and subjectivity: *Loquor, ergo sum*? In R. J. Jarvella & W. Klein eds. *Speech, Place, and Action: Studies in Deixis and Related Topics*. Chichester and New York: John Wiley. 101−124.

Matthews, P. H. 1981 *Syntax*. Cambridge: Cambridge University Press.

Miller, G. A. 1956 The magical number seven plus or minus two: Some limits on our capacity for processing information. *Psychological Review* 63 (2) : 81−97.

Mooij, J. 1976 *A Study of Metaphor*. North-Holland Publishing Company.

Palmer, F. 1994 *Grammatical Roles and Relations*. Cambridge: Cambridge University Press.

Payne, T. E. 1997 *Describing Morphosyntax: A Guide for Field Linguistics*. Cambridge: Cambridge University Press.

Progovac, L. 2006 The syntax of nonsententials: Small clauses and phrases at the root. In L. Progovac, K. Paesani, E. Casielles, and E. Barton eds. *The Syntax of Nonsententials*. Amsterdam: John Benjamins. 33-71.

Progovac, L. 2007 Grammars within without recursion: Implications for evolutionary studies. Paper presented at the Illinois State University Conference on Recursion in Human Languages. Normal, IL.

Progovac, L. 2015 *Evolutionary Syntax*. Oxford: Oxford University Press.

Qrirk, R., *et al.* 1972 *A Grammar of Contemporary English*. Longman Group Limited.

Richards, A. 1965 *The Philosophy of Rhetoric*. New York: Oxford University Press.

Saussure, F. de 1916 *Cours de linguistique générale*. Edited by C. Bally and A. Sechehaye, Paris: Payot & Cie. 1972. Translated into English by R. Harris as *Course in General Linguistics*. La salle, Illinois: Open Court. 1986.

Shen, Jiaxuan 2017 Nouns and verbs: Evolution of grammatical forms. In G. Peng, and F. Wang eds. *New Horizons in Evolutionary Linguistics, Journal of Chinese Linguistics* Monograph Series 27: 222-253.

Stein, D. & S. Wright (eds.) 1995 *Subjectivity and Subjectivisation*. Cambridge: Cambridge University Press.

Swan, M. 1980 *Practical English Usage*. Oxford: Oxford University Press.

Sweetser, E. 1990 *From Etymology to Pragmatics: Metaphorical and Cultural Aspects of Semantic Structure*. Cambridge: Cambridge University Press.

Tai, James 1985 Temporal sequences and Chinese word order. In J. Haiman ed. *Iconicity in Syntax*. TSL 6. Amsterdam: John Benjamins. 49-72.

Tai, James 1989 Toward a cognition-based functional grammer of Chinese. In J. Tai and F. Hsueh eds. *Functionalism and Chinese Grammar*. *Chinese Language Teachers Association Monograph Series* 1: 187-226.

Talmy, L. 2000 *Toward A Cognitive Semantics*. Vols. 1&2. Cambridge, Massachusetts: The MIT Press.

Traugott, E. C. & R. B. Dasher 2002 *Regularity in Semantic Change*. Cambridge: Cambridge University Press.

Ungerer, F. & H. - J. Schmid 1996 *An Introduction to Cognitive Linguistics*. London and New York: Longman.

Wang, William S.-Y. 1965 Two aspect markers in Mandarin. *Language* 41 (3): 457-470.

主题词索引

B

八股四比 206，213
半逗律 256，261，264，270，284
备用单位 32
被动句 9，55-57，172
被字句 57，172
本体比喻 68，108，109
本体论 4，316
比对构词 209，210
比对思维 301，302
比对造句 210
比附 30，38，51，54-56，58，63，150，267
比喻对言 105，202，209
变换不变性 316
标度不变性 227-229，310
宾语和补语 164，166，191
并置 40，41，43，47，59，77，98，102，150，151，153，158-167，173，180，181，183-186，191，196，212，229，244，281，314
并置结构阶段 297
并置性 34，39，50，73
不避重复 92，94，98，246
不确定性 180，229，256，309

布龙菲尔德说 73，74

C

操作词 8-10，59
重叠 70-72，74，87，88，99，103，129，228，267，279
重叠式 86-88，92
重叠形式 68，71
重叠形态 70，72
重复 88，103
重言 87，88
词序 7，61，63，173，177，187
词序类型学 63
次第扫描 276
凑双四 95，258-260，270，279，284
存在句 9，10

D

大名词 22，24，25，71，73，104，159
大语法 80，81，121，179，197，252，254，257，258，280，285
倒装 141，155，156，162，163，168，173，179，191
底伏语序 296

递归性　39，239，240，244
递系句　44，46，243，245，246
递系式　45，235-239，241，297
递系相连　236，283
第二语言　213
叠加态　84，89，247
顶真格　231，233，236，237，243
定中短语　150，158
定中结构　150，185
动宾结构　71，150，169，236
动补短语　164，165，281
动补对　165，281
动词拷贝　88，166
动后限制　48
动画型语言　240，242
动态处理　234，235，281，283
动态单位　32
动态范畴观　305
动态句法　235
动态名词　20，22-24，73，158，191
断连性　34，37，50，53，73，83，142，237，239-241
对比思维　301，302
对比性话题　17
对称的三维模型　245
对称节律栅　269，284
对称耦合结构　146
对称破缺　317
对称性　227，240，245，292，316-318
对待范畴观　303，305，307，308
对而有序　187，190，197，281
对而有续　81，187，189，190，197，226，251，281，283，289
"对"关系　274

对话　17，26，27，50，53，72，74，81，91，92，97，105，122，123，125-128，130-149，183，185，188，196，206，227，233，247-249，257，266，270，280，283-285，289-293，306-309，312，313，315
对话结构　138，144，227，247
对话句法　145-147
对话链接性　247
对话说　27
对话体　206，309
对话自展　146
对举思维　299，301，302，308
对举推理　302
对立和对待　303
对言格式　72，81，91，96，97，99，100，105，111，122，123，147，181，186，207，217，227，252，255，256，265，266，279-282，285，286，294，295，302，308，313，315
对言格式化　97，121，122，181，221，281
对言化　90，223
对言明义　82，86，90，92，95，120，205，230，270，277，280，283，284，300
对言生义　199，209
对言同构性　227，310
对言完形　91，92，94，95，258
对言象征单位　272，273
对言性　82，121，203，279，312
对言语法　81，91，123，127，137，147，149，158，165，256-258，

279-281，284-286，288，294，295，297-299，306，308，313
对应关系 3，65-69，73，74，80，109，211，255，317
多层套叠 292，293
多重对 180，252，257，281，284
多少象征 274

E

二维的平面结构 244

F

反成式构词 23
非线性递归 294，296
非自然意义 289
"负"的范畴观 314
附加语构架语言 58
复字互文 89，90

G

功能语法 7
共建 141，142，147
共鸣 145，146，149，233，266，270，280，313，318
共鸣原则 146
共同注意 294
构成性比喻 108
构式意义 166
关系从句 51，61-63，183
广义递系式 46，237，240
广义互文 85，86

H

函式的自变项 6，173
合并 58，237-239，243-246

合作原则 135，146，306，307
核心语构架语言 58
后结构主义 27，292，293
互文构式 166
互文关系 274
互文（见义）81-90，92，99，104，107，109，110，112，119，120，122，134-136，166，174，188，198，200，202，205，209，220，224-226，233，240，243，245-247，266，267，270，276，279，280，284，293，309，310，316
互文说 27
互文四言格 225
互文四字语 224，225
互文性 292，293
互文喻对 107
互相约束 245
话轮 137-139，141-145，147，227，247，248，250
话题 8，13-18，21，26，28，44，52，63，73，94，140，153，162，173，211，214，250，253，270，272
话题-评说 28，44，153，157，161，162，183，286
话题凸显 18
回文 81，174-178，198，233，246，279，287，293
回文词 292
会话分析 26，50，94，137，168，207，227，233，247，313
会话隐涵义 306
会话原则 122，306

J

及物性　49，166，168，169，172
记忆和注意跨度　260，296，297
兼语句　46，64，80，104
兼语式　104，236，237
接续关系　27，65，67，69，73，80，84，187-189，198，212，226
节律常态　217，257，258
节律栅　267，268，270，284
结构的平行性原则　38
结构递归性　294-296
结构类型　24，45，51，71，86，95，195，230，256，258，259
结构性特征　121，122，280，281，283
解构主义　291-294
界性对应　67，70
紧缩形式　45
静态单位　32
静态的"是"观　309
镜像神经元　311，312
句段结构　33

K

可回文性　174，176，177，271，279
空主语　15，16
宽义语言官能　294，295

L

类包含　304-307
李约瑟之问　309-311
连词　41-43，92，96，117，166，184，220，221，239
连动式　59，60，164，166，237-239，243，245
连名式　163，164，241
连续范畴观　314
链接对　104，144，148，180，190，230，240，241，247，248，251
链接项　45
链接性　34，44，50，73，144，239，247，290
链式话题结构　44，140
量子比特　247
量子纠缠　84，280，310，316
邻接对　137，138，144，145，227，247
零句　25，28，31，33-35，37，62，73，138，141，142，207
零形式　26
零形式名词化　19
流水对　189，190，248
流水句　31，33-37，39，40，43-46，50，53，62，64，73，80，83，141，142，144，147，148，150，151，166，190，203，207，230，231，237，239-241，250，261，264，283，290
驴子句　198-200，245
逻辑要素　100，309，310

M

名词化　19，20，23，66，109，162，163，178
名词谓语句　20，80，153
名词虚化　25
名动包含　21-24，66，73，102，104，109，173，222，304，305
名动包含说　20，21-25，57，66，158，

159，164，165，191
名动同辞　19
命题　3-7，16，100，101，103，125-127，132，161，168，253，265，300，302
摹状词　70-72，74

O

耦合关系　286
耦合结构　288

P

判断动词　38
判断关系　3
判断句　15，56，57，75，153-155
偏侧对应　277，278
偏侧分布　22
偏对　147，258，265，275，277，286
偏正短语　176，281
偏正对　281
平接型的链对格式　240，242，250
平平仄仄　258，266，267，284
平行处理　243，246，247，281，283
平行构造　296
平行合并　243-245

Q

起承转合　81，203，206，242，243，248，279，283
起词　11，30
起说-续说（对）　27，30，130，156，157，183，188，189，205，250
起指-续指（对）　105，150，151，153，155，158，165，168，173，179，185，188，191，194，201，238，242，256，281，286
潜在的指称性　181
强调标记　38
强调句　9，10

R

认知处理（加工）　193，194，234，235，281
认知方式　193
认知语法　67，68，69，80，211，234，297

S

三段论演绎　4，300，309
三联组　143，144，168，243，247，248
三维的立体结构　244
上罩下下承上　241，242，283
生成语法　7，63，65-67，70，80，157，164，167，171，185，211，243-245，285
生长中的树　236
声韵对　50，257，258，260，267，284
施格型　51-55，63，168
施受同辞（性）　53，57，60，169-174，185，234，246，281，297
实词虚化　91，220，222
"实-名"对　287
"实-名"耦合结构　288
实现关系　31，32
使用单位　32
事件结构　51，58-60，63
"是"字　179

适量准则 306，307
首领（核心） 59，60
受格型 51-55
疏密律（松紧象征） 274
述位 28，29
树形结构 40
数量律（多少象征） 274
数字四 226，283
双插槽结构 55，297
双声叠韵 50，90，202，220，258，265，266，270，284
顺序律（先后象征） 274
四句式 203，204，283
四字格 81，95-97，102，113，122，198，203，208，213-215，217，223，226，227，259，260，266，282，283，294
（四字格）2×2 225，226
四字格二二式 213，226
四字互文 84，87-90
缩放对 201，202，213，251，260，281-283
缩放型的对称格式 201，310
"所谓-所以谓"对 286
所指-能指 292
"所指-所以指"（对） 286，288

T
套叠 131，160，250，293
套嵌对 144
提取和激活 234
条件小句 26，39
停顿助词 26
同形合并 45，46，236，239
统合 246

W
完句 32，33
完句成分 32
谓语的类型 18，20，21，24，37，71，73，74
文明传承 311，313
沃尔夫-萨丕尔假说 299，300
无情对 127，233
无限串连 294，295
无限递系 296，297
无主句 12，13，63

X
系词 3，4，7，136，146，154，309
"先行一步"策略 248
先易后难 194，197，254，281
衔接 40
线性结构 211，244，296
线性句法 146
线性序列 185，187，188
象对 273，277
象数易学 299
象似性 273
象征单位 272，273，285，297
象征关系 273，274，284
信息传递原理 192，194，254
信息-韵律单元 148
行进中的句子 141
形式对应 65，80，146
虚词实化 91，221，222
虚化名词 222
虚化实字 222
虚实统一 91，217，253，275
虚实象征 274-278，284
选择限制 246

Y

演绎思维　111
演绎推理　4，5，300-303，309，310，314
一生二　203，305，314
一问一答　25，26，28，73，129，130，137，149，188，293
疑问句　10，26，59，102
以简驭繁　10，190-192
义对　273，274
异而同　304-307，313
意合　40
意图　134-136，145，149，151，196，254，280，284，288，289
意味　134-136，149，254
意义　133-136，138，149，151
意义重组　155，177，191
意义对应　210
意义画面　148，286
因果对　91
音对　273，274，284，285
音序　197
音义象对　197，266，270，273-275，284，285
音义一体　270，271，283，293
引发-应答（-反馈）　26，73，130，144，247
英式中文　62，234
用法　23，33，168，197，219，221，285，305，309
用法和语法　197，253
用句　31-33，46，74，197，228
用序　197，254，282，285
用字　217
有情对　127，233

有限的递系式　297
有序对　157，180，187，274，281
语词　11，30
语法和韵律　255，256
语法意义　14，21，73，274，275，307
语气（助）词　17，26，38，53，92，99，149，162，219，220，228
语言对等　312
语言观　106，109，308，309
语言官能　39，294
语言困境　311
语言类型学　7，10，61，70，153，154，193，298
语言先备（条件）　312
语言演化　25，55，186，207，254，289，294，297，305，312，317
语义单位　272
语音单位　272
语音对应　210
语音象征　270，272
原始语法　55，296，297
原始语言　55，81，111，135，177，272，296，297，312，313
韵致性　34，46，50，73，166
蕴涵共性　61

Z

窄义语言官能　294-296
整体扫描　276
"正"的范畴观　314
正对　147，275，286
正反对　86，99，117，301
指称性　24，34，37-39，45，50，57，73，88，151，153，182

指号学 286，288，291-293
指示衬字 178，205
指述包含 22，23，73
指语对 60，75，89，105，150，158，164，169，173，174，179，183，185，187，201，205，214，230，238，281，310
制造意义 267，300
中动式 51，55，56，58，63，172
中枢（成分） 244，246
中性语境 32
竹形结构 40
主位 28，29，130，190
主谓短语 12，23，150，151，158，176，281
主谓对 158，281
主谓对立 37，71，182，305
主谓结构 2，4-14，18，21，24，27，28，30，36，41，50-52，55，59，60，63-65，72-75，77，80-82，111，121，122，126-128，134，135，138，141，147，150，161，162，170，171，173，177，178，181，185，186，191，195，203，205，207，211，231，234，236，241，253，256，264，265，279-281，285，286，294，300，302，309，314，315
主谓同辞 233，234，236，281，305
主语省略说 12
主语凸显 18
转写规则 63
状中结构 162
准重叠 88
准指称性 182
自然序 192，197，281
自然意义 289
字本位 216，217，252
字等价 216，217，223，226
组成关系 31，32
作格型 52

IP 和 IA 223
SVO 语言 61
VO 型语言 48
VSO 型语言 154
*W 语法 296

Abstract

Beyond Subject and Predicate—Dui-speech Grammar and Dui-speech Format is a companion volume of *Nouns and Verbs* by the same author SHEN Jiaxuan. In *Nouns and Verbs* (2016) the author argues that in Chinese nouns and verbs are pragmatic categories, with nouns being a super-noun category to which verbs are a subcategory. This volume steps further to argue that Chinese grammar is a *dui*-speech grammar which goes beyond subject and predicate.

The book is composed of Part One and Part Two, containing all together 15 chapters.

In Part One titled 'Does Chinese have subject-predicate structure', the author claims that it is only an analogy to say Chinese grammar also has subject and predicate, since the language has no formal criteria defining subject and predicate which do exit in Indo-European languages. On the other hand, Chinese is characteristic of no-subject (pro-drop) sentence, multi-subject sentence, run-on sentence, serial verb sentence, pivotal sentence, and parallel sentence, with 'sentence' actually referring to utterance. Modeling Chinese grammar with the template of subject and predicate has caused many problems, especially in the topics arousing general interest and heated argument. To tackle these problems, we should adhere to the 'fundamental principle of linguistic study that we have no right to inject into our analysis of a language distinctions not expressed in the language' as pointed out by Leonard Bloomfield and seriously consider the possibility of studying Chinese grammar beyond subject and predicate.

In Part Two, the main body with the same title of the book, the author explicates the following key notions and viewpoints.

The word *dui* 对 in Chinese represents a comprehensive notion which covers 'reply', 'treat', 'be directed at', 'compare', 'suit', 'correct', and 'pair', among others. 'Reply in various ways' 詹无方 is its root meaning. The disyllabic word *dui-yan* 对言, or *dui*-speech, means both 'dialogue' and 'parallel expression'.

Dui-speech grammar is a grammar which has parallel format as the structural backbone of a language. Reduplication which is widespread in Chinese is only a specific form of parallel speech. The parallel format is symbolic of as well as rooted in dialogue and interaction between speaker and hearer and between human and nature. The formation of parallel format, including formation of disyllabic words and quadrasyllabic phrases, is actually grammaticalization in Chinese. Since dialogue is the primary and primitive form of language, there occurred a bifurcating in the evolution of grammatical forms: While Indo-European languages developed towards subject-predicate structure, Chinese proceeded to parallel format.

Dui-speech grammar is also named 'macro-grammar' 大语法 in the sense that it exceeds the scope of syntax in three respects: (1) It extends from word formation to text organization; (2) it combines syntax with metrical phonology, semantics, and pragmatics; and (3) it unifies message transmission and emotional conveyance.

The parallel patterns in Chinese, as the structural backbone, are characteristic of intertextuality and represent both syntagmatic and paradigmatic relations. To Chinese speakers almost only parallel expressions count as perfectly well-formed and make real sense. Intertextuality is not just a rhetoric device, rather, it is a general structural feature of the language. While parallel expressions accommodate subject-predicate analysis, the latter fails to cover the former. Parallel expressions require parallel processing.

In *dui*-speech grammar, all sorts of structural relations, such as subject-predicate, attributive-noun, verb-compliment, are derived from a pair of referential terms in juxtaposition, which is called 'referential pair' 指语对 in the book. Subject and predicate are originally a referential pair composed of two equated terms, so are attributive and noun, and verb and compliment at the same time. 'Noun and verb unified' 名动不二 and 'agent and patient oneness' 施受同辞 are structural features of Chinese. The linear order of terms in referential pairs is determined by a simple and natural principle of information processing, i.e., putting the easier one first. Like intertextuality, palindrome and anadiplosis are not merely rhetoric but are structural features of Chinese.

Referential pairs extend from a phrase to a text through amplification and successive linking. By amplification, the parallel format can be scaled from a compound up to a text, with the four-term (quadrasyllabic) pattern 四言格 (in a coupled two-two form) as the backbone, which is the source of all kinds of expressions, large or small, parallel or non-parallel. The cause of formation of the four-term pattern is the equality of characters (syllables) in meaning and form on the one side and the uniqueness of number four, being the result of both $2+2$ and 2×2, on the other side.

The four terms in the four-term pattern are linked successively, following the four-steps of *qi-cheng-zhuan-he* 起承转合, i.e., introduction, elucidation of the theme, transition to another point, and summing up. Successive linking is rooted in successive turn-taking in dialogue, and like animated cartoon it requires dynamic processing of access and activation.

Dui-speech format unifies sound and meaning, and sound parallelism, which is symboic of parallel in meaning and cooperation in dialogue, plays an important role in the macro-grammar of Chinese.

While prosodic grammar is the interface between prosody and grammar in English and other Indo-European languages, in Chinese it is a component of grammar, since *zi* 字 (word-syllable) rather than *word* is the basic unit of its grammar. *Zi* is a monosyllable which carries a tone and meaning, and is composed of an initial and a rime. To keep a good rhythm in Chinese it is important to take into consideration agreement of tones and rimes, and to control the number of word-syllables, in order to make pauses appear at the middle position of an utterance. In a word Chinese speakers need a comprehensive consideration of prosodic, syntactic, semantic, and pragmatic factors simultaneously. The flexibility of Chinese rhythm results from the free variation of tightness in syllable combination, which reflects tightness in semantic and syntactic structure. Therefore, prosodic means by itself is an important grammatical means in Chinese.

To sum up, the structural existence in Chinese which corresponds to and accommodates subject-predicate structure in Indo-European languages is a parallel format in three respects:

Semiotics: signifié – significant coupling

Linguistics: that predicated – that predicates coupling

Naming Logic: reality – name coupling

Dui-speech is not just 'the living fossil of language' with limited scope of use. It has been living in Chinese for several thousand years and is still very active and popular. Although *dui*-speech format may be close to the Proto-grammar, it must not be deemed as a lower stage in language evolution. Language evolution has no far-sighted target.

According to the Whorf-Sapir Hypothesis, *dui*-speech also influences the Chinese way of thinking. While deductive inference is based on subject-predicate structure, Chinese parallel inference relies on parallel patterns. Important notions in Chinese philosophy like *yinyang* 阴阳 are in parallel form.